日本教育行政学会年報・48

構造的危機の時代と教育行政学研究

日本教育行政学会編

教育開発研究所刊

『日本教育行政学会年報』第48号　目次

Ⅰ　年報フォーラム

●構造的危機の時代と教育行政学研究

Ⅱ　研究報告

Ⅲ 大会報告

●国際シンポジウム　COVID-19危機への教育行政対応
──我々は何を学び得るか

●課題研究Ⅰ　緊急事態に直面する教育行政・教育行政学の課題（2）
──新型コロナ禍に見る教育統治・領域間行政

Ⅳ　書評

I 年報フォーラム

テーマの趣旨

年報編集委員会

　これまで本フォーラムでは，第46号において「教育行政における正義」，第47号において「不確実性への対応」をとりあげ，教育行政の制度原理をめぐる今日的な概念を検証しつつ，コロナ禍の新しい時代における「不確実性」とどう向き合うのかについて問題提起してきた。本第48号では，「構造的危機の時代と教育行政学研究」として，今日の様々な社会課題あるいは人類的課題とその解決に向け，教育行政学研究が向き合うべき課題はどこにあるのか，それは，どのようにして追究することができるのか，「子どもの安全・いのち・健康」「子どもの教育と福祉」を中心にして論じ合う場を設定することとしたい。

　社会の危機は着実に進行している。グローバリゼーションのもとでの貧富の格差拡大や貧困問題の深刻化を危機ととらえる人もいるであろうし，これを「分断化される社会」の危機としてとらえる人もいるであろう。あるいは，ポピュリズムの台頭を「民主主義の危機」ととらえる場合もあるであろう。さらには，気候変動をめぐって，まさに人類の存続の可能性をかけた重大な危機も差し迫っていると言わなければならない。また軍事衝突による不安も世界を覆っている。考察すべき論点はいくつもある。

　10年前に発生した東日本大震災では，多くの人々の命が失われた。現在もなお復興途上にあるなかで，あらためて危機管理・危機対応という論点もある。その際，大規模災害という危機への対応が叫ばれる中，日常の学校安全はおろそかにされてはいなかったか。教育行政あるいは学校・教職員は，

様々な「危機的状況」にどのように対応すべきか。

　自然災害や自然環境問題は，自然と人間との共生のあり方を問うものであり，それは人類史全体の歴史を問うものであり，人間の経済活動のあり方，経済活動のあり方を決定する政治のあり方など，自然科学と社会科学のまさに全面的な認識の発展が求められる。教育行政あるいは学校・教職員の専門性のあり方が問われていると同時に，子ども自身がこの危機の問題をどのように主体的に学び取り組むのかも大事になっている。これからの教育の質のあり方もまた問われているのではないか（ESD，SDGs）。

　何度も波状的に押し寄せるコロナの感染拡大（コロナ危機）は，多くの人々の将来不安に結びついている。日本においては子どもの自殺者数が過去最多を更新しているが，統計によれば，少なくない自殺理由のひとつに「将来不安」がある。子どもの命と健康をどう守り，子どもたちの将来不安に教育はどう応えるのか。子どもの命が軽んじられるとするならば，それは，わが国社会の未来の危機である。

　「子どもの安全・いのち・健康」を中心に位置付け，「子どもの教育と福祉」に関する施策を包括的に実施するために，「子ども行政の総合化」という動きもみられる（こども家庭庁）。子どもに現れる様々な問題現象は，社会において生じている構造的な問題を反映したものとみることができるのであり，「構造的危機の時代」ともいえる状況にある。そうした問題の本質を捉えながら，それに向き合うべき学校・教職員の専門性について改めて検討する必要があると考える。

（文責　竺沙知章）

構造的危機の時代の教育と教育行政

―財政危機・コロナ危機・気候危機―

石井　拓児

1．はじめに

　2019年末に中国で広がった原因不明の肺炎は「COVID-19」（新型コロナウィルス感染症）と名付けられ，その後，世界中に拡散して感染爆発（パンデミック）を引き起こした。感染は拡大と収束をいったりきたりしながら，今もなお我々は日常生活を取り戻すことができていない。「新しい生活様式」は，これに適応することが困難な人々の存在を際立たせつつ，長期にわたる大きな経済的ダメージが特定の職業や階層に押し付けられている。

　注目すべきは，子ども・青年あるいは女性の貧困問題が深刻化しつつある点にある。このことは，わが国における福祉国家的な社会保障制度の脆弱性という問題を浮かび上がらせることになるからである。その最も端的なあらわれは住宅福祉の欠如である。日本では，もともと十分な量の公共住宅が整備されず低所得世帯への住宅供給は拡大してこなかった。加えて，1990年代後半になると，新自由主義改革のもと「市場拡大を意図した住宅政策」（本間2009：14-32）が持ち込まれ，「近接民間同種家賃」の仕組みによって住宅家賃は大幅に引き上げられた。結果，営業自粛等の措置によって所得収入が大幅に減ったとしても，高額の家賃支払いが続くことになる。

　21世紀以降，福祉国家的諸制度の未整備を補完してきた日本型の雇用慣行が次第に切り崩され，もともと日本型雇用の外に置かれてきた女性に加え，

若い世代でも非正規雇用が拡大してきた。こうして若年の子育て世帯や単身母子家庭等において集中的に困難さが押し寄せるようになり，「子どもの貧困」も大きな社会問題として浮上してきた。コロナ禍は，この貧困と格差をいっそう増幅させている。

2021年3月に発表された警察庁の統計によれば，2020年度の小中高生の自殺者数は，統計のある1980年以降で過去最多の499件にのぼった。自殺の統計は，遺族が自殺として届け出ないものもあるため，実際の数は500件を超える数字となるとみられる。統計では，自殺の原因・動機のトップは「将来不安」にあるとされている。

さらに，「人を殺して自分も死のうと思った」として，無差別に人を襲い殺傷する事件も頻発している。2022年6月17日放送NHKスペシャル「なぜ一線を越えるのか——無差別巻き込み事件 広まる共感の声——」では，2010年以降，年間0件から多くても6件までであった同種の事件が，2021年度には15件と激増したことを報じるとともに，SNS上では犯人への「共感」「同情」の声が広がっていたことに着目し取材している。他者を巻き込んで殺害し，自らも死のうとする行為を「拡大自殺」という。

新自由主義改革による所得格差・経済格差の拡大が社会的な分断を引き起こしてきたこと，コロナパンデミックの緊急事態のなかで人種差別や偏見が広がっていること，ファシズムの台頭とともに軍事・戦争危機が懸念される事態が発生していることなど，一連の現象を統一的にみるべきとする研究もある（Giroux 2021）。まさに地球規模的課題であり全人類共同で行動すべき気候危機をめぐっても，ポピュリストグループによって温暖化否定論（懐疑論）が持ち込まれ，対応は立ち遅れている（丸山2020）。

いま，私たちを覆う「危機」とはどのようなものであるかをこの国の文脈に即して分析し，構造的に把握する必要があるだろう。「将来不安」の要因となる一つ一つの現象を細分化してとらえるというだけではなく，より包括的な視点に立って捉えることができないか。

本稿では，パンデミック発生のもとでの子ども・青年をめぐるそれぞれの「危機の状況」をとらえて考察することからはじめ，新自由主義イデオロ

ギーが喧伝する財政危機の諸相を捉え返しつつ，パンデミック下でなおもすすめられる新自由主義教育改革を批判的に検討する。また，気候危機の問題にも触れながら，教育と教育行政をめぐるいくつかの実践的・理論的課題を提起することとする。

2.「構造的危機の時代」を生きる子ども・青年

⑴　コロナ禍の子ども・青年をめぐる問題状況─子どもの自殺急増問題を考える─

　日本では，自殺者数の全体は，1990年代後半以降2010年代に入るまで，長く３万人を超える時期が続いてきた。2006年には「自殺対策基本法」が制定されるとともに『自殺対策白書』が刊行されるようになり，政府も自殺に関する調査とその対策をすすめてきた。これによって，2019年の段階で，自殺者の全体としての数字は20,169人となり，これは1978年の統計開始以来最少の数字となるものであった（厚生労働省2020：2）。

　ところが，全体としての自殺者の数は，３万人を大きく超えていたところからほぼ２万人というところにまで減少してきたにもかかわらず，この間，19歳以下の子どもの自殺者数は，ほぼ横ばいか，若干の増加傾向にある。子ども人口が減少傾向にあることをふまえれば，この状況は見過ごすことのできないものである。同白書は，「我が国における若い世代の自殺は深刻な状況にある」と危機感を示している（同：9）。

　文部科学省は，2021年2月3日「児童生徒の自殺予防に関する調査研究協力者会議」を開催し，2020年度の子どもの自殺の数字を右のようにまとめている（文部科学省「コロナ禍にお

		2020年	2019年
小学生	総数	14	6
	男子	4	3
	女子	10	3
中学生	総数	136	96
	男子	74	59
	女子	62	37
高校生	総数	329	237
	男子	191	170
	女子	138	67

ける児童生徒の自殺等に関する現状について」，第1回会議2021年2月15日
提出資料より）。

データでは，高校生で突出して増加し，数は少ないものの小学生も大幅に
悪化している。どの学校段階でも女子の自殺の増加が顕著であるが，男子も
同様に深刻であると見るべきである。児童生徒の自殺の原因・動機別のデー
タでは，第一に，「学業不振」や「その他進路に関する悩み」として，主に
学校での勉強や将来の進路についての不安や悩みを要因とするもの，第二に，
「親子関係の不和」として家庭内での何らかのトラブルを要因とするもの，
第三，「病気の悩み・影響（その他の精神疾患）」と「病気の悩み・影響（う
つ病）」を要因とするもの，がそれぞれ顕著に増加している。

データからのみでは十分な考察をすることはできないが，学校での勉強や
将来の進路に関わって親子関係のもつれが生じる場合もあるであろうことや，
そのことが「うつ」などの精神的な疾患を引きこする可能性もあることを考
えれば，「将来不安」が大きな自殺の要因となっているとみてよいであろう。
もちろん青年期には，青年期の発達段階に固有の「不安」が生じるものでは
あるが，過去最多となる子どもの自殺の増加を説明することはできない。子
ども・青年の「不安」はどこから生じるのか，丁寧な分析が必要である。

(2)　大学生・青年をめぐる問題状況

子どもの貧困対策センター「公益財団法人あすのば」が，コロナ禍におけ
る青年への影響調査を行っている。そのなかには，在宅勤務が続いていて孤
独であることや，上京してきたが自宅待機が続き収入がないこと，収入がな
いまま奨学金の返済がスタートしていること等々，厳しい生活状況が克明に
記されている[1]。

高校生や大学生の場合も，高い授業料負担とアルバイト機会の減少により，
未曽有の経済的困窮に直面している（光本2021）。学生アドボカシーグルー
プ「高等教育無償化プロジェクト FREE」が行ったアンケート調査（2020
年4月9日〜4月27日）では，5割強の学生が「家族の収入が減った」「な
くなった」，約7割の学生が「アルバイト収入が減った」「なくなった」と

回答し，学生の13人に１人（7.8％）が「退学を検討」しているという衝撃的な数字が波紋を呼んだ。

　こうした事態を受けて政府は，2020年第一次補正予算（４月30日）で「家計が急変した家庭の学生に対する支援」（７億円）を計上したが，支援の規模があまりに小さいとの批判を受け，第二次補正予算（６月12日）で「困窮学生等に対する支援」（国立大学45億円，私立大学94億円）と第一次補正予算の予備費から「学生支援緊急給付金」（530億円，住民税非課税世帯の学生に20万円，それ以外の学生に10万円を支給）を決定した。しかし，申請要件が厳しく，提出書類が膨大であったため，受給できたのは申請者の半数以下との調査結果もある。この間，学生・青年の給付金不正受給事件が相次いで発覚しているが，その背景に，学生・青年をめぐる構造的な貧困問題が横たわっていることを直視しなければならない。

　構造的な貧困のより根底に，給付型奨学金や青年手当，青年・学生向けの住宅保障制度といった学生・青年向けの社会保障制度が巨大な空白となっているという問題がある（石井2012，2014）。政府の支援施策はいずれも「申請主義・選別主義」の制度設計となっており，本当に支援を必要とする学生や青年に支援が行きわたっていない。このことが示唆しているのは，普遍的な現金給付，普遍的な現物給付の仕組みを一刻も早く整備すべきであるということである。

⑶　**母子世帯の貧困問題の深刻化**

　コロナ以前から深刻な日本における「ひとり親世帯の貧困問題」がある（貧困率は50％を超え，世界でも類を見ない高水準となっている。女性や子育て世代に非正規労働が圧倒的に広がっており，また，コロナ経済危機が雇用調整のターゲットになりやすい非正規労働者を直撃したからである。

　『新型コロナウイルスと雇用・暮らしに関するNHK・JILPT（労働政策研究・研修機構）共同調査』（2020年11月13日〜19日）によれば，2020年４月以降，解雇や雇い止めとなった女性の割合は男性の1.2倍，非正規雇用の女性に限って見ると1.8倍であり，非正規雇用の女性への影響が顕著となって

いる。休業を余儀なくされた人は21％にのぼり，10月の収入がコロナ感染拡大前と比べて３割以上の大幅減となっている人は女性が男性の1.4倍（シングルマザーは24％）となっている。国連女性機関報告書「政策概要：新型コロナウイルスの女性への影響」（2020年４月９日）にみられるように，女性への影響は国際的に共通する問題ではあるものの，母子世帯をめぐる極度な貧困の広がりという日本的特質については独自の解明が必要である。

　「NPO法人しんぐるまざあずふぉーらむ」によるパネル調査プロジェクト（2020年８月から約500人を対象にパネル調査，最新の調査結果が2021年５月に発表）がある。そこでは，就業率は高いものの経済的にひっ迫している状況が示されている。このパネル調査では，「さらに仕事時間を増やしたい」が45.3％との回答となっているが，その理由の大半が「生活費」「住居費」「教育費（子どもの学習費）」となっている。「預貯金を増やしたい」と回答した場合でも，引っ越しや将来的な住宅購入の計画のためであることが多い。逆に，「もっと仕事を減らしたい」「現状のままでよい」という場合にも，「子どもと一緒の時間が少ない」（89.6％）のほか，「子どもを預ける場所がない」「家族の介護」等々の理由によるものが含まれている。

　つまり，最低限度の生活を維持するために必要な家計収入が圧倒的に不足しているのである。本来的には社会保障によって維持されるべき最低水準の住居費・食費・教育費（これに交通費や通信費も含めてよい）といったサービスが，現物もしくは廉価で提供されていないため，日本では，これらのサービスを「購入」しなければならず，そのための費用が足りなくなってしまっているのである。子育て・介護といったケアワーク（無償労働）が女性に押し付けられてきた日本型の社会構造の問題が，コロナ禍であらためて浮き彫りになってきていると言わなければならない[2]。

　子どもの貧困や青年・学生の貧困がこれほどまでに明らかとなり，教育費・授業料の無償措置を含みあらゆる領域で社会保障を再整備することが求められているにもかかわらず，日本においては社会的・国民的合意はそれほど容易には形成されない。「財政危機論」の分厚い壁が，国民合意の形成の前で立ち塞がっているからである。

3．新自由主義プロパガンダとしての危機論の諸相

⑴　財政危機論（financial crisis）と社会保障の未整備と解体

　世界各国では，緊縮財政政策（fiscal austerity policy）のもと，財政支出の抑制をねらいとして新自由主義改革がすすめられ，社会保障の解体がすすめられつつある。全体としてみれば，20世紀後半以降の日本の教育改革はこの一環に位置づくものとしてみなしてよく，まさに新自由主義教育改革の30年と表現することができる。なかんずく日本における「大学改革」は，一連の新自由主義教育改革を先導するものであった。

　各国が緊縮財政政策に取り組まざるを得なかった背景には，グローバリゼーションにともなう多国籍企業や新富裕層（あるいは超富裕層と呼ぶ場合もある）らの国際的な課税逃れの手法が確立してきたことがあり，さらにその背景に多国籍企業や新富裕層の租税回避能力をIT技術の発展が支えている。国際経済学が専門の中村雅秀は，こうした課税回避の横行が，「租税国家の危機」を導いていると指摘している（中村2021）。

　興味深いのは，「緊縮（austerity）」を歴史的な政策概念としてとらえた国際経済学者のBlyth（2013）は，この概念が財政政策に持ち込まれるのは，絶えず民衆的に社会保障制度の整備要求が強く出され，これを抑制しようとする場面であることを明らかにしていることである。

　日本における財政危機論もまた，歴史的には，財政支出の抑制＝社会保障解体論と一体的に持ち込まれてきたものである。例えば，臨調行革・臨教審路線によって公営事業の民営化と教育財政削減がすすめられた1980年代は，「増税なき財政再建」の名のもと，行財政の縮減と合理化がすすめられた。これが日本における本格的な新自由主義改革の始まりであり，財政危機論は，その後も（今日に至るまで），新自由主義改革を推進するためのプロパガンダであり続けている。

⑵　自治体消滅危機論とスーパーシティ構想

　ここで，教育学研究の分野からはまったく関係のない話題ではあるが，2018年に「種子法」が廃止され，「農業競争力強化支援法」が制定されたことをご存じであろうか。これは，民間事業者の参入を促すために種子法に定められた規制を撤廃するものである。コロナ禍の真っただ中にある2020年12月の国会では，「種苗法」が改正され，登録品種を農家が種子をとるなどして自分たちで増やすこと（自家増殖）を規制している。農家は今後，栽培を続けるために毎年，企業から種子を購入し続けなければならず，購入した場合には栽培手法や化学肥料などがすべて指定されさらなる費用負担が生じることになる。有機農法は壊滅的な打撃を受けることになるであろうことを，多くの研究者は懸念して指摘している（鈴木2021）。

　国家戦略特区法改正とスーパーシティ構想の整備もすすんだ。北村地方創生大臣は新型コロナの影響を受け，「一層，デジタル社会の大切さを感じている」と述べ，構想を推進する考えを示した。すなわち「AIやビッグデータを活用し，社会のあり方を根本から変えるような都市設計」（202005内閣府地方創生推進事務局「『スーパーシティ』構想について」）である。

　ビッグデータの活用にあたっては，個人情報を本人の同意なしに民間事業者が利用可能となる問題点が指摘されるが，社会保障・教育保障制度論の観点からは，スーパーシティ構想が「全ての行政手続きを効率的に処理」することを目論見としており，このことによって行政サービスがアウトソーシングされていく可能性が強く懸念される（稲葉・内田2022）。

　また，これまで行政が担ってきた各種のサービスは，民間企業の営利を競う巨大な市場となり，行政・自治体は，データ活用を通じて事業者が提供するサービスを紹介するだけの存在となるであろう。この構想には，教育分野「全ての子どもに世界最先端の教育環境を＝EdTech」，医療・介護分野「すべての医療・介護をかかりつけから在宅で＝MedTech」が位置づけられている。

　こうしたデジタル活用による自治体サービスの縮小（アウトソーシング）を不可避なものと誘導する議論に「自治体消滅危機論」[3]がある。これも新

自由主義的な「危機プロパガンダ」のひとつとみなしうるものであるが，第二次安倍政権のもとですすめられた国家戦略特区構想や地方自治法改正（指定都市・中核市制度の見直しと広域連携制度の創設）との連動を確かめておく必要がある。

⑶　スーパーシティ構想と一体的なGIGAスクール構想

　スーパーシティ構想の実現のためには，市民がICTに関するリテラシーを育むことが決定的に重要になる。今日すすめられているICT教育の推進は，まさにこのスーパーシティ構想と一体的なものであることに特段の留意が必要である。新型コロナ感染拡大前から準備を経済産業省が中心となってすすめてきたGIGAスクール構想に起源があるのであって（谷口 2021），コロナの感染拡大にともなう一斉休校を機に環境整備が加速化してきたが，まさに惨事便乗型政策の典型とみなすべきであろう。

　もともと経済産業省はコロナ前の2018年1月19日に「『未来の教室』とEdTech研究会」を立ち上げている。同研究会は2018年6月に第一次提言を出し，「未来社会は予測不可能性が加速度的に高まり，少なくとも現在の延長線上にはない」との社会像を示しつつ，「この研究会では，…『民間教育と公教育の壁』を越え，『教育と社会の壁』を越えて今からトライアルすべきことを議論」するとしていた。つまり，公教育のなかに「民間教育＝ビジネス」の領域をつくることがねらいとされているのである。

　コロナ禍で，感染対策を講じつつ懸命に教育活動・保育活動が実践されているその最中に，公教育のあらゆる分野において，十分な議論も尽くされずに相も変わらず新自由主義的手法にもとづく教育政策が策定され，矢継ぎ早に法が制定されている事態を我々はどのように考えるべきであろうか。

4．全人類的課題としての気候危機

⑴　気候危機（Climate Crisis）と新自由主義・グローバリゼーション

　確認しておきたいことは，今日引き起こされている地球温暖化は，二酸化

炭素（CO_2）やメタン（CH_4）をはじめとする温室効果ガスの濃度上昇によるものであり，人間活動によって引き起こされたものであることはすでに疑いのない事実だということである。これまで科学的に明らかにすることが難しいとされてきた，過去から現在に至る世界の平均気温やその上昇傾向を測定する新しい方法が開発されるようになってきた。

　気候変動に関する最新の研究成果を追いかけることはここではとても難しいが，「気候変動に関する政府間パネル」（IPCC）という専門家・研究者で組織する国際的学術組織があり，地球温暖化・気候変動問題に関する最新の知見を集積して評価し，各国の対策や対応，政策のあり方について提言しており，最も信頼できるデータを見ることができる。2021年8月にIPCCが公表した最新の報告書『第6次評価報告書』は，人間活動の影響で地球が温暖化していることについて「疑う余地がない」との重大な結論を導いている。

　また，同報告書は，現在の気温上昇や海面水位の上昇は，「何世紀も何千年もの間，前例のなかったもの」であることや，猛暑・熱波や大雨，干ばつといった極端現象の原因も人間活動の影響によるものであることを明らかにしている。産業革命前までは50年に1度しか起きなかったレベルの極端な高温は，世界平均気温が1℃上昇した現在では4.8倍まで広がり，今後平均気温が2℃上昇した場合には，13.9倍の頻度で生じると指摘している。

　我々が毎年夏に体験するようになった連日連夜の猛暑も，ゲリラ豪雨や巨大台風も，また豪雨による土砂災害も，地球温暖化の影響を受けていることはほぼ間違いない。今後，気温上昇がさらに進行すれば，極端現象が各地で頻発するようになり，自然災害の脅威が極めて深刻化するおそれがある。

　IPCCは，2050年までに産業革命前からの気温上昇を「2℃未満」，できれば「1.5℃未満」に抑えることができるかどうかを重要な分岐点ととらえている。そして，温度上昇を1.5℃程度に抑えるためには，世界全体で二酸化炭素（CO_2）の排出量を実質ゼロにしなければならないと警告している。

　気温上昇をいかにして止めるか，このことは2015年の「パリ協定」でも大きな話題となり，温室効果ガスの削減に向けた国際的な約束を決め，各国で取り組みがすすめられてきた。しかし，2011年から2020年の間で平均気温は

1.09℃上昇していることが分かり，気温上昇にはまったく歯止めがかかっていない現実が明らかになっている。

　気温上昇は，とりわけ，干ばつ地域の広がる熱帯地方の人々や海面上昇の危機にさらされている島しょ部や海岸付近の人々など，世界各地で暮らしや生活を脅かしている。衝撃的な写真や映像を見たことのある者も多いであろう。北極の氷山が融解しつつあることによってホッキョクグマは生息地を失い，近年では人々の生活圏内に姿を見せるようになってきた。動物の尊厳と多様性も失われつつある。

　シベリアの永久凍土が解けてしまうことにより，何万年もの間封じ込められていた地中からは，未知の微生物が大量に空気中に放出されるようになる。私たちがまさに直面している新型ウィルスとのたたかいが，今後，高い頻度で人類を襲うことになると指摘する研究者もいる。パンデミックの危機の源泉が，気候危機にあることをいささかも軽視すべきではないだろう。

　ここで考察をしておかなければならないのは，新自由主義の政策推進者にとって，気候危機・気候変動問題は，強い警戒の対象となるものであるということである。なぜならば，気候危機・気候変動は，新自由主義が最重要視する市場原理メカニズムの限界を示すものであると同時に，これへの対応は，経済活動に対する国家的で社会的な規制・介入を呼び起こすものとなるからである。これが「地球温暖化否定論（懐疑論）」が広がる素地となっている。

⑵　気候危機と教育・教育行政の課題―子どもの権利と包括的子ども行政をめぐって―

　気候危機の問題は，社会全体として取り組む以外に解決の方法がないことは，もはや疑いようのない事実である。上述のように，気候危機をめぐってさまざま見解が流布し，社会的な分断がみられることをふまえ，教育と教育行政をめぐる課題はどこにあるだろうか。

　第一に，気候危機の問題をめぐっては，子どもの権利との関係が強く意識される必要がある[4]。子どもの最善の利益が第一義的に考慮される（子どもの権利条約３条）とともに子どもには意見表明権がある（子どもの権利条約

12条）。気候危機の問題が，地球全体の未来のあり方を大きく左右し決定づけるものである以上，そして，未来の主人公は子ども（とさらにはその子どもたち）であることを考えれば，少なくともその選択権・決定権は子ども自身に委ねられていると言うべきであろう。

　第二に，学校でも学校外の地域でも，気候危機に関する正しい情報を，子ども・青年に提供することである。このとき，一部の大人にとって不都合に感じるデータも含まれざるを得ないであろう。例えば，自動車や火力発電所から出されている温室効果ガスはいったいどれほどの量になっているのか，事実が正確に伝えられる必要がある。自国の政府の気候危機への政策対応はどうなっているのか，あるべき政策対応にはどのようなプラン（戦略）がどれくらいありうるのかを示すことも求められる。

　学校では，子どもたちが気候危機の問題を科学的に理解することができるように，理科的な知識を丁寧にわかりやすく教えられなければならないが，同時に，地球の裏側で何が起きているのか（地理），産業革命によってなぜ二酸化炭素の排出量が増加したのか（歴史），社会科的な知識も大事になる。そして，社会や政治の仕組みとともに，民主的な意思決定手続きとはいかなるものであるのかを学ぶことも（公民），重要である。

　この間，日本の学校では，SDGsにもとづく教育実践が盛んに取り組まれるようになってきている。にもかかわらず，日本の子ども・青年の気候危機に対する意識が，諸外国と比べて決定的に遅れているのはいったいなぜか，を問う必要がある（丸山2019）。SDGsに貢献していることを宣伝しながら，CO_2を多く輩出している石炭産業に巨額の融資をしていた銀行が，「SDGsウォッシュ」との批判を受けたように，SDGsに関するより根底的で深い洞察力や分析力を，学校教師が身に着けていくことも求められているのではないか。ちなみに現行の学習指導要領は，小学校社会科・中学校社会科で「気候変動」「気候危機」の文言を用いておらず，高校公民科でわずかに1か所「気候変動」の文字が記載されているのみである。

　そのうえで，第三に，気候危機に関する子どもの意見表明の機会が積極的につくりだされなくてはならないということである。学校でも地域でも，そ

して行政的・政治的な決定の場面でも，あらゆる機会に子どもの意見表明に
もとづいて協議する場を保障する必要がある。

　こうした点で，教育行政学研究の今後の課題となるのは，こども基本法の
成立と子ども家庭庁の設置をめぐって，子どもの権利条約が子ども政策の基
本理念として位置づけられたことをどう評価するのか，中央政府でも地方政
府でもこれに応じて今後，行政的ないしは教育行政的対応がどのようになさ
れていくのか（なされるべきものであるのか）を分析して検証する必要があ
る。詳しくは本フォーラム掲載の伊藤健（2022）において指摘されているが，
子どもの意見表明がその発達上の困難さを絶えず抱えるものである以上，今
回の法制定では位置づけられなかった子どもの権利擁護機関や子どもアドボ
ケイト制度の創設という流れは不可避というべきであろう。それらの機関・
制度の独立性原則をいかにして確認し法制化していくのかということも，重
要な研究課題となる。

5．おわりに

　以上，本稿では，子ども・青年をめぐる新型コロナパンデミックのなかで
の「危機」をとらえ，それが福祉国家的な社会保障制度の未整備状況に由来
するものであり，コロナ禍にあって社会保障制度をさらに解体・縮小させる
新自由主義的な諸改革が様々な行政領域において持ち込まれる様相を示して
きた。それは，子ども・青年にとって「将来不安」を増幅するものであり，
「生存の危機」のいっそうの深刻化をもたらすものとなるであろう。

　ここで想起されるのは，「福祉国家の構造的な危機は民主主義の危機を
伴っている」（井手 2012:24）との指摘である。前号において竺沙（2021）は，
日本学術会議の委員任命拒否問題にふれて民主主義的な意思決定の正当性を
ゆるがすような事態が生じているとし，新型コロナパンデミックの「例外状
態」が，原則からの逸脱をあたかも常態化させているのではないかと警句を
鳴らしている。竺沙の指摘に学びながら本稿のまとめを整理するとすれば，
新自由主義的のプロパガンダとして，財政危機論や自治体消滅危機論といっ

たいわば「虚構の危機論」が「例外状態」を意図的に生み出し，民主主義的な意思決定を困難にさせてきたとみるべきではないかということになる。

気候危機の問題も，そのメカニズムの自然科学的な追究と同時に，現代の政治システムが有効な対策を十分に講じることができないのはなぜかを問い，民主主義的な意思決定のあり方を正面から課題とする研究や運動も立ち上がってきている。三上（2022）や伊藤久（2022）に国内外におけるその具体的な取り組み事例や考え方が示されているが，いずれも強調しているのは「若者」による意思決定を重視している点にある。教育と教育行政学の立場からは，これに子ども（まだ正当に意見表明をすることが難しい発達段階にあるような子どもも含む）の意見表明権のあり方も問われるべきであるということになる。

新自由主義的手法に基づく制度枠組みは，貧困支援としても子ども・青年支援としても全く機能しないことが次第に明らかになりつつある。例えば，特別定額給付金制度をめぐる政策決定のジグザグ過程にその内実をみることができる。

当初，特別定額給付金制度は，一定の世帯年収を下回る家庭にのみ給付しようとする「申請主義による選別的現金給付制度」として構想された。しかし，どこに世帯年収を設定しようとしてもその境界ではかなり不平等が発生することや，住む場所や条件の違いによって所得（インカム）と必要度（ニーズ）にズレが生じること，申請と審査（給付決定）に膨大な時間と手間がかかること等が問題となり，最終的には，全世帯を対象とする「普遍的現金給付制度」に落ち着いた。同制度は1回のみの給付にとどまり，個人給付ではなく世帯給付であることなどの限界はあるものの，社会保障・福祉制度のほんらいのあり方を広くわかりやすい形で社会全体に示すことになった。

その後の持続化給付金や家賃支援給付金といった申請主義＝選別主義にもとづく給付の仕組みでは，申請手続きの負担を事業者に押し付けているばかりか，同給付金をめぐる組織的で大規模な不正受給も明らかとなっている。摘発しえた事件はごく一部にとどまるのだとすれば，このことによって失われた国家予算はどれほどの規模に上るのか想像もつかない事態となっている。

電子申請による不正に対するハードル低下を指摘するものもあるが，むしろスーパーシティ構想＝デジタル化社会のもうひとつの懸念材料が露呈したものと言わなければならない。

　一方，コロナ禍にあって社会保障サービスの現物給付化の動きもみられることに注目したい。学生向けの食料品給付の活動を続けているボランティアがあり，生理用品を学校や公共施設に無償で設置する自治体もある。新自由主義改革によってすすめられた社会保障サービスのアウトソーシングを巻き戻してインソーシングすることができれば，公共分野・行政分野に安定的雇用を一挙的に拡大することができる。そのことによって，社会のあらゆる領域において無償もしくは低価格（affordable）での公共サービスを提供することができる（現物給付）。これに，普遍的現金給付を組み合わせれば，すべての国民に対し最低限の生活保障が可能な仕組みが整えられる。煩瑣な選別的現金給付（申請主義的給付）よりもはるかに合理的であり，現物給付によって最低生活費そのものがそれほど必要ではなくなるため，現金給付の金額は小さくなる。

　欧米では，財政危機＝緊縮財政と気候危機の両面にわたって問題解決を試みる改革構想・改革プラン「反緊縮ニューディール」も提案されている（朴・長谷川・松尾2020）。ここには，現代の「危機」が，まさに「構造的な危機」として一体的に認識されうる可能性があることが示されている[5]。

（名古屋大学）

〈註〉
(1)　子どもの貧困対策センター公益財団法人あすのば「新型コロナウイルスに伴う若者への影響調査」（2020年4月30日，https://www.usnova.org/notice/3744, final accessed 2022/8/12）。
(2)　近年ようやく問題が可視化されてきた「ヤングケアラー」も，同質の問題構造のなかで生じてきているものであるとみるべきであろう。
(3)　「自治体消滅論」とは，2014年5月8日に増田寛也を座長とする日本創生会議人口減少分科会報告（増田レポート）によって示されたものであり，そのすぐ後に増田寛也編著『地方消滅論』（増田 2014）が出版されている。「増田レポー

ト」は，全国自治体の49.8％にあたる896もの市町村が「消滅可能性都市」として具体的な市町村名のリストを示した。増田レポートの概要は，事前にマスコミへのレクチャが十分になされたうえで5月8日に全国紙・地方紙が一斉に報じたものであることがのちに判明している。詳しくは岡田（2015）を参照されたい。増田レポートを批判する書として山下（2014）や小田切（2014）が参考になる。

⑷　これに関する鋭い問題提起は，丸山（2022）の「第2章　子どもの権利と気候変動」がたいへん参考になる。大人と比べて身長の低い子どものほうが熱中症のリスクが高くなるとともに，子どもの活動が大幅に制限されてしまうこと，豪雨や台風などの災害被害も含め，気候危機が「子どもの権利」を侵害するものであることが説得的に論じられている。

⑸　さらにはロシアによるウクライナ侵攻（2022年2月）とそのもとでの世界的な軍事的緊張の高まり（軍事危機）についても論じられなくてはならないところであるが（戦争がもたらす環境破壊・気候危機という問題，新自由主義的成長戦略と軍備増強，そして日本の大学における軍産学共同体制の形成），記して後の課題とすることとしたい。

〈引用文献〉

石井拓児（2012）「教育における公費・私費概念—その日本的特質—」世取山洋介・福祉国家構想研究会編『公教育の無償性を実現する—教育財政法の再構築—』大月書店。

石井拓児（2014）「日本における青年期の学習費保障と生活保障制度の横断的検討」細川孝編著『「無償教育の漸進的導入」と大学界改革』晃洋書房。

石井拓児（2017）「戦後日本における教育行政学研究と福祉国家論—福祉国家教育財政研究序説—」『教育論叢』第60号。

伊藤健治（2022）「子どもの権利保障と子ども行政の総合化—こども家庭庁の創設にあたって—」『日本教育行政学会年報』48。

伊藤久徳（2022）「気候変動と民主主義の新しい仕組み」『日本の科学者』57(8)。

稲葉一将・内田聖子（2022）『デジタル改革とマイナンバー制度—情報連携ネットワークにおける人権と自治の未来—』自治体研究社。

岡田知弘（2015）「地方消滅論批判—地域経済学の視点から—」『農業問題研究』47(1)。

岡田知弘（2021）『「自治体消滅」論を超えて』自治体研究社。

小田切徳美（2014）『農山村は消滅しない』岩波新書。

厚生労働省（2020）『令和2年版自殺対策白書』。

鈴木亘弘（2021）『農業消滅―農政の失敗がまねく国家存亡の危機―』平凡社新書。

谷口聡（2021）「成長戦略下における学校教育の情報化政策―「個別最適な学び」「データ駆動型教育」構想を中心に―」『日本教育行政学会年報』47。

竺沙知章（2021）「今日の『危機』と教育行政学の課題」『日本教育行政学会年報』47。

中村雅秀（2021）『タックス・ヘイブンの経済学―グローバリズムと租税国家の危機―』京都大学出版会。

朴勝利・長谷川羽衣子・松尾匡（2020）「反緊縮ニューディールとは何か」『環境経済・政策研究』13(1)。

本間義人（2009）『居住の貧困』岩波新書。

増田寛也（2014）『地方消滅』中公新書。

丸山啓史（2021）「日本の人々の気候変動・地球温暖化に関する意識と学習の課題」『京都教育大学紀要』139

丸山啓史（2022）『気候変動と子どもたち―懐かしい未来をつくる大人の役割―』かもがわ出版。

丸山正次（2020）「温暖化懐疑論リテラシー」『世界』2020年4月号，岩波書店。

三上直之（2022）『気候民主主義―次世代の政治の動かし方―』岩波書店。

光本滋（2021）『2020年の大学危機―コロナ危機が問うもの―』クロスカルチャー出版。

山下祐介（2014）『地方消滅の罠―「増田レポート」と人口減少社会の正体―』ちくま新書。

Blyth, M. (2013), Austerity: The History of a Dangerous Idea (p. 23). New York City: Oxford University Press.

Henry A. Giroux (2021), Race, Politics, and Pandemic Pedagogy: Education in a Time of Crisis, Bloomsbury Academic.

Education and Educational Administration in Times of Structural Crisis —Fiscal Crisis, New Coronavirus (COVID-19) Crisis, Climate Crisis

Takuji Ishii, *Nagoya University*

In this paper, we have examined the "crisis" in the midst of the new corona pandemic concerning children and adolescents, and have shown that it stems from the underdevelopment or absence of the welfare state social security system, and that neoliberal reforms to further dismantle and reduce the social security system are being introduced in various administrative areas in the midst of the corona crisis in Japan. This will cause "future uncertainty" for children and adolescents, and will further aggravate the "crisis of lives".

The structural crisis of the welfare state is accompanied by a crisis of democracy. In Japan, the refusal to appoint members to the Science Council of Japan, for example, has undermined the legitimacy of democratic decision-making, and there is a widespread view that it is acceptable to deviate from the principles because of the exceptional status of the new coronary pandemic. The neoliberal propaganda of fiscal crisis and municipal extinction crisis (a "fictional crisis theory," so to speak) has intentionally created a state of deviation from the principle and made democratic decision-making difficult.

In the case of the climate crisis, while the natural science of its mechanism is being investigated, studies and movements are also emerging that question why the contemporary political system is unable to take effective countermeasures adequately, and that squarely address the issue of how democratic decision-making should be, but the emphasis in each case is on decision-making by the "youth. The emphasis in each case is on decision-making by "young people". From the standpoint of education and educational administration, this means that the rights of children (including children who are still at a developmental stage where it is difficult for them to legitimately express their opinions) to express their opinions should also be questioned.

In Europe and the United States, the "Anti-Austerity New Deal," a reform concept and reform plan that attempts to solve problems across both fiscal crises = austerity and climate crisis, has also been proposed. Here, it is shown that the "crisis" of our time may be recognized as an integral part of the very "structural crisis".

Key Words
Fiscal Crisis, New Coronavirus (COVID-19) Crisis, Climate Crisis, Extended Suicide, Neoliberalism

子どもの権利保障と子ども行政の総合化

—こども家庭庁の創設にあたって—

伊藤　健治

1. はじめに

　本稿の課題は，子どもの権利の視点から子ども行政の総合化について検討することである。社会的危機の時代において，子どもの権利に関する課題は深刻化しており，子どもの学びの保障（学習権）では，学校生活の前提となる生活基盤の不安定化，人間関係を築く上での様々な困難など，教育現場における福祉的な支援が不可欠となっている。子どもを取り巻く環境が変化していく中で，近年の子ども政策において子どもの貧困や児童虐待などが重要な課題となっており，子どもの権利に関わる問題に対して社会的関心が高まっている。また，2019年には，子どもの権利条約が採択から30周年を迎えたこともあって，「広げよう！子どもの権利条約キャンペーン」など，子どもの権利の実現に向けた動きが広がって積極的な政策提言が行われてきた[1]。一方で，政府の子ども政策は，少子化社会対策基本法（2003年），子ども・若者育成支援推進法（2009年）などに基づいて取り組まれてきたが，2021年には「こどもまんなか社会」を掲げて，子ども政策を強力に推進するために，「こども家庭庁」を創設する方針が政府により示された。

　しかしながら，「こども家庭庁」の創設は子どもの権利の実現に向けた子ども政策の転換となるだろうか。目的とされる子ども政策の充実が，近年の内閣府による子ども支援政策の延長だとすると子どもの権利の実現には懸念

が残る。中嶋（2021）は，「子どもの貧困対策は，貧困の状態にある子ども自身に対する国家としての人権保障（幸福追求権，健康で文化的な最低限度の生活を営む権利，学習権・教育を受ける権利）の範疇では捉えられておらず，子どもの扶養義務を負う親に対する「支援」，すなわち養育を私事とする制度の補完と位置づけられ」ており，近年の貧困政策における「教育の支援」についても，「貧困の状態にある子どもが将来自力で貧困から離脱できるようライフ・チャンスを与えることを目的とし，それはそのまま資本主義的社会秩序及び競争制度に包摂する」ものだと指摘する。「こども家庭庁」による子ども政策の充実において重要な点は，家族依存型の子ども福祉の現状を転換し，自己責任原理によらず子どもの成長発達を保障する社会をつくりだしていくことであり，それが課題となっている。

　本稿の構成は以下のとおりである。第2節で，こども家庭庁の創設に至る議論を確認した上で，第3節では子どもの権利条約への国内法の対応状況と先行研究の蓄積を踏まえて子どもの権利の意義を関係的権利論の立場から明らかにする。第4節では，自治体子どもの権利条例の実践から，子どもの権利を保障する仕組みとしての独立した監視機関の意義を明らかにする。最後に，子どもの権利保障の視点から，子ども行政の総合化としての「こども家庭庁」に期待される役割や課題について検討する。

2．子ども行政の総合化と「こども家庭庁」創設の動き

　2021年6月18日閣議決定「経済財政運営と改革の基本方針2021」（骨太の方針）で，「日本の未来を拓く4つの原動力」に位置付けられた少子化対策の一環として，「子供の貧困，児童虐待，障害，重大ないじめなど子供に関する様々な課題に総合的に対応するため」，子どもの権利の視点から困難を抱える子どもを支援する新たな行政機関を創設する方針が示された。この閣議決定を受けて，同年7月には，内閣府において，「こども政策の推進に係る作業部会」が設置され，同年9月から11月に開催された「こども政策の推進に係る有識者会議」を経て，同年12月21日に「こども政策の新たな推進に

関する基本方針」が閣議決定された。この時点で，それまで「こども庁」として議論されていた組織名称が，「子育てにおける家庭の役割」を重視する与党保守派に配慮して「こども家庭庁」へと名称が変更されている。

　この基本方針において，「困難を抱えるこどもや家庭に対するこれまでの支援については，…困難の種類や制度ごとの「縦割り」によって生じる弊害…各関連分野や関係府省庁の「縦割り」によって生じる弊害…などによって，必要な支援が抜け落ちてしまうといった課題がみられる」（4頁）として，子どもが抱える複合的な課題に対して，「制度や組織による縦割りの壁，年齢の壁を克服した切れ目ない包括的な支援」が必要であるとの認識のもとで，「こども家庭庁」を創設する方針が示された。その際，「教育については文部科学省の下でこれまでどおりその充実を図り，こども家庭庁は全てのこどもの健やかな成長を保障する観点から必要な関与を行うことにより，両省庁が密接に連携して，こどもの健やかな成長を保障する」（6頁）として，縦割り行政の弊害として長年の懸案となっていた幼保一元化は「こども家庭庁」の創設においても実現せず，教育と福祉に関する行政組織の統合には至っていない。一方で，「教育，福祉，保健，医療，矯正，更生保護，雇用等の分野を超えて，行政各部の統一を図るため，①各省大臣に対し，資料の提出や説明を求める権限　②各省大臣に対し，勧告する権限　③当該勧告に基づいて講じた措置について，各省大臣に対し，報告を求める権限　④勧告した事項に関し，内閣総理大臣に対し，意見具申できる権限を有するこども政策を担当する内閣府特命担当大臣を必置とする」（7頁）として，子どもに関係する政策の総合調整という観点から教育政策や雇用政策に関与することで「強い司令塔機能」が期待されている。

　また，「法律の目的が，主として，こどもの権利利益の擁護，福祉の増進，保健の向上，その他のこどもの健やかな成長及びこどものある家庭の子育てに対する支援を行うものについては，こども家庭庁に移管」（8頁）するとして，児童福祉法，子ども・子育て支援法，子ども・若者育成支援推進法，母子保健法，児童虐待防止法などをこども家庭庁に移管した上で，文部科学省が所管する教育関係の法律のうち，いじめ防止対策推進法，教育機会確保

法，学校教育法の幼稚園の教育課程に関する事項などに関して「こどもの視点から総合調整」するために一定の関与を行うことが示されており，学校教育の全般に対して関与することが想定されているものではない。

2022年6月に成立した「こども家庭庁設置法」では，「こどもの年齢及び発達の程度に応じ，その意見を尊重し，その最善の利益を優先して考慮することを基本とし，こども及びこどものある家庭の福祉の増進及び保健の向上その他のこどもの健やかな成長及びこどものある家庭における子育てに対する支援並びにこどもの権利利益の擁護に関する事務を行うことを任務とする」（第3条），こども家庭庁が内閣府の外局として設置された。こども家庭庁には，こども政策担当大臣，こども家庭庁長官の下に，内部部局として成育部門，支援部門，企画立案・総合調整部門が設置される予定である。成育部門では母子保健や就学前の子どもの育ちの保障，子どもの居場所づくりや相談対応・情報提供の充実，こどもの安全などを担当し，支援部門では児童虐待の防止，子どもの貧困対策やひとり親家庭の支援，社会的養護の充実，障害のある子どもの支援など，様々な困難を抱える子どもや家庭への支援を担当する。企画立案・総合調整部門は，司令塔機能として，各府省庁に分かれている子ども政策に関する総合調整，子ども・若者の意見にもとづく政策立案，子どもの権利に関する条約に関する取り組みの実施などを担う予定である。

また，同国会では議員立法によって「こども基本法」が制定されたが，子どもの権利条約にのっとった子どもの権利に関する包括的な法律の整備は条約制定時から期待されていたものである[2]。子どもの権利に関する基本法の制定は，子どもの福祉だけでなく，教育や司法の分野においても子どもの権利の理念が浸透していく契機として期待される。一方で，行政から独立した立場で子どもの権利の状況をモニタリングし，調査や勧告などの権限を持つ機関（子どもコミッショナー）の設置は見送られた。

子どもコミッショナーは，諸外国において子どもの権利を保障する社会環境の改善に中心的な役割を果たしている。その主な役割は，子どもの権利に関する状況をモニタリングする調査活動であり，子どもの声を聴き，それを

社会に発信するとともに，政府や民間支援者に対してエビデンスを提供することを職務としている。調査にあたっては，子どものvulnerability（傷つきやすさ）に着目し，社会的に見えにくい子どもたちの状況を把握するために，様々な分野で子どもへの支援を行っている市民団体を通して，困難を抱えた子どもたちの声を聴くことが重視されている[(3)]。子どもコミッショナーの特徴として，様々な困難によって家庭にも学校にも居場所がなく，福祉からも教育からもこぼれ落ちていく子どもたちの権利を，市民団体などによる草の根の支援の実態に基づきながら，公的第三者機関として社会的に保障していくことが目指されている。

　以上のように，「こども家庭庁」創設の動きにおける「子ども行政の総合化」とは，教育分野から見ると「教育行政と一般行政の総合化」といった行政組織の総合化というよりも，「チーム学校」政策における多職種連携のように「教育と福祉の連携・協働」を進める意味での総合化と言える。ただし，教育分野に対しても，子どもの権利保障という観点から従来とは異なる質の関与（勧告など）が想定される。例えば，国連子どもの権利委員会によって繰り返し指摘されているように，高度に競争主義的な学校環境がいじめ等の弊害を助長している可能性があることを踏まえ，子どもの権利を尊重した学校教育制度や教育行政のあり方へと是正するようこども家庭庁から勧告することが可能となる。しかしながら，子ども行政に関する「強い司令塔機能」が政治主導によって行われた場合は，教育行政に対する「不当な介入」（教育基本法第10条）となる恐れがある。そのため，政府から独立した立場で子どもの権利の状況を監視する役割を担う「子どもコミッショナー」の役割は重要である。「こども基本法」で子どもコミッショナーの設置が見送られたことから，教育分野における「強い司令塔機能」は，こども家庭庁が所管する施策への協力を求める形に限定されて，これまでと同様の「教育と福祉の連携・協働」に留まる可能性が高いと考えられる。

　また，子ども行政において，子どもの「意見を尊重し，その最善の利益が優先して考慮される」ことが重要であるが，「その年齢及び発達の程度に応じて」（こども基本法3条，こども家庭庁設置法3条）との規定が能力主義

的に解釈されると，困難を抱えて支援を必要としている子どもの意見を聴くことはできない。子どもの権利の視点からは，まとまった意見を表明する子どもの声だけでなく，声をあげることができない子どもの声をどうにか聴き取ろうとする努力が大人（社会）の側に求められる。今般の子ども行政の総合化が子どものWell-beingの向上に繋がるためには，子どもの権利への理解が深まっていくことが課題となる。

３．子どもの権利条約と関係的な権利観

⑴　子どもの権利条約と国内法の対応

　子どもの権利条約は，国連子どもの権利宣言の30周年にあたる1989年に国連総会において全会一致で採択され，1990年に発効された。国際社会において初めて子どもを人権の主体として明確に位置づけたこの条約では，子どもに対するあらゆる差別の禁止（第２条），子どもの最善の利益の確保（第３条），生命・生存・発達への権利（第６条），子どもの意見の尊重（第12条）を一般原則として定めている。さらに，市民的権利や教育・福祉の権利，子どものケアや家庭環境に関する権利など，体系的かつ包括的に子どもの権利を規定している。子どもの権利条約では，子どもを一人の人間として捉え，権利の享有主体かつ行使主体として位置づけるとともに，他方で子ども固有のニーズに基づいた成長・発達の保障を規定しており，子どもの権利を構成する自律的要素と保護的要素を共に保障しようとする立場として，現代の標準的な子どもの権利観を形成している。

　一方で，戦後教育学における子どもの権利論では，「発達と学習の権利」を中心に議論されてきた。堀尾（1991）は，子どもの権利を「発達の可能態としての子どもが人間的に成長・発達する権利であり，そのための学習と探求の権利，そして，それを保障する教育への権利」として捉え，子どもの発達と学習にかかわる他者との関係の中で子どもの権利が保障されると述べる。子どもは未熟な存在であるため自ら権利を主張することができず，親や教師などの適切な人が代行してその実現を保障するものとして理解されていた。

また，牧（1990）は，「子どもは成長・発達していく可能態としての存在であるから，できる限り自律的能力を培うよう援助する」ことが必要であると述べているように，教育学において子どもの権利における保護と自律の要素は矛盾しないものとして捉えられてきた。そのため，子どもの権利に関する議論においては，学習権論を中心に国家に対して積極的な教育条件整備を要求する権利として理論的に発展した一方で，子どもの主体性と親権の行使・教師の専門職的な裁量権との緊張関係といった問題については十分に深められてこなかった[4]。

　子どもの権利条約に関して，日本政府は1994年に批准しているが，この条約の実施にあたって新たな立法措置や予算措置は必要ないとの立場をとってきた。文部省（当時）は，事務次官通知によって，「本条約は，世界の多くの児童が，今日なお貧困，飢餓などの困難な状況に置かれていることにかんがみ，世界的な視野から児童の人権の尊重，保護の促進を目指したもの」との認識を示している[5]。これまで子どもの権利に関する国内法の整備が十分に進められなかった背景には，条約が示す子どもの権利を極めて限定的に捉える政府の消極的姿勢があげられるが，他方で，教育学における子どもの権利論が憲法・教育基本法の「教育を受ける権利」に関する学習権論を中心に展開されてきたことも影響してきたと考えられる。

　子どもの権利に関する国内法の未整備もあって，条約の採択から30年以上が経過した現在においても学校や家庭，地域社会における子どもの権利に対する理解は未だに不十分な状況にあるものの，近年では児童虐待事例の急増や困難を抱えた子どもの増加など子どもを取り巻く社会状況の急速な変化を背景として，児童福祉領域を中心に子どもの権利に基づく支援のあり方が議論され，2016年には児童福祉法が改正されている。改正された児童福祉法では，第1条で子どもの権利条約を基本理念として明記した上で，社会のあらゆる分野において，子どもの意見が尊重され，最善の利益が優先して考慮されること（第2条），この原理が，子どもに関連するすべての法令で常に尊重されなければならないこと（第3条）が示された。また，2022年に制定された「こども基本法」では，子どもの権利に関する総合的な法律として，

「子どもの最善の利益」や「子どもの意見の尊重」といった子どもの権利条約の重要な概念が示されたことで、教育や少年司法などを含む子どもに関わるあらゆる場面において、子どもの権利が実質的に保障される仕組みの構築が期待される。ただし、「こども基本法」でも、子どもコミッショナーの設置が見送られたことは、子どもの権利保障を具体化する上で課題が残る。

⑵　子どもの権利における関係的な権利観

　次に、「子どもの最善の利益」と「子どもの意見の尊重」に焦点をあて、関係的な権利としての子どもの権利を再定位し、次節において子どもの権利擁護機関について検討する。まず、子どもの権利を保障する際の判断基準となる「子どもの最善の利益」とは、子どもの主体性に基づいて判断されなければならない。子どもの権利を保障する主体（おとな）の責任が強調されると、「子どもの最善の利益」は、おとなが「子どものために」と一方的に考慮して提供するものになってしまう。そうすると、権利主体としての子どもの存在は背景に退き、子どもの権利のパターナリスティックな制約という従来の原則の下で親や教師の責任が強調されることになる。おとなの専制や欺瞞から子どもを解放することを含意しているはずの「子どもの権利」は、おとなによって考案された「子どもの最善の利益」となり、子どもの権利は形骸化する（江幡2003）。「子どもの最善の利益」とは何であるかは、親や教師であっても正確に把握できるとは想定できず、また、困難を抱える子ども自身も必要な支援とは何であるか（あるいは、支援を必要としていること自体）を知ることができない場合も多々ある。だからこそ、子どもに寄り添い、子どもの声に耳を傾けて、対話を重ねながら「子どもの最善の利益」を模索していくような支援のあり方が必要となる[6]。

　また、「子どもの最善の利益」を実現するためには、「子どもの意見の尊重」が不可欠であり、他者との関係性において意見が尊重されることによって、依存的な存在である子どもは権利の主体となる。福田（2001）は、子どもとは、「安心と自信と自由を保障してもらえる人間関係を通して、やがて自律的かつ民主的な人間へと成長発達していく」存在であると捉え、子ども

の権利の本質とは，自己決定権のような自律的な権利ではなく，人間関係を基軸とした意見表明権が中核であると論じている。また，世取山（2003）は，子どもの発達において，「子どもの主体性へのおとなの応答性」と「子どもの発達段階ごとの可変性」が重要であることを指摘し，Vygotskyが明らかにした発達の最近接領域の理論を踏まえて，子どもの権利を「子どもがそこにおいて主体として位置付きうるような相互的な人間関係を求める権利」として捉えている。子どもが権利の主体となるためには，「自律的な個人」であることを条件として依存した状態を否定するのではなく，他者との関係性の中で成長・発達する子どもの存在そのものが社会の一員として承認されることが必要となるのである。そのため，子どもの権利条約の権利観は，個人主義的なものではなく，関係的に理解されなければならない[7]。

　また，国連子どもの権利委員会が2009年に採択した「意見を聴かれる子どもの権利についての一般的意見第12号」（以下，一般的意見12号）では，条約第12条に関して，①条文の文理解釈や司法・行政上の手続きに関わる締約国の具体的義務といった法的分析，②意見表明権と条約の他の規定との関係，③家庭や代替的養護・学校など様々な場面や状況における意見表明権の実施などが具体的かつ詳細に示されている。一般的意見12号では，法的な手続きとしての子どもの意見聴取に止まらず，子どもたちの日常の生活において意見を聴かれる機会が保障されることが求められている。

　一方，条約の実施状況に関する日本政府の報告書（2016年6月）では，「学校においては，校則の制定，カリキュラムの編成等は，児童個人に関する事項とは言えず，12条1項でいう意見を表明する権利の対象となる事項ではない」（パラ38）という見解が示されていたが，国連子どもの権利委員会による第4・5回の総括所見（2019年）は，一般的意見12号を踏まえて，「家庭，学校，代替的ケア，保健，医療において，子どもに関する司法・行政手続，地域コミュニティにおいて，環境問題を含むすべての関連する問題について，すべての子どもが影響力を持つ形で参加することを積極的に促進するよう要請する」としており，「子どもの意見の尊重」は，特に緊急の措置が求められる領域の1つとして勧告されている。

子どもの権利を関係的な権利として理解する際，人間は社会的な存在であるという前提に立てば，そもそも権利とは本質的に他者依存的なものである。特に，他者に依存せざるを得ない子どもにとっては，生存や成長・発達に不可欠なニーズが権利として保障されなければならない。しかし，子どもの権利として保障されるべきニーズについて，本人でさえも自分のニーズが何であり，どの程度の重要度・緊急度を有しているかを正確に理解することができない。こうした現実を踏まえても，それは保護者や社会がそのニーズを正確に理解できるというパターナリズムを正当化するものではない。子どもたち一人ひとりにとっての最善の利益がどのようなものであるかは，おとなが予め知ることができないという事実を謙虚に受け止めて，子どもの声に耳を傾けて，子どもの主体性を尊重した対話を通して探っていくことが重要になる。子どもの権利とは，まとまった意見を表明する能力のある子どもだけに認められるものではなく，他者との関係性において全ての子どもに保障されるものである。その際，子どもにとって自分の思いや願いを発信して他者に伝えることはそれほど簡単ではないことを踏まえると，おとなが子どもの権利に対する認識を深め，子どもとの関係性において子どもの思いや願いを丁寧に汲み取っていく仕組みが必要となる。

4．子どもの権利条例と子どもの権利擁護機関

　自治体による「子どもの権利条例」は，「子どもの権利条約」の精神を地域社会のレベルで具体化するもので，2000年に制定された「川崎市子どもの権利に関する条例」をはじめとして，多くの自治体で子どもの権利に関する条例が制定されている。子どもの権利条約総合研究所によると，子どもの権利を総合的に保障しようとする「総合条例」は2022年4月時点で61の自治体が制定している[8]。さらに，権利救済や虐待防止，意見表明・参加システムなど子どもの権利保障に関わる施策を個々に定めた「個別条例」，子ども施策を推進するための原則を定めた「施策推進の原則条例」を含めると，全国で100を超える条例が制定されている。

　条例制定の広がりは，急速な少子化の進行及び家庭や地域を取り巻く環境の変化による子育ての困難化に対して，子どもの成育環境の改善を図ることが地域社会の課題となっていることの表れでもあり，国レベルの「こども家庭庁」の創設や「こども基本法」制定の流れに先行する動きと言える。ただし，それぞれの条例に反映されている子ども観は必ずしも子どもの権利条約の理念に沿ったものではなく，従来の健全育成条例のように子どもを保護の客体として捉える子ども観に立った条例も含まれる。また，子どもの権利条例は，制定によって子どもの権利保障が実現するわけではなく，どれだけ内実を伴った実践が展開されるかが重要であり，それが課題となっている。

　また，子どもの権利に関する独立した監視機関としての「子どもの権利擁護機関」は40ほどの自治体で設置されている。ただし，子どもの権利を救済する仕組みが十分に備わっていない自治体もあり，委員の出務が年に数回と極端に少ない，独自の相談窓口が設置されていない，相談員等の専任のスタッフが配置されていないなど，実質的な権利擁護活動が進んでいない自治体も含まれる[9]。子どもの権利擁護機関は，「こども基本法」で議論された「子どもコミッショナー」の自治体版であって，国レベルの独立した権利監視機関の設置に向けた先行事例となることから，自治体間で制度運営や実践事例に関する情報を共有し，豊かな実践を広げていくことが重要である[10]。

　子どもの権利擁護機関の制度や運用の実態は自治体ごとに大きく異なっているが，子どもの権利擁護機関の役割を整理すると，次の4点がある[11]。第1に，個別事例に関する権利救済である。権利侵害の相談にあたって，子どもの声をしっかりと聴き取りながら，「子どもの最善の利益」の確保のために，子どもを取り巻く関係性を修復することが期待される。その際に，対話による調整や適切な支援機関との連携を図ることで問題の解決が目指されるが，必要に応じて勧告や是正要請を出して強く改善を求めるといった対応がとられる。第2に，制度改善に向けた提言機能である。個別事例をきっかけとしながら，社会システムや学校文化の構造変容を促していくことが期待される。第3に，子どもの権利に関する状況を把握するモニタリング機能である。相談に対応するだけでなく，子どもの実態を把握するための調査研究や，

NPOなどの子ども支援者との連携によって，社会構造に「埋め込まれた差異」としての不平等や不公平な状況を顕在化させる役割が期待される[12]。第4に，子どもの権利に関する広報・啓発，教育の機能である。子どもへの権利教育だけではなく，それ以上に子どもと接するおとなに向けて子どもの権利に関する理解を深めていくことが子どもの権利を実現する上で重要となる。

国連・子どもの権利委員会の第1回日本政府報告に対する総括所見（1998年）においても，「子どもの権利の実施を監視するための権限を持った独立機関が存在しないことを懸念する」として，「オンブズパーソン又は子どもコミッショナーを創設することにより，独立した監視機構を確立するために必要な措置をとることを勧告」しており，国レベルでの対応を求めている。

子どもの権利擁護機関は，学校や行政機関内にある既存の相談機関とは異なり，学校・教職員の対応などに関する悩みなどについても安心して相談でき，必要に応じて権利救済のために学校等に働きかけることができる，行政からの独立性が尊重された公的第三者機関である。子どもの権利擁護委員が「子どもの最善の利益」の代弁者として，学校や子ども施設等に対して調査，調整，勧告等を行うためには，行政からの独立性が尊重されることは極めて重要である。また，子どもをめぐる様々な課題に対して権利保障の視点から取り組んでいくためには，子どもの成長発達に影響を与えている社会の構造的問題を明らかにして，その改善を図っていかなければならない。

しかしながら，吉永（2019）が指摘するように，子どもの権利擁護機関の活動は，「個別救済が対症療法的な対応に傾斜しがち」であり，「社会モデルアプローチをどう開くのか」という点が課題となっている。こうした課題に対する先進事例として，名古屋市では，子どもの権利擁護機関の設置目的を，「子どもの権利を守る文化及び社会をつくり，子どもの最善の利益を確保する」とし，子どもの権利について周知する機能（普及啓発）や申立てがなくとも調査を開始し，制度改善の勧告等をする機能（自己発意）に積極的に取り組んでいる。普及啓発は，子どもを対象にした子どもの権利学習だけでなく，学校の教職員や保護者，市の職員や民生委員・児童委員を対象として講演会，各種会議，研修会，ワークショップ等の場に権利擁護委員が出向き，

子どもの権利に関する普及啓発に取り組んでいる。また，相談から見えてきた課題として，教員等による不適切対応や校則の問題に関する擁護委員の意見を活動報告書に掲載したり，「生徒指導提要の改訂に関する意見書」を国に提出したりと，子どもの権利を保障するにあたって社会のあり方を変えていくために積極的に働きかけている。

　このように，子どもの権利条例に基づく権利擁護の実践を通して，子どもの生活と学習を支える地域社会の仕組みを創り出していくことが期待される。しかし，現状としては，子どもの権利擁護機関の仕組みは法制度的な基盤が十分に整備されていないこともあって，個別事案の救済活動だけでなく，子どもの権利の状況をモニタリングして，社会制度の改善に取り組んでいくといった包括的な役割を担っていくことが課題となっており，国レベルでの子どもコミッショナーの創設などを通して法制度の整備が期待される。

5．子どもの権利保障と子ども行政の総合化

　地域社会には，自治体子ども行政（子育て支援，児童家庭福祉，母子保健等）のほか，学校を含めた教育・保育関係機関，児童相談所，社会的擁護の施設，子ども支援の民間組織など，子どもの成長・発達を支える組織が多く存在している。子どもの権利を保障する地域社会を実現するためには，支援ネットワークを有効に機能させることが必要であり，子どもが抱える困難の複合性・複雑性の実態を踏まえた支援システムの構築が課題となっている。

　自治体子ども行政に関しては，子育て支援，児童家庭福祉，母子保健など首長部局における子どもに関わる担当部署や窓口を一元化する「子ども行政の総合化」が広く進められてきた。また，教育と福祉を統合した一元的な子ども行政という点では，首長部局に子ども行政を集約する場合には，現行の法制度上，学校教育を所管できないという点で大きな限界を孕んでいる。そのため，教育委員会に首長部局の子ども部門を統合する形（担当職員の併任や事務委任など）で一元化しなければならない。本学会の2016年度の課題研究では「子どもの育ちと学びのための総合的な行政システムの在り方」が議

論されており，「多様化・複雑化する課題の中での子育てや教育に関する行政的支援の質保証をいかに構造化するかという問題」としての子ども行政の総合化と，教育委員会制度改革にみられるような「首長の強いイニシアチブの中での総合化」が教育行政の独立性に関する理念を掘り崩していくことへの懸念が示されていた[13]。そもそも，教育行政の一般行政からの独立は，いわゆる戦後教育行政の三原則として，地方自治，民衆統制とともに教育委員会制度の基本原理とされてきた。公教育のあり方を誰がどのように決定するべきかという教育統治の問題について，教育の地方自治は，政治的代表制とは異なり，教育委員会が，保護者，住民，子ども，教職員の合意のもと，子どもの学習権保障に向けた自治体教育計画の全般にわたって政策化していくものとされてきた（坪井2005）。近年では総合教育会議などによって教育行政に対する首長の影響力が増しているが，辻村（2019）は，「教育の公共性」を継続的に探究するためには，「個々の意見を集約して均質化を目指す動きとは異なる，多元的で多層的に存在する意思決定単位の相互調整の仕組み」が必要であり，「教育に関する意思決定に際しては，専門家集団の一員たる教職員は，利害関係者の声を聞き取るにとどまらず，教育上必要だと判断した場合に，自らがリーダーシップを発揮し，導いていくためのアクションを起こすべきである」とする。また，学校で子どもの権利を保障するためには，学校運営や教育実践において子どもの意見を尊重し，子どもの最善の利益を追求していくことが求められる。学校での子どもの参加は，教職員の専門性に基づいて保障されるものであるが，保護者や地域住民などとの協同によって，子どもを中心とした対話的な関係性を構築することで可能となる。子ども行政の総合化は，このような教育自治としての共同統治を支えるものでなければならず，中央政府による「強い司令塔機能」が教育の国家的統制を強めるならば教育人権保障のあり方に歪みが生じることとなる。

　子ども行政の総合化の目的は，縦割り行政の弊害を排して，困難を抱えた子どもが支援から抜け落ちてしまうことのない包摂的な社会システムを構築することにあるとするならば，子どもの権利に関する認識を共有して行政組織間の連携や民間の支援組織との協働を進めていくのが重要であり，行政組

織の統合はその手段に過ぎない。また，困難を抱えた子どもへの行政的な支援だけでなく，子どもたちの日常的な生活と学習の場において子どもの権利が保障されることが重要であり，学校・家庭・地域社会を中心として，子どもの権利を基盤とした社会システムを形成していくことが求められる。

　また，学校教育の課題として，これまでインフォーマルに教師が担ってきたケアの機能が縮小するとともに，家庭の責任や子ども家庭福祉の役割が強調されるようになっている。一方で，近年の子育て支援政策では，子育てにおける家庭の第一義的責任を強調した上で，家庭だけで賄いきれなくなった過剰なケア負担を補完的に支援する仕組みとなっている。子どもの権利を保障する上では社会の役割が重要であるが，「こども庁」から「こども家庭庁」へと名称が変更されたことからも，家族主義的な子ども政策からの転換が進まないことが懸念される。

　以上のように，「こども家庭庁」の創設による「子ども行政の総合化」に期待される役割としては，学校と福祉の連携・協働の強化に加えて，意見表明権を中心とした子どもの権利に基づいた子ども行政を実現し，教育分野においても子どもの権利を尊重した教育行政・学校運営への転換を促していくことである。子ども行政の総合化によって，困難を抱える子どもへの支援といった子ども家庭福祉施策の充実が期待されるが，それと同時に，子どもの困難の背景にある社会的な問題に取り組んでいくことが求められる。

（東海学園大学）

〈註〉

(1)　「広げよう！子どもの権利条約キャンペーン」https://crc-campaignjapan.org/about/（2022年5月30日最終閲覧）のほか，日本財団「子どもの権利を保障する法律（仮称：子ども基本法）および制度に関する研究会 提言書」2020年9月，日本弁護士連合会「子どもの権利基本法の制定を求める提言」2021年9月17日，などの提言が行われている。

(2)　日本教育法学会子どもの権利条約研究特別委員会（1998）『提言［子どもの権利］基本法と条例』三省堂

(3)　イングランドの子どもコミッショナーによる「Vulnerability Report」では，

話を聞いてもらう機会が少ない子どもたち，例えば学校を中退した子ども，障害のある子ども，移民や難民の子ども，非行少年，社会的擁護を必要としている子ども，などの声を丁寧に聴き取り，彼／彼女らの代弁者としてvulnerabilityの実態を明らかにし，社会的な課題として発信している。Children's Commissioner for England,2018, Vulnerability Report 2018, Overview

(4) ただし，今橋（1983）は，いじめや体罰など学校現場で現実に生じている人権侵害状況から子どもの人権論を提起している。また，原（1979）は，学習の主体としての子どもが，教育を不可欠的に必要とし要求する存在として認識される以上，教育の主体としての親，教師あるいは学校，国家などと不可避的に対立緊張関係に入らざるを得ないことを踏まえて，教育学において発達の可能性があるからという理由が自己目的化していることを批判している。

(5) 1994年5月20日文部事務次官通知「『児童の権利に関する条約』について」

(6) 猪飼（2016）は，「ソーシャルワークが重視してきた伴走型／寄り添い型の支援とは，まさに，この生活の中で繰り返される探索的な意思決定の過程に介入し，意思決定自体の困難やそこに生じる不合理を取り除いたりして，意思決定の継続性を支え，当事者の「生きる力」を強めていくものである」と述べ，社会政策にソーシャルワークやケア／ケアリングを組み込む重要性を指摘している。

(7) マーサ・ミノウ（Marth Minow）による関係的権利論とは，人種や性別など差別の問題に取り組む上での既存の権利論の困難（差異のジレンマ）を明らかにし，他者との関係性に着目して権利概念を問い直す新たなアプローチを示すもの。暗黙の内に本質的で自然な区別だと考えられていた「正常－異常」，「能力が高い－能力が低い」といったような「差異」は，それが社会的な文脈や環境，条件によって作り上げられたものである。こうした「差異のディレンマ」を乗り越えるために，権利概念に対話的で人間的な視点を取り入れる関係的権利論を提唱した。（Marth Minow, *Making All the Difference: Inclusion, Exclusion, and American Law*, Cornell University Press. 1990）

(8) 子どもの権利条約総合研究所ホームページ「子どもの権利条例等を制定する自治体一覧」http://npocrc.org/wp-content/uploads/2022/04/jorei2204.pdf（2022年5月30日最終閲覧）

(9) 公益社団法人子ども情報研究センター（2018）「都道府県児童福祉審議会を活用した子どもの権利擁護の仕組み」調査研究報告書（厚生労働省平成29年度子ども・子育て支援推進調査研究事業研究課題9）45-51頁

(10) 子ども施策のあり方やまちづくりの展望を見出すために，自治体関係者と研究者・専門家・NPO等が連携・協力して開催されている「地方自治と子ども施

策」全国自治体シンポジウムのほか，東海地区「子ども条例」ネットワークなど，地域ごとの取り組みが行われている。

⑾　伊藤健治「子どもの権利擁護機関に関する制度的検討—条例に基づく子どもの権利擁護制度の特徴と課題—」『東海学園大学紀要』人文科学研究編，第26号，2021年，8頁

⑿　「埋め込まれた差異」とは，家庭だけでなく，教育，雇用，財政など，様々な社会制度が個人の成長に影響を与える差異である。Fineman, Marth Albertson (2017) "Vulnerability and Inevitable Inequality," Oslo Law Review Vol. 4

⒀　2016年度課題研究 1 「子どもの育ちと学びのための総合的な行政システムの在り方」

〈引用文献〉

青木紀（2003）『現代日本の「見えない」貧困』明石書店

安宅仁人（2009）「基礎自治体における子ども行政の一元化に関する研究—教育委員会における「こども課」設置を中心に—」『教育制度学研究』第16号

猪飼周平（2016）「ケアの社会政策の理論的前提」『社会保障研究』Vol. 1 No. 1

今橋盛勝（1983）『教育法と法社会学』三省堂

江幡裕（2003）「学習権論の隘路」『教育制度学研究』第10号

桜井智恵子（2022）「こども家庭庁の『こどもまんなか』政治——ネオリベラルな『ウェルビーイング』」『現代思想』2022年 4 月号

坪井由実（2005）「『教育の地方自治』システムとその基本原理」『日本教育行政学会年報』第31号

中嶋哲彦（2021）「子どもの貧困と現代国家——扶養の私事性と国家装置としての学校教育」『日本教育政策学会年報』第28巻

原聡介（1979）「近代教育学のもつ子ども疎外の側面について」『教育学研究』第46巻第 4 号

福田雅章（2001）「あらためて子どもの権利の本質を問う—「川崎市子どもの権利条例」は，子どもの権利の本質を踏まえているか」『教育』2001年 9 月号

堀尾輝久（1991）『人権としての教育』岩波書店

牧柾名（1990）『教育権と教育の自由』新日本出版社

世取山洋介（2003）「子どもの意見表明権のVygotsky心理学に基づく存在論的正当性とその法的含意」『法政理論』第36巻第 1 号，新潟大学

吉永省三（2019）「子どもオンブズパーソン制度化20年の意義と課題：子どもの権利擁護を担う公的第三者機関のこれからに向けて」『子どもの権利研究』第30号

The Rights of the Child and Comprehensive Children's Administration

Kenji ITO, *Tokaigakuen University*

In June 2022, the Basic Act on Children was passed, and in the following year, an agency will be established to take charge of comprehensive children's administration. It is hoped that policies that guarantee the rights of children will be strongly promoted. The purpose of this paper is to examine the comprehensive children's administration from the perspective of the Rights of the Child.

Although the child has not been regarded as a subject of rights in the modern theory of human rights, the uniqueness of children has necessitated the rights of care and protection. In the theory of children's rights, we need both children's human rights and children's special rights. The right under Article 12 of the Convention on Rights of the Child demands an appropriate daily relationship between children and adults. It is different from the concept of a right to self-determination based on independent human rights. Because of the dependent nature of children, it is necessary to include children within the concept of the relationship with others, and we should avoid denying their dependence in the aim for them to be independent. To secure the rights of the child, it is inevitable, through the cumulative practices of listening to the voice of the child, that we solve background problems based on the social context.

In other countries, children's commissioners are working on social reforms to ensure children's rights at the national level. Their duties are to monitor the situation of children's rights, to listen to children's voices, to disseminate them to society, and to provide evidence for child policy. In Japan, in some municipalities, ordinances for the children's rights are enacted based on the philosophy of the Convention on Rights of the Child. The children's rights commissioners based on these ordinances are expected to play a key role to create a society where children's rights are respected. However, the legal system of the Children's Rights Committee is not well developed. For this reason, in addition to counseling and rights protection activities for individual cases, it has become an issue to monitor the status of children's rights and work to improve social systems.

When considering comprehensive children's administration, it is important to consider the principle of "independence of educational administration from general administration". The governance function in local government of education plays an important role in achieving children's right to education. Children's welfare has depended on their families, but children's administration is required to provide social support for children so that they can live with peace of mind. In order to guarantee children's rights, cooperation between school and welfare administration is important. In addition, educational governance must be managed with respect for children's opinions.

Key Words

relational rights, best interests of the child, advocacy system, the right to express one's views freely, the children's rights commissioners

東日本大震災以降の子どもの安全と危機管理

本図　愛実

はじめに

　東日本大震災から11年が経過しようとしている。人命の尊さは決して量では表せないが，それでも一夜にして1万人を超える人々の命が容赦なく失われたことを思うと，惨事の超克をよりよい世界の在り方へと結びつけ，次世代に向けて，安心で安全な環境を提供していかなければいけない，と強く思う。このような願いは社会的な意思にも通じると言え，様々な対応や制度改革が進められてきた。しかし，3年にも及ぼうとしている新型感染症をはじめ，子ども（19歳以下）の自殺数も増加傾向にある[1]。全ての子どもたちに安心で安全な環境を提供できなかったということになる。

　子どもの安全は，教育行政学研究に新たな地平を提示しうる。教育行政学研究が主たる対象としてきた，中央－地方政府の権力構造がもたらす諸相の分析において，暗黙の前提の一つには子どもの人権保障があった。しかしながら，子どもの命そのものが奪われることについて，集合知が作られてきたわけではない。1999年の機関委任事務廃止から20年あまり，政策過程への多元的なアプローチが模索され続ける一方で，子どもを取り巻く状況はますます複雑化し，子どもの安全が，当の子ども自身や子どもを取り巻く関係性から奪われることもあった。いかにして，子どもの安全を保障し，不可抗力にも対応しうる公的空間を作りだしていけばいいのだろうか。

　このような空間創出について，危機管理という語がある。行政普及用語と

言え，技術論にも見える。しかしながら，社会装置的な機能を有しており，学校内部と学校が属する社会的文脈の権力関係とともに学校安全が成立していることを紐解かなければ，意味のある改善とはなりえないという認識を背景としつつ，規範の創出と技術的な担保を促している。それはまた，リスクマネジメントとクライシスマネジメントから成るともされている。答申等でもたびたび登場するようになった，組織マネジメントという語と同種である。

学校内部と学校が属する社会的文脈の双方における重要アクターに「地域」がある。本論では，二点の課題意識から焦点をあてたいと考える。一つは，学校保健安全法の規程と現実とのズレについてである。子どもの安全確保の主体は学校であることが規定されているが，学校施設の態様や子どもの生活圏からすれば，学校だけでは実現できない。二点めは，「地域」の意思決定とは見えづらく，子どもの安全に不安定さをもたらしていないか，ということである。「地域とともにある学校」は，学校経営の指針となってきた。しかし，そこでの「地域」が意味するものは，多義的で，法的位置づけも曖昧である。

以上を踏まえ，ドナルド・アルドリッチのソーシャル・キャピタル論を手がかりとして，「地域」の意思決定への接近を試みたい。アルドリッチは，有用性とともに危うさをはらむという，ソーシャル・キャピタルの二面性を実証している（Ardrich 2012）。ここから，ソーシャル・キャピタルとしての「地域」の動態性に近づくことができると考える。これらを用いつつ，子どもの安全における「地域」の法制度上の位置づけを確認した上で，東日本大震災発生時とそのおよそ10年後となるコロナ禍における事例により検討を行う。

１．学校保健安全法の構成と「地域」

学校安全の保障が，法律上一定の体系性をもって示されるのは，2008年の学校保健安全法の成立においてである。学校保健法に学校安全としての１章全５条（第26〜30条）を追加する形が採られた。戦後作られてきた教育法体系からすれば，ごく最近のことということになる。一方，1958年に制定され

た学校保健法は，「今までの学校保健関係の諸法規，すなわち身体検査規定，学校伝染病予防規程，学校清潔方法，学校医令，学校歯科医令等を集中包括した学校保健管理の総合法」とされている[2]。総合法を擁する学校衛生は，戦前より学校経営の重要事項であった。学校教育を介した伝染病拡大やそれらがもたらす死亡や身体部位の喪失は学校制度成立の根幹に関わる。学校衛生を含む公衆衛生の進展は，近代化・民主化による国家形成と軌を一にしており，一定の水準に達したのは1970年代であったとする見解もある[3]。学校衛生は学校安全の主眼であったとも言えよう。

　第27〜29条は学校に規定内容の履行を要請している。その実現には国や自治体の働きも欠くことはできない。衆議院において原案修正が行われ，国及び地方公共団体による，財政措置（第3条1）と推進計画策定（第3条2）が第1章総則に追加されたが，いずれも努力義務である。

　結局のところ，学校安全については，必要最低限の規定追加が学校保健法に行われたと把握できる。加えて，これらは，当時の事件・事故をめぐる社会不安への対応を踏まえた出来事対応型であった。改正法の基である，中央教育審議会答申「子どもの心身の健康を守り，安全・安心を確保するために学校全体としての取組を進めるための方策について」（2008年1月17日付け）の諮問文では，「近年，通学路を含めた学校の内外における子どもが犠牲となる事件・事故が生じており」と対応の必要性を示唆している。実際，帰宅途中の小学校1年生が誘拐・殺害される事件が複数発生した上に，その数年前から幼児や児童が残忍な犯罪被害者となる事件が多発していた。したがって，同法第30条に登場する，学校が連携すべき「地域」は，まずは「警察署その他の関係機関」である。次に，「地域の安全を確保するための活動を行う団体」，「当該地域の住民その他の関係者」となっている。第3条2が示す国による安全推進計画策定についても出来事対応であると言え，策定されたのは，法改正から4年後の2003年であり，東日本大震災発生の翌年であった。

2．アルドリッチのソーシャル・キャピタル論

　「地域」の意思決定に近づくために，ソーシャル・キャピタルを手がかり

としてみてみよう。経済学の分野では，宇沢弘文が「社会的共通資本」の提示をライフワークとしてきたのであり，その意について，人々が経済的にも文化的にも豊かな生活を送るための社会的装置といった定義を付している（宇沢2000）。経済学の知見を引用しつつ政策提案を行っているOECDは，ウエルビーイングの推奨において，経済，自然，人とならび，ソーシャル・キャピタルをウエルビーイング持続の資本の一つと位置づけている。学際的，国際的には，政治学のロバート・パットナムによって，社会の効率を高める，人々の結びつき，ネットワークといった意味での理解が共有されている。パットナムはまた，ソーシャル・キャピタルは，信頼可能性，規範，ネットワークの三つの面を含むとする。とくに信頼可能性とは，他者の未来の行動をどのくらい予測できるか，を意味する（Patnam,2003）。人間の思考や認知を示すものであり，規範，ネットワークの構成要因ともなりうる。

　ソーシャル・キャピタルの有用性が論じられてきた中にあって，アルドリッチは，結束力の強いネットワークとしてのソーシャル・キャピタルが負の側面ももつことを示した。地域の結びつきや同質性の高さはいち早い災害復興を導くが，異質性をもつ人々を排除し，時に攻撃を加える動きも生んだ。

　アルドリッチのソーシャル・キャピタル論はまた，ウールコック＆ナラヤンによるソーシャル・キャピタル研究のマッピング上の分類を基に，ソーシャル・キャピタルの類型化を提示していることに特徴がある。ウールコックらの分類とは，共同体の視点，ネットワーク的視点，組織化の視点，相乗作用の視点，である。アルドリッチは，これらの視点が包含されるものとして，三タイプのソーシャル・キャピタルが導出可能であるとしている。

　第一のタイプは，withinを志向する結束型である。パットナムが示すような信頼可能性が高く，それらとともに形成される結束力の高さは，異質の排除ともなる。予想や規範に反する行動をとる者は排除や攻撃の対象となりうるということになる。第二のタイプは，ネットワーク間をつなぐようなbetweenを志向する橋渡し型である。水平的な位置づけにある集団によるもので，外部とのつながりをもたらし，そこでは新たなアイデンティティが形成されることになる。第三のタイプは，垂直的な関係による集団によるもの

で，acrossによる連結型である。社会における制度化された権力あるいは権威勾配を超えて交流する人々の関係に信頼をおくネットワークによって成り立っているとされる。パットナムの定義に倣い，ソーシャル・キャピタルに，信頼可能性，規範，ネットワークの三つが含まれるとするなら，それぞれに関わって意思決定が存在することになり，ここにアルドリッチのいう三タイプを重ねるなら，それらの意思決定に傾向を見出すことが可能になる。とはいえ，これらの三タイプには理念形としての要素もあり，「地域」にはこれらのタイプが複合的に存在するであろうし，それぞれのタイプは常に可視的であるわけではなく，ある局面において，潜在的で本質的な部分が突出して表出されるということであろう。その一つに災害発生時の意思決定がある。

3．東日本大震災における二つの「地域」

東日本大震災においては，好対象な「地域」が存在する。一つは，人々の安全において震災発生時に有効に機能した「地域」であり，それらは，広く語られている「地域」でもある。その象徴的な存在は学校支援地域本部であった。学校支援地域本部は，2008年より３ケ年の文科省事業として開始され，全額国庫負担（委託試行型）あるいは定額国庫負担（定着推進型）により設置の促進が図られた。設置の必要性は教育振興基本計画や，「経済財政改革の基本方針2008」（平成20年６月27日閣議決定）に記載された。

学校支援地域本部の活動は，アルドリッチのソーシャル・キャピタルで言えば，橋渡し型と連結型の併存である。学校支援地域本部の意思決定は，設置されている学校の校長の意思決定に付随している。その上で中心となっているのはコーディネーターである。彼らは元PTAであったり，学校支援を行うNPO関係者であることが多く，学校を支えようとする意志をもって参加しているため，他者との交流も得意とする人たちである[4]。コーディネーター間の交流が行政による研修により後押しされてもいる[5]。水平的な位置づけにある集団間の交流（between），NPOや公的研修など属性に差異がある組織との交流（across）により，学校と学校支援地域本部の双方において，新たな価値やアイデンティティが無理なく形成されうる仕組みとなっている。

　学校支援地域本部の事業最終年度の2011年３月，すなわち東日本大震災発生直後に，文科省調査として宮城県内の学校支援地域本部設置校（20校）と未設置校（20校）の聞き取りが行われた[6]。設置の有無が避難所運営に大きく影響していたとし，未設置校校長の95％が学校支援地域本部のしくみが今後大いに必要，５％が必要と回答した。調査母集団は小さいが，復興の過程にいた筆者の経験からも回答内容はもっともなものだと思う。

　他方の「地域」は，語られない「地域」である。子どもの命を守ることができなかったためである。アルドリッチのソーシャル・キャピタルにならえば，結束型が存在し意思決定が行われている。しかし，それだけでなく，弱い紐帯からなる部分が結束部分を複層的に取り囲んでいる。つまり，結束部分を核とする同心円状の構造をとる「地域」の意思決定がある。

　事件の概要をみてみよう。石巻市立大川小学校（児童数108名，教職員数13名）では2011年３月11日の地震発生時，74名の児童と10名の教職員が校庭に避難し，その後，津波により亡くなった。生存者は児童４名，教職員１名であった。大川小学校は，旧北上川沿い，河口より７キロほど内陸にさかのぼったところにあり，沿岸・河岸には，集落があり，校地のまわりにも住宅が立ち並んでいた。河岸沿いに県道が走り，それが堤になっており，堤の下に学校や集落がある。その高低さからすれば，校庭や校舎１階から河岸や海岸の遠方に津波を見つけることはできない。以下，『大川小学校事故検証報告書』（以下「報告書」）の内容からここでの意思決定をみてみたい。

　ここでの意思決定は先のソーシャル・キャピタルの構造でいえば核となる結束部分で行われた。同校の「地震（津波）発生時の危機管理マニュアル」では，最終的な意思決定をする災害本部は，校長と教頭の２名から構成されていた。震災発生時，校長は不在であり，震災発生後，電話は全て不通となった。学校が電話をかけた市教育委員会もまた市役所全体とともに水没していた。校庭への避難の後，津波を想定して次の場所に避難するかしないのか，最終判断は教頭に託され，最終的に教頭は，校庭から「三角地帯」（大川小から300メートルほど内陸にむかった，旧北上川にかかる大橋のたもと）に避難することを判断したと推測されている。教頭も津波にのまれ，唯一の

生存者であった教務主任は，教頭の最終決定を直接聞いておらず，その判断がなされた頃は，安全に非難する場所はないか確認のため校舎内に戻っていた。

　時系列でみれば，14時46分に地震が発生し，14時49分には子どもたちは校舎から校庭に避難し終わった。「報告書」は，「少なくとも，15時15〜20分頃までは，地域住民・保護者はもとより，教職員においても，大川小学校付近まで津波危険が及ぶ可能性を具体的に想定し，切迫した避難の必要性を認識していた者は，多くはなかったものと推定される」としている。一部の教員は，子どもたちの寒さ対策やたき火の準備など避難所運営の対応に向けて動き始めていた。15時33〜34分頃，「三角地帯」への移動が始まり，直後に全員が津波にのまれた。校内の時計が15時37分で止まっていることから，学校及び「三角地帯」に津波が来襲したのは同時刻であると推測されている。若干名の生存者は裏山に逃げたり流れ着いたりし，一命をとりとめた。

　結束部分の核には，地域のリーダーも含まれる[7]。「報告書」は，校庭から次の場所に避難するか否か，教頭を中心としながらも「一部の地域住民も関与したものと考えられる」としている。また，地裁判決では，教頭が裏山への避難について地区区長に意見を求めたところ，「ここまで（津波は）来ない」「校庭にいた方が安全だ」と反対したことが吟味されている。13名の教職員のうち8名は大川小学校に赴任して2年未満であった。この点について，「報告書」では「学校周辺の状況（地理的条件，災害履歴をはじめとする災害環境，社会環境等）を必ずしも熟知していなかったものと考えられ」るとし，裏山への避難という選択を阻んだ要因の一つとしている。

　「三角地帯」への移動については，結束部分を取り囲む地域住民たちにとっても妥当なものであった。「報告書」では，「三角地帯」への避難は，地域住民たちも納得し同行したものと推測している。「三角地帯」へは教職員ではわからない民家敷地を通って移動していること，児童らの移動とともに校庭にいた地域住民もいなくなったという生存者の証言があるからである。大川小は，隣接する行政区の地区交流会館とともに避難場所として指定されており，どちらにも多数の住民が避難してきていた。これらに避難した人を

含め，釜谷地区の住民209名のうち83.7％にあたる175名が津波により死亡した。

　大川小学校は，市町村合併によって存在しなくなった旧河北町において，住民の結びつきを束ねる公的な財であった。地域とともにある学校は，子どもたちの成長に好影響を与えてきたことであろう。「報告書」は，学校と地域・保護者の関係について，協力的であり，「密接で」，「団結力は強く」，「何かあると地域の人と相談し，また地域の人も心配して学校に来てくれた」といった関係者の証言を記載している。遺族として語り部活動を行う元主幹教諭の佐藤敏郎氏は，大川小学校が震災前，旧河北町というまちの中で，みなで成長を喜びあう，いかに素晴らしい学校であったかを語る。佐藤氏は，震災発生時，石巻市と同様の激甚地であった女川町の中学校で子どもたちの命を守ることに身を粉にしていた。そうした佐藤氏からみて，震災前の大川小学校は我が子を任せられる信頼できる学校であった。同じく遺族であり現在管理職になった平塚真一郎も，大川小学校からの教訓を語る活動を行い，あわせて，震災前の大川小学校への高い信頼を示す（平塚2020）。

　結束部分の外円には，地域住民の他，地域の行政機関からなる意思決定も存在する。「報告書」が列挙する，適切な非難ができなかった要因の一つに，旧河北町を管轄地域とする河北総合支所における防災行政無線を用いた防災広報体制の不備がある。大川小学校が在する旧河北町は，2005年4月の1市6町合併により石巻市に編入された。震災発生時に，河北総合支所がとった危機対応は「事前計画どおりではなく」，校庭にいた教員たちに津波警報が届かなかったのは，「石巻市地域防災計画」（2008年6月）の履行が「旧河北町である河北総合支所まで十分に周知徹底されていなかったことによる可能性が否定できない」（報告書109頁）としている。大川小校庭の道路側には「防災行政無線子局」（屋外拡声器）があり，「報告書」は，校庭にいた者たちに，河北総合支所による防災行政無線により放送された内容は，いくつかの証言から，十分に届いていたとみている。しかし，河北総合支所による放送は，14時52分と15時10分頃の2回だけで海や川に近づかないように注意をするだけのものであった。

大津波警報の後，支所の担当者たちは，車で広報しながら支所管内の避難誘導などを行った。計5台の公用車で管内の各地区へと向かい，5台のうち3台が沿岸部に向かったが，1台は拡声器が故障し使えない状態であった。職員6名が2名ずつで分乗した。こうした広報も役割分担も計画にはなかった。3台のうち1台は15時23分ごろ，大川小学校に立ち寄り，職員E・Fは体育館に避難者の受け入れが可能か尋ね，教頭から無理だという返答を得た。しかし，この時，津波からの避難は話題にならなかった。

　「報告書」が指示する事件の要因には，デザイン重視の低層校舎もある。「報告書」は，昭和60年に行われた新校舎建築において，「多様な災害危険を想定し，これに備えた安全性を確保するよう立地・設計の上で配慮することが必ずしも十分には行われていなかったものと推定される」としている。これらは，行政担当者を含む専門的な議論の結果ではあろうが，住民たちもそれらの決定や運用に注意深く意を払い，異を唱えてきたわけではない。住民にそこまでの意思決定を求めるのは現実的ではないとも言えるだろう。しかし，これらは，「地域」を構成する人々において，なんとなくあるいは言うまでもないこととして是認されてきたと言える。

　同心円として捉えられるソーシャル・キャピタルには，さらなる外円において，「地域」の専門家たちの認識から作られる意思決定も存在しうる。「地域」に，県内に在する災害に関する専門家たちも含むのであれば，学術研究の大きな拠点がある宮城県において，大川小学校と隣接する地区交流会館が避難所として指定されていたことをはじめ，津波の来襲を想定し発言していた者はいなかった。二つの公的機関を瞬時に襲った津波とは，旧北上川を遡上し超堤した津波だけではなかったことがのちに明らかになった[8]。川を遡上した津波に押し流されてきた瓦礫が大橋にたまり堰となり，濁流が大川小と地区交流会館にむかって押し寄せた。したがって，校舎2階と体育館を結んでいるコンクリート回廊が，内陸側から海側にむけて押し倒されている。専門家は防災科学に関わる者だけではない。大川小学校の教職員には，筆者の勤務する教育大学の出身者も含まれていた。「報告書」は，裏山に避難するという判断ができなかった要因の第一に，学校の防災体制の不備をあげて

いる。筆者自身2011年以前に，そうならない学校づくりを大学で指導できたのかと問われれば，否である。一般論はともかくも，組織文化を踏まえた有効な改善策を提示できるような力量には至っていなかった。

幾重かの外円に位置している者たちは，「地域」とbetweenやacrossによる働きかけをすることはなく，結束部分は結束部分のままであったと思われる。2000年から努力義務となった学校評議員制には，betweenやacrossによる新たな視点の注入をもたらす可能性があると言えるが，「報告書」によれば，それが設置されたのは2010年度からで，この年度の学校評議員会の開催は2010年3月の1回だけであった。

4．コロナ禍におけるソーシャル・キャピタル機能の鈍化と「主体の融解」

新型感染症がもたらした災いの一つには，他者との交流を極小化したことがある。コロナ禍においては，人々の関わりが減じられたため，ソーシャル・キャピタルとしてのwithin，between，acrossのいずれの動きも鈍化し，結束部分の主体の意思決定も曖昧になり，「主体の融解」が事故を招いた[9]。

A県B市立C小学校では，2021年4月下旬，校庭に設置されていた地上部分6メートル，地下埋設1.4メートルの防球ネット木製支柱2本のうち1本が内部腐朽のため根元より折れ，支柱付近で遊んでいた6年生児童のうち2名の頭部等にあたり1名は死亡，もう1名は大けがを負った。

2022年6月現在，事故調査委員会の調査答申書・概要版（以下，「答申・概要版」）が同市ホームページでも公開されている。それによれば，支柱設置は学校日誌から1989年7月と特定されるが，支柱設置に関する市費支出の記録が存在せず，概要版は「地域の関係者から，学外のスポーツ団体の関係者が設置したとの発言が得られたが，それらを裏付ける文書は存在しない」とし，学校日誌には「ボール受け」となっているだけで設置の目的は不明であり，その後30年間，使用実態にあわせた点検整備が行われてきたとは言えないとしている。なお，C校独自の事務文書であった「寄付台帳」に記載されている事項と日付けから，当該支柱は木製電柱の再利用であると推認され

た。地域の関係者への問い合わせにより，1989年に設置工事を行った地域スポーツ関係者が，10年前にネット張替と支柱を3本から2本に減じる工事を行ったことが最終的にわかった。一方で，「答申・概要版」は，C校の学校評価資料からは，「〜望ましい学校づくりがなされ，地域から信頼される学校であった」とし，「提言」として，「第四　引き続き，地域とともにある学校づくりを奨励し，安心・安全の確保を目指す」ともする。

　日常の点検はどうなっていたのか。「答申・概要版」よれば，C校では，県の学校安全基本指針の要請に準拠しつつ，月一度，教職員がグループに分かれて担当箇所別に点検を行い，それらが月ごとで異なるようにローテーションを組んでいた。「答申・報告書」は，支柱の設置時期が30年前であることに思い至らず，支柱表面の半分以上がネットで覆われ表面の亀裂と柱内部の腐朽の可能性を連結して考えることができなかったこと，「毎月これだけの箇所を教職員が点検するのは相当の負担であると言え，外形上，不具合がないかを目視で確認する程度にならざるをえなかったであろう」としている。さらには，「学校は新型感染症コロナに関する安全確保に相当のエネルギーを費やしており，安全点検の仕組みや方法を再検討するような改善について，担当者レベルで行うことができたとは思われない」とする。新型感染症により2020年3月〜5月に全国の学校が一斉閉鎖となり，罹患となれば地元メディアで大きく報じられもするなか，感染防止が優先的な課題とされていた。

　この事件においては，支柱をめぐる主体に対する認識も曖昧であった。C校は，「地域に開かれた学校」の典型でもあり，校庭を利用したスポーツ活動も盛んであった。照明設備が整備され，それらは教育委員会生涯学習課の管轄であった。体育館の前にある防球ネット支柱について，学校は，地域スポーツ団体が体育館のガラスにボールがあたらないように設置したのだろう，教育委員会も知っているだろうといった認識であった。代々の校長たちも地域からの寄贈と経年劣化の可能性を後任に引継ぐこともなかった。

　一方，C校校庭を利用していた複数のスポーツ団体に，それらの支柱の設置や管理が自分たちに関係があるといった認識は当然のことながら皆無で

あった。活動開始前の待ち時間などに，児童らが，サッカーゴールにみたてて遊んでいたことも関係者らは見ていたが，危険であるとは思われていなかった。主体の曖昧さは，スポーツ団体の関係者だけでなく，それらに加入していた保護者の認識も同様で，支柱の設置時期や危険性に思い至る者はなく，「迎えにきた保護者が支柱にもたれかかって活動終了を待っていることも日常よくみられること」であった。

　意思決定の曖昧さは地域関係者においても同様である。C校だけでなく，市内の学校では，NTT所有の木製電柱が「交換柱」として積極的に学校に寄贈され遊具として使用された時期があった。やがて，腐朽の懸念から一斉撤去されたが，その際，防球ネット柱は認識外となってしまったのであった。

　この事件では全ての関係者の意思決定が曖昧であり，管理責任は誰にあるのか，その境界が融解してしまっている。ただし，「主体の融解」が起きたと言っても，学校保健安全法違反として責を問われたのは現校長であり，書類送検となった。学校再開となった2020年6月以降も，保護者でさえ立ち入りが制限されるなか，地域の関係者が学校に立ち寄ることはなくなってしまっていた。もしも，他者との交流が減じられていなければ，PTA関係者，学校評議員，地域の関係者，校長OBらとの雑談や何気ない会話からなど，未然防止の情報が学校にもたらされた可能性は高い。他者との交流は書面では有効と言えず，書面実施となった学校評議員による学校評価においても，支柱をはじめ施設の安全に関する意見はあがってこなかった。

　これらはまた，別の角度から見るなら，他者との遮断でソーシャル・キャピタルの機能が鈍化しやすい「地域」であったということにもなる。B市は人口約3万で，その規模からすれば，大川小学校があった旧河北町のようにまちの結束力が高いわけではない。市長選出をめぐって議員たちを二分する政治的な対立もおきている。withinという動きが存在しないわけではないが，強いとは言えない。between，acrossといった他者との交流もあり，たとえば他県他市とともに独自の学力調査と研究も進められているほどであるが，行政マターでもある。新型感染症によるソーシャル・キャピタル機能の鈍化を招きやすい地勢にあったと言える。

5．進む弱体化

　「地域」のソーシャル・キャピタルは，新型感染症の影響が終わったのちも，弱体化していくだろう。その主要因は少子高齢化の進行であり，地方においてより深刻である。「地域」の意思決定をめぐり同質性が高くなり，多様な視点が得られにくくなる。その一つとして町村議員の高齢化，在職年数，性別をみてみよう。この10年間で，自治体数は，2011年度932，2021年度は926と６減となった[10]。その中で，議員の平均年齢は61.6 歳から64.8歳となり，60歳以上の議員は全体の66.8％から76.9％を占めるまでとなっている（**表１**）。先のB市においても，市議員は，地域の相談役やまとめ役であると言え，長年，「子ども育成会」会長やPTA会長などを務めてきた議員もいる。12年以上議員を務める者も34.7％から 36.0 ％となっている（**表２**）。一方，女性議員の割合は，微増したものの10％台である（**表１**）。

表１　町村議員年齢・性別の比較　2021年と2011年

		25～30歳未満	30～40歳未満	40～50歳未満	50～60歳未満	60～70歳未満	70～80歳未満	80歳以上	平均（歳）	女性議員（%）
2021年　町村議員年齢構成										
議員数	10,769	25	217	802	1,440	4,365	3,665	255	64.8	
割合（%）	100.0	0.2	2.0	7.4	13.4	40.5	34.0	2.4		
						76.9				
女性	1,249	4	32	119	263	508	306	17	62.4	11.6
2011年　町村議員年齢構成										
議員数	11,756	22	216	694	2,975	6,110	1,677	62	61.6	
割合（%）	100.0	0.2	1.8	5.9	25.3	52.0	14.3	0.5		
						66.8				
女性	990	1	12	79	352	466	79	1	59.7	8.4

出典：全国町村議会議長会による各年調査より。

表2　町村議員在職年数の比較　2021年と2011年

2021年　町村議員在職年数											
	総数	4年未満	4～8年未満	8～12年未満	12～16年未満	16～20年未満	20～24年未満	24～28年未満	28～32年未満	32～36年未満	36～40年未満	40年以上
議員数	10,769	2,738	2,395	1,852	1,163	937	645	387	228	145	63	62
割合(%)	100.0	25.4	22.2	17.2	10.8	8.7	6.7	3.9	2.3	2.4	0.6	0.6
					36.0							

2011年　町村議員在職年数											
	総数	4年未満	4～8年未満	8～12年未満	12～16年未満	16～20年未満	20～24年未満	24～28年未満	28～32年未満	32～36年未満	36～40年未満	40年以上
議員数	11,756	2,924	2,404	2,350	1,794	959	567	340	194	117	79	28
割合(%)	100.0	24.9	20.4	20.0	15.3	8.2	4.8	2.9	1.7	1.0	0.7	0.2
					34.7							

出典：全国町村議会議長会による各年調査より。

表3　2027年度の小学校人口の減少

	2021年総人口(人)	2027年児童数(小1～6)(人)	2021年児童数(小1～6)(人)	2021年を基にした27年の児童数減少率	2021年公立小学校数(校)	2021年の1校当たり児童数(平均)(a)	2027年児童数を(a)で除	学校減の可能性(校)
青森県全体	1,260,067	47,044	53,930	0.13	262	206	229	33
青森市（県庁所在地）	278,446	10,514	12,239	0.14	43	285	37	6
十和田市（中規模市）	60,345	2,254	2,685	0.16	16	168	13	3
つがる市（小規模市）	31,413	1,008	1,166	0.14	7	167	6	1
宮城県全体	2,282,106	98,208	112,247	0.13	368	305	322	46
仙台市（県庁所在地）	1,065,932	50,259	53,425	0.06	125	427	118	7
石巻市（中規模市）	140,824	5,160	6,171	0.16	33	187	28	5
角田市（小規模市）	28,212	852	1,200	0.29	7	171	5	2
長野県全体	2,072,219	87,393	101,932	0.14	363	281	311	52
長野市（県庁所在地）	374,038	16,463	18,767	0.12	59	318	52	7
飯田市（中規模市）	99,539	4,486	5,149	0.13	19	271	17	2
駒ヶ根市（小規模市）	32,418	1,395	1,651	0.16	5	330	4	1
沖縄県全体	1,485,484	95,719	99,533	0.04	263	378	253	10
那覇市（県庁所在地）	320,467	17,692	19,272	0.08	36	535	33	3
浦添市（中規模市）	115,548	7,534	7,755	0.03	11	705	11	0.3
名護市（小規模市）	63,724	4,211	4,388	0.04	14	313	13	0.6

出典：対象年の学校基本調査，各県出生者数，住民基本台帳に基づく人口（総務省）より。

子ども数も減少する。**表3**は，出生者数等から推測される，2027年の小学生数，2021年と比べた減少率，それらを現在の一校あたりの規模で除した場合の学校数についてである。青森県，宮城県，長野県，沖縄県の４県を例とした。沖縄県の動きは鈍いものの，全体的に子どもと学校が大幅に減っていく可能性が高い。地域公共財の学校の数や規模が縮小していけば，学校教育から派生していた文化資本が縮減していくことになる。

　「地域」の弱体化が進行していくにもかかわらず，「地域」に関する教育政策は全体として，理念と財政措置におけるアイロニーの中にある。今日，「地域に開かれた学校」という「to地域」から，「地域とともにある学校」という「with地域」へと，当時者の主体的な参画を可能にする包含性の高い理念が示されるようになっている。と同時に，主体としては曖昧さが増し，財政措置の有用性を精査し次なる措置の確保につなげていくというサイクルを成り立ちにくくさせている。こうした構造的課題の上に，学校安全の法整備は，出来事対応型であった。

　近年の文教政策においては，行政改革への対応と，学力低下論への対応という二つの大きな外在的イシューが存在してきた[11]。「地域」を活用した学校の在り方は，公教育司令塔の必要性を示す極めて有用なツールであった。「地域」の充実は，①脱学歴社会としての生涯学習社会の実現において，②週五日制の受け皿として，③学力達成の説明責任の対象として，機能したのである。①②は，中曽根行革，橋本行革，③は小泉行革への対応である。総じて，学校の施設を利用する青少年団体やスポーツ団体，地域団体や社会教育団体の指導者や施設の充実，生涯学習振興を宣言する自治体，地域人材とともに行う総合的な学習やキャリア教育，学校評価，学校支援地域本部，学校運営協議会，コミュニティ・スクール，放課後教室など，様々な「地域」拡充策が財政措置の対象となってきた。学校や教育委員会が主体であった「to地域」の時代をへて，小泉行革や③の頃より，「with地域」が提示されるようになった。社会の成熟さを表しているが，曖昧でもある。

　2017年の法改正により，コミュニティ・スクール設置が自治体の努力義務とされ，これらを促した，中教審答申「新しい時代の教育や地方創生の実現

に向けた学校と地域の連携・協働の在り方と今後の推進方策について」（2015年12月21日付け）では，今後の地域協働体制として，「支援から連携・協働，個別の活動から総合化・ネットワークへ」という壮大な理念とともに，地域学校協働本部やコーディネーター等の設置を謳っている。しかし，数年を経ても，コミュニティ・スクールの公立小中学校の導入率は37.3％（10,485校，2021年度）であり，地域学校協働本部が「カバーしている」公立学校は54.7％であり，ボランティア中心の運営と予算措置に留まっている[12]。

おわりに

　「地域」の善意による意思決定を鵜呑みにした，「地域とともにある」学校安全であるならば，子どもの安全は確保できない。第三次の学校安全推進計画（2022〜2026年度）の「主要指標」には，「地域学校安全委員会やコミュニティ・スクール等の仕組みを活用して，地域と協働して学校安全に取り組んだ学校数」などが並ぶ。施設老朽化対応を含む，弱体化する「地域」機能化のための本質的な検討こそが必要であるのにそれがないまま，学校だけに過大な要請が課されている[13]。

　学校だけで学校の危機管理は完遂できない。公的財である学校が危機に陥らぬよう，法，歴史，国際，財政，心理，計量，公衆衛生，防災科学，建築工学など，総合的で学際的な知識と議論を提供すべき時代となっている。これらへの接近を考える時，2011年〜2021年までの本学会の紀要目次に掲載されている単語の形態素解析を行ってみると（共起ネットワーク等は略），362の文のうち，頻出語上位20は，教育209，学校91，行政82，教員51，課題50，教育委員会46，制度45，研究41，政策32，改革32，アメリカ25，地方25，評価25，教育行政学23，財政21，ガバナンス20，教育改革19，子ども18，大学18であった。新たな一歩が求められていると考える。

（宮城教育大学）

〈引用文献〉
宇沢弘文（2000）『社会的共通資本』岩波新書

大川小学校事故検証委員会（2014）『大川小学校事故検証報告書』（全233頁）

大川小学校児童の津波被害に係る国家賠償等請求事件（2018年（ワ）第301号）判決文

教育政策研究会（1987）『臨教審総覧』上下巻，第一法規

田中一昭（2006）「中曽根行革・橋本行革・小泉行革の体験的比較」『年報行政研究』41, 1-19

田端健人（2018）「震災後の地域と若者」『教育社会学研究』102, 103-124

露口健司編著（2016）『ソーシャル・キャピタルと教育』ミネルヴァ書房

平塚真一郎（2021）『きみは「3．11」をしっていますか？』小学館

本図愛実（2020）「OECDが描く教師像－well-beingという『アイディア』の中で」『宮城教育大学教職大学院紀要』創刊号, 39-49

文部省（1992）『学校週5日制の改正と事例』大蔵省印刷局

Aldrich,D.P.（2012）*Building Resilience-Social Capital in Post-Disaster Recovery*, The University of Chicago Press（石田祐・藤澤由和訳（2015）『災害復興におけるソーシャル・キャピタルの役割とは何か』ミネルヴァ書房）

Patnam,R.D.,*Bowling Alone: The Collapse and Revival of American Community*（柴内康文訳（2006）『孤独なボウリング』柏書房）

〈註〉

⑴ 過去5年の件数は，2017年567件，2018年599件，2019年659件，2020年777件，2021年749件であった。警視庁／厚生労働省（2021）「R3年中における自殺の状況」より。

⑵ 文部科学省「我が国の教育経験 健康教育（学校保健・学校給食）」https://www.mext.go.jp/b_menu/shingi/chousa/kokusai/002/shiryou/020801ei.htm（2022年6月30日取得）

⑶ 實成文彦（2012）「わが国の公衆衛生学教育の歴史的概観と課題」『医学教育』43-3, 156-170

⑷ 例えば，特定非営利活動法人学びのたねネットワークの活動など。http://manabinotane.net/（2022年6月30日取得）

⑸ 例えば，宮城県協働教育総合推進事業など。

⑹ 以下の文部科学省による調査を参照。https://www.mext.go.jp/b_menu/shingi/chousa/shotou/078/shiryo/__icsFiles/afieldfile/2011/07/11/1307664_4.pdf（2022年6月30日取得）

⑺ 河北新報（2018）「止まった刻 検証・大川小事故 第4部 緊迫(3)三角地帯

行き，教頭ら決断」2018年3月2日

⑻　石巻市「『中間とりまとめ』以降に判明した主な事実情報について⑵当日の状況について」https://www.city.ishinomaki.lg.jp/cont/20101800/0000/4-6.pdf ,河北新報（2018）「〈大川小〉事前防災の意義変わらず　事実に迫る検証不可欠」2018年11月5日

⑼　被害児童等関係者の心情を考え，以下の事例については自治体名を匿名とする。

⑽　以下，町村議員の人口動態については，全国町村議会議長会による各年調査より。https://www.nactva.gr.jp/html/research/index.html

⑾　以下，文部科学白書各年版を参照。特に『平成11年度我が国の文教施策　進む「教育改革」』，『平成14年度文部科学白書　新しい時代の学校〜進む初等中等教育改革〜』

⑿　文科省「令和3年度コミュニティ・スクール及び地域学校協働活動実施状況調査について（概要）」https://manabi-mirai.mext.go.jp/upload/2021_gaiyou.pdf（2022年7月15日取得），「令和4年度予算（案）について」https://manabi-mirai.mext.go.jp/torikumi/yosan/setsumeikai/index.html（2022年7月15日取得）

⒀　文科省「学校安全総合支援事業（R4予算額）」https://anzenkyouiku.mext.go.jp/mextshiryou/data/torikumi/sougou/r4_3_so_gairyaku.pdf（2022年7月15日取得）

Child Safety and Crisis Management after the Great East Japan Earthquake

Manami Honzu, *Miyagi University of Education*

The purpose of this study is to examine how children's safety and risk management should be after the Great East Japan Earthquake. The term "crisis management" has the function of a social device and includes the establishment of school safety together with the power relations within the school and the social context to which the school belongs. This is where "community" decision-making comes into play.

Using Donald Aldrich's theory of social capital as a clue, I would like to consider how the "community" made decisions. Aldrich's theory of social capital has two characteristics. One demonstrates the dual nature of social capital, which is both useful and fraught with danger. The other is that it describes three types of social capital.

In the case of the Great East Japan Earthquake, there is a "community" that is a good target. One is the "community" that is widely talked about as a "community" that functioned effectively in terms of people's safety at the time of the earthquake. Its symbolic presence was the school support community headquarters. In the other unspoken 'region', the lives of children could not be protected. This was a decision made at Okawa Elementary School in Miyagi Prefecture. Here, a binding type exists within, and decision making is performed. However, not only that, but a weak cord surrounds the bound portion in multiple layers.

Ten years after the Great East Japan Earthquake, during the Corona crisis, children were injured at C Elementary School when the wooden pole of a ball net broke. As people became less involved, social capital slowed down and the decision-making of cohesive actors became ambiguous. The "dissolution of the subject" occurred and caused the accident.

Due to the declining birthrate and aging population, the "community" will be weakened more and more. Nonetheless, educational policy in the 'community' as a whole lies in the irony of ideas and financial measures. With the structural challenges, the school safety law system is driven by incidental type.

School crisis management cannot be completed by the school alone. The time has come to provide comprehensive and interdisciplinary knowledge and discussion on how schools should be managed as public goods.

Key Words

community, social capital, the law of school health safety

子どもの放課後支援における 〈教育〉と〈無為〉の位相

―共生としての学童保育実践から―

鈴木　瞬

1．はじめに

　〈教育〉の論理が〈無為〉の論理を侵食してしまうという問題をどのように乗り越えることができるのか。本稿では，これまで教育行政学において周縁部に位置づけられてきた「子どもの放課後支援」に焦点をあて，その一例として学童保育実践の到達点と可能性を論じることを通して，生活世界の貧困＝学校化（水本2021）という社会的危機に対する放課後支援制度の立場からの検討を試みる。日本においては，子どもの放課後支援は，大きく2つの施策を通して実践されてきた。一つは，戦前におけるセツルメント運動などを始点とし，1997年に制度化された放課後児童健全育成事業（以下，学童保育）である。もう一つは，地域子ども教室を踏まえ，2007年度から実施された放課後子供教室など，すべての子どもを対象とした放課後支援である。2007年に策定された「放課後子どもプラン」では，両者を一体化あるいは連携して実施する総合的な放課後対策の推進が目的とされた。教育と福祉の境界のボーダーレス化が課題とされるなか，その具体的な実践領域を教育と福祉の〈越境〉として捉え，行政組織上で縮減できなかった葛藤を実践者が引き取っている実態が解明されているものの（鈴木2020），総合的な放課後対策に向けた放課後支援には未だ課題が多い（みずほ情報総研株式会社2021）。

　一方，日本型公教育の境界の不鮮明化と関わって，教育－福祉関係の再定

位が課題とされている（大桃2020）。とりわけ2000年以降，政策体系における教育領域と児童福祉領域の交錯が進み，両者の協働が目指されてきた（荒見2020）。だが他方で，本来であれば〈無為〉の論理を前提とする社会保障の領域に〈教育〉の論理が侵食するような問題も生じている（仁平2018）[1]。しかし，生存権は〈教育〉の論理を介することなくその重要性から擁護される必要がある（山口・堤2014）。〈学校化〉が懸念されてきた子どもの放課後支援も，当然ながら〈教育〉の論理による侵食と無関係ではない。とりわけ，子どもの生存権保障の場である学童保育では，資質・能力論と民営化の交錯において，新たな〈教育〉化が懸念されている（二宮2021）。だが，それは制度化に伴う学童保育実践の適応でもあり，一概に否定することは難しい。

　よって本稿では，近年，制度化に伴い〈教育〉化が課題とされる学童保育実践に焦点をあて，まず，外的に求められる〈教育〉の論理と内的に志向される〈教育〉の論理を峻別する（2章）。また，〈無為〉の実現のためには〈教育〉の論理の抑制は不可欠であるものの，だからといって，それは〈教育〉の論理をすべて廃棄することと同義ではない（仁平2018）。そのため，学童保育における「生活づくり」という実践論に着目し，指導員による意図的働きかけと〈ケア〉の視点を検討する（3章）。なお，先行研究では，生活困窮者自立支援制度に基づく学習支援事業が対象とされ，学習支援の場を相互主体的な関係による動的な場と捉え，支援者と学習者の間に目的的行為と〈ケア〉の接続を生み出す教育的関係が成立することにより，〈今〉と〈将来〉の両面において社会的困難を抱える子どもが排除されることなく，道具性と自己充足性が両立し得ることが指摘されている（瀬戸2021）。本稿においても，実践記録における相互主体的な関係に視点をあて，学童保育実践における意図的働きかけと〈ケア〉の接続のあり様を分析したうえで（4章），〈無為〉の論理を実装化する可能性と課題を論じる（5章）。これが本稿の目的である。

　なお，実践記録の分析には，矢野（2019）による目的的行為と〈ケア〉の接続を生み出す教育的関係モデルを参照する。看護行為をもとに作成されたこのモデルでは，まず〈ケア〉する者とされる者が出会い，前者が「未来の

先取り」を停止し，〈今〉に定位しながら後者を観察すること【第1段階】。また，先を急がず〈ともに居続ける〉ことによってお互いの視点を交換する可能性が生じ【第2段階】，その結果，両者の間に〈われわれ〉という一人称複数の視点と目的が共有される【第3段階】というプロセスである。本稿では，このような視点で学童保育実践を分析することで，【第3段階】に位置づく関係を「共生としての学童保育実践」と捉え直すとともに，社会的危機との関連から示される学童保育の制度的・行政的課題について検討する。

2．学童保育の制度的ジレンマ

まず，学童保育の制度化とそれに伴う〈教育〉化というジレンマについて確認する。そもそも学童保育とは，親が働いている等の理由から放課後に自宅に帰るという選択肢がない子どもたちが利用し，毎日安心して帰ることができる遊びと生活の場である。2021年5月時点において，学童保育所の設置個所数は26,925か所であり，1,348,275名の児童が利用している[2]。学童保育所経営の多様性は無視できるものではないが，2014年4月に策定された「放課後児童健全育成事業の設備及び運営に関する基準」，2015年3月に示された「放課後児童クラブ運営指針（以下，運営指針）」により，全国的な一定水準の質の確保にむけた取り組みを進めることが可能となった。これに伴い，一定時間の研修の受講を必要とする放課後児童支援員資格が構築され，学童保育所には放課後児童支援員を配置されることが義務付けられた。このような制度化に伴い，近年，学童保育の社会的意義は明確化しつつある。

また，新型コロナウイルスの感染拡大に伴い，危機的状況において学校や企業が機能停止に陥ったとしても，学童保育はその機能を停止するわけにはいかないということが再確認された（垣内2021）。そのため，今まで以上に社会保障制度としての学童保育の側面が際立ったと言える。

だが一方，学童保育の〈教育〉化も無視できるものではない。それは，制度化の枠組みを超えたところで，外的に求められる〈教育〉の論理の侵食として確認できる。例えば，放課後子どもプランの導入では，自然体験の提供

が「保障されるべき成長・発達の機会を十分に得ることができていない子ど
もたちへの支援という文脈」で語られていたのに対して，近年，資質・能力
論の登場とともに，機会の喪失という文脈を抜きに「それを育成する機会・
場として放課後支援事業を明確に位置づける主張が登場」してきた（二宮
2021：194-195）。二宮は，民間学童保育が，忍耐力や自尊感情などの「非認
知能力」を育成・開発するという教育的観点を積極的に打ち出していること
を取り上げ，そうした実践に対して，学童保育においてその特徴を表す概念
として受け継がれてきた「生活づくり」を踏まえ，「まず考えるべきは『○○
力』の育成のために活動を構想することではなく，目の前にいる子どもたち
の声に耳を貸し，子どもたちが何を思い，願い，何を必要としているのかを
捉えることから始めなければならない」と指摘する（同上：204）。後述する
ように「生活づくり」の概念は，学童保育には実践そのものから生じる〈教
育〉の論理というものが確かに内在することを示唆している。しかし，ここ
でいう学童保育の〈教育〉化とは，このような内的に志向される〈教育〉の
論理を指すのではなく，学童保育実践の外側において求められる資質・能力
論のような〈教育〉の論理の侵食を懸念したものであった。

　このような二宮による指摘は十分に首肯し得るものの，他方で，近年，制
度化を伴いながら内的に志向される教育的機能への関心も確認できる。例え
ば，運営指針では，学童保育における「育成支援」とは「子どもの発達段階
に応じた主体的な遊びや生活が可能となるように，自主性，社会性及び創造
性の向上，基本的な生活習慣の確立等により子どもの健全な育成を図るこ
と」とされている。また同指針では，育成支援の目標や計画を作成し，日々
の子どもの状況や育成支援の内容を記録するとともに，職場内で事例検討を
行って，その内容の充実，改善に努める必要性も示されている。

　以上のように，制度化に伴い，今日の学童保育実践には「子どもがいる時
間だけの預かり事業」という認識とは程遠い実態が求められていると言える。
だが現状では，学童保育実践の外から求められる〈教育〉の論理——制度化
による〈教育〉への期待と民営化による〈教育〉の意識化——に侵食されか
ねない脆弱な状況でもあり，ここに「制度化のジレンマ」が生じている。つ

まり，学童保育における〈教育〉の論理とは，制度化や社会的期待によるものと，実践に内在するものとがあり，学童保育を対象化する際には，これらを峻別しつつ，現実世界においてこれらが輻輳的な関係にあることを踏まえなければならない。そこで本稿では，上述の課題を検討するため，一度，外的に求められる〈教育〉から視点を外し，実践内部で志向されてきた意図的働きかけという〈教育〉の側面から，実践論と実践記録の分析を行う。その後，外的に求められる〈教育〉の論理を踏まえた検討を行うこととする。

3．学童保育実践における「生活づくり」

⑴　学童保育実践における教育的機能とケア的機能（福祉的機能）

　学童保育実践は，それが実践である以上，「何かを獲得させたいという，きわめて自覚的で意図的で，人間的な価値を目指す営み」である（高浜1993：245）。そのため，実践を担う指導員も，子どもに意図的な働きかけを行う主体であると認識されてきた。この点について，学童保育実践に深くかかわってきた全国学童保育連絡協議会会長による指導員の説明に注意を向けたい。

　　指導員は誰もが，子どものためを思って毎日の仕事をすすめています。「その日ぐらし」でよいとも「考えなし」でよいとも思ってはいないでしょう。子どもに思いをよせて，子どもを見たり，考えたり，子どもの動きや表情に心をとめて，ほめたり，はげましたり，たしなめたりと，働きかけを工夫しているのです。そして，さらに，「こんなことをさせてみたい」と考えたり，「こうした活動にとりくませたい」と思ったりして，仕事をすすめているのではないでしょうか（大塚1986：103）。

　この説明からは，法制化される以前より，指導員が子どもに寄り添い意図的な働きかけを行う存在だと認識されてきたことが読み取れる。だが一方で，ケア的・福祉的な空間や機能のみを強調する見方もある。もちろん，そのよ

うな側面がないわけではない。これまでも，学童保育における福祉的機能は「権利に基づいて対象を保護する機能」であり，ケア的機能は「共感性に基づいて対象との共感的な関係性を作り出す機能」として捉えられてきた（中山2009：80）。だが，これらに加えて「発達に基づいて対象の資質・能力を引き出す」教育的機能が発揮されることも必要だと認識されている（同上）。

　このように，児童福祉領域に位置づく学童保育実践は，その実践を担う指導員と子どもとの関係において〈教育〉の論理と〈無為〉の論理が接する場であると考えられる。では，指導員による教育的機能やケア的機能はどのような実践の中で意識されてきたのだろうか。以下では，1980～1990年代における「生活づくり」に着目し，二宮（2012）を参照しつつ，指導員と子どもを主体－主体関係で捉える指導論が「居場所づくり」の実践との関連で生じてきたこと。その際，指導員と子どもとの関係を「ともに生活の共同構成者としてとらえること」（久田1993：58）が意識されてきたことを論じる。

(2)　目的的行為としての指導と〈ケア〉という関係性への意識

　「生活づくり」とは，「学童保育の発生以来，今日まで，学童保育を真に子どもたちのものとするために追求されてきた」実践である（大塚1986：80）。二宮（2012）によれば，指導論として「生活づくり」が意識的に展開されたのは1980年代に入ってからである。1970年代には，子どものあるべき「生活」の姿を構想し，それを学童保育に取り入れることで子どもの生活を保障しようとしたのに対して，1980年代には，学童保育に通っている子どもを生活の主体とみなし，「主体者である子どもたち自身が生活を創りあげていくこと，これを保育実践の核に据える」実践が展開された（二宮2012：179）。

　この時期の実践論として注目すべきは「生活の組織化」（高浜1983）である。高浜は，指導員と子どもとの関係を教育関係として位置づけ，相互の主体的努力によって成り立つ関係性にもとづく指導を「生活の組織化」と呼んだ。「生活の組織化」において発揮される指導とは，「子どもたちの成長・発達にふさわしい課題を含むさまざまな生活活動を保育内容として提案すると同時に，子どもたちの要求や願いを組織化することで，そうした活動に対す

る主体的な参加を子どもたちから引き出すこと」である（二宮2012：181）。1980年代の「生活づくり」では，子どもの主体性を尊重しつつも，明確な目的的行為としての指導が意識されていたことを確認したい。

　一方，1990年代になると，指導員の実践経験の中から「ありのままの自分を受け入れてくれる他者との関係性を回復していく課題」が「居場所づくり」として提起された（同上：183）。ここでは，「たとえ否定的・問題的な行動や言動を子どもたちが示そうとも，指導員はその中に人間的な交わりを求める要求を見出し，それを共感的に受け止める」ことで「人間性の回復という子どもたちの生活を支える土台部分の保障」が目指された（同上：186）。これと並行して，早い段階に「居場所づくり」の視点から学童保育実践の課題を捉え直したのが久田（1993）である。久田は，指導員と子どもとの関係を主体−客体関係による目的合理的行為から，主体−主体関係によるコミュニケーション的行為へと転換することを提起した。また，その実践上の機能として，「共同的な生活の『場』，連帯をとおした『居場所』の形成という局面」に着目し，「あてにされたり，認められたり，支えられたり，励まされたりする場合にはじめて『居場所』を実感できる」と主張した（同上：59-60）。

　また，「居場所づくり」の実践は，その後，指導員と子どもとの関係における〈ケア〉論として展開された。学童保育実践における〈ケア〉論の特徴は，それが技術的な行為の視点にとどまるものではなく，〈ケア〉する者とされる者との関係性の視点から捉えられてきたことである。例えば，船越（2005）は，競争的な学校制度などに代表される構造的暴力に晒され傷ついている子どもに対して，指導員が「ケアと応答の関係」を切り結ぶことの必要性を指摘している。ここでは，何よりもまず，指導員が傷つけられた子どもを〈ケア〉することによってその子どもの応答を引き出すこと。また，指導員は，子どもの行動がたとえ否定的な行動であったとしても，排除や抑圧をしたり，あるいは無視したりするのではなく，人間として応答し続けることがその子どもを〈ケア〉することになるのだという。さらに，「ケアと応答の関係」を切り結び続けることで，他の子どもたちにも，そのような働き

かけがロール・モデルとなり，子ども集団の中に，自主的・自治的なケアと応答し合う関係を生み出していくことになると主張する。また，中山（2008）は，関係性としての〈ケア〉に着目し指導員の専門性を検討するなかで，指導員と子どもは「共に」過ごす主体者であり，学童保育実践は，お互いの合意・納得を図っていく共同の営みであることを指摘する。さらに，久田（1983：58）は，このような関係性は「指導者と子どもの立場を原理的に問うこと」，「その意味でともに生活の共同構成者としてとらえること」を要請するとした。

　このように，「居場所づくり」の実践が展開されるなかで〈ともに居続ける〉ことが「生活づくり」において志向されてきたことは，矢野（2019）による目的的行為と〈ケア〉の接続を生み出す教育的関係と重なる。例えば，「生活の組織化」では，「指導員の意に沿う限りでの主体性」のみを認め，「つねに指導員の側から一方向的に子どもに向かう『閉じた』指導になりやすい」ことが指摘されてきたが（久田2002：107），それは，「生活の組織化」における意図的働きかけにおいて「未来の先取り」を停止することができておらず，子どもの事実にもとづく指導になっていなかったということだと考えられる。だが，指導員が「ともに生活の共同構成者」になるためには，「子どもの多様な応答・要求に応じて指導の目的や内容をも指導員みずからが問い直しながら子どもに働きかけることが求められる」（同上：108）。つまり，学童保育において「『ともにそこにいられる場』をつくろうとするとき，支援者もまたこの小さな社会（居場所）の当事者」となるのである（中西2011：18）。そのため，ここで求められる指導のあり様は，「彼らの成長・発達の土台にある生活世界そのものを更新していく課題を追求していくなかで」（照本2002：16），指導員自身もその更新を共にし，「生活・文化を知性的につくりあげる」（久田1993：59）こととなる。このことは，学童保育実践において，指導員自身が日々の遊びや生活における〈今〉に定位し続けることを通して，子どもとの間に〈われわれ〉という一人称複数を生成し，更新していく目的を共有していくことが「生活づくり」の到達点であることを示している。

一方，このような関係は「実践のはじめからすでにあるものではなく，生成していくもの」であるという（同上：60）。そのため，子どもたちが主体的に学童保育の生活を創っていくためには，「自由と共同，権利と責任の関係を教えていくという実践課題」に向き合わなければならない（船越2005：123）。また，「子どもの要求主体としての意見表明権や参加の権利の使い方を，そして指導員と共同すること自体を指導すること」も必要である（久田2002：108）。これらの指導は，共有された目的に沿って柔軟に設定される。

　では，「ともにそこにいられる場」としての学童保育における相互主体的な関係は，学童保育実践においてどのように見られるのだろうか。以下では，学童保育実践の記録をもとに，〈ともに居続ける〉実践における意図的働きかけと〈ケア〉の実態を捉えることで，考察の糸口を得ることとしたい。

4.〈ともに居続ける〉学童保育実践の記録

⑴　実践記録の特徴：「ごく普通」の子どもに寄り添う指導員の実践

　学童保育では，実践の発展とともに，多くの実践記録が残されてきた。そこには多様な背景を有する子どもとのかかわりを通して，指導員が悩み，葛藤し，時には後悔しながらも子どもや保護者にどのように働きかけてきたのかが記録されている。本稿では，1975年に発足した石川県の指導員会が20年目に編集した実践記録集に掲載されている竹中指導員による「真とありんこクラブ」という実践記録（以下，〔竹中実践〕）を取りあげる。〔竹中実践〕は，長期間に渡る指導員と子どもとのかかわりを描き出したものであり，〈ともに居続ける〉実践としての学童保育を考えるうえで重要な知見を提起している。以下，〔竹中実践〕における記述をもとに，実践記録の分析を行う[3]。

　まず確認したいのは，〔竹中実践〕を取り上げる理由である。それは，〔竹中実践〕で描かれている真が〔ごく普通のひとりの男の子〕だということである。実践記録は，何らかの困難さがある子どもを対象としやすい傾向がある。それは，実践記録の作成において，まず気になる子どものケース検討を

行い，これを踏まえて実践記録を作成し，事例検討会を実施するという自主的・自発的研修の過程を経ることが多いためである。確かに，学童保育においてこのような子どもと関わるケースは増加しており，実践記録にもとづく事例検討の必要性は高い。だが，学童保育で生活する子どもの多くは〔ごく普通〕の子どもである。本章では，このような〔ごく普通〕の子どもとの関係に，指導員による〈ケア〉のあり様を読み取りたい。

⑵ 「不安定な状態」に寄り添い，見守り続ける指導員

とはいえ，実践記録を読むと，竹中指導員が〔ごく普通〕と捉える真とのかかわりの中にはさまざまなエピソードがあることがわかる。例えば，真は〔兄弟が学童そだちではないので，なんで自分ばかりが窮屈な学童の生活を強いられるのかと，1年生の間はそのことがずっと潜在的な不満としてくすぶっていた〕ためか，〔学童を無断欠席無断外出することが何度か〕あった。その都度，母親と協力しながら解決していったものの，〔しばらくするとまたサボってしまうということの繰り返し〕だったという。

〔竹中実践〕に添付された真の生活ノートには，〔ぼくは，4年前の春，お母さんに，手をひかれてありんこに来た。−なぜ，ここにきたのか−入る前，わからなかった。お母さんに聞いてやっと分かった。それはお父さんもお母さんも昼間いないからだ。〕と入所時の真の心境が記されている。つまり，この時期，真にとって学童保育は安心して過ごせる生活の場となっていなかった。そのため，指導員らは〔1日も早く学童の生活に慣れてほしい〕と焦りはしたものの，〔「どの1年生も，ありんこに慣れて自分の居場所を見つけるのに1年間はかかる。気長に，段々と働きかけよう。」を父母と指導員の合い言葉に，まず，友だち関係を大切にし見守って行くこと〕を心がけた。これにより，〔1年間は不安定な状態〕が続いたが，2年生になると〔友達とのたくさんの付き合いをバネに，徐々に学童の生活を自分のものにすることができるようになり，…（中略）…新1年生たちを毎日のように田んぼの虫取りに誘う〕ようになるなど，〔活発で健康的な行動〕が目立つようになった。だが一方で，〔指導員や仲間の真剣な話を茶化したりふざけて聞く

ようになり，きちんとした面がなくなってきている〕など，新たな問題も認識された。

　また，2年生の〔夏に兄が病気になり，治療のため東京の病院に入院すること〕になり，〔母親が付き添いで東京に行くことになった〕ため，〔真は，父と姉との3人生活を送ること〕になった。そのため，指導員らは，〔毎日安心して学童に来れるように〕，〔ふざけてもあまりうるさく注意しない〕ことを意識していた。その結果，〔真のふざけん坊ぶりは，その後もひとつのスタイルとして定着し，ますます磨きがかかって〕いった。

　以上のような真について，〔真面目に話しているときにふざけられて，何度か腹を立てたこともあり〕，〔そんな真をあきれて見ていた〕というように，真の行動をありのまま受け入れることは容易ではなかったようだ。だが竹中指導員は，この時の真の状況を〔学童では安心してふざけられ，みんなが笑ってくれるという，ある種の居心地の良さを得たよう〕だと，肯定的に捉えていた。ここに，矢野（2019）による【第1段階】の〈私〉と〈あなた〉との関係が確認できる。それは，竹中指導員が，真の思いを直観的に看守可能であるとみなし，すぐに「未来の先取り」につなげようとするのではなく，真との〈距離〉を容易に埋めえないものと捉えたうえで，保護者とともに〈今〉に定位し続けようとした〔その子の成長に寄り添う〕関係であった。

⑶　「個別的な関係性」を超える〈ともに居続ける〉学童保育の実践

　矢野（2019）による【第2段階】では，〈ともに居続ける〉ことによって生まれた信頼を通じて〈私〉と〈あなた〉の視点を交換する可能性が示されていた。〔竹中実践〕においても，4年間の実践の中で〈ともに居続ける〉ことにより，指導員と真や，真と他の子どもたちとの間でお互いの視点が交換され，その先に，〈われわれ〉という一人称複数の関係が生じていたと考える【第3段階】。このことを捉えるうえで参照したいのが，次の記述である。

　3年生になった真は，リーダーとして，学童の生活を実質的に支えるようになりました。相変わらずふざけることが多く，私たちはいらいらさせられましたが，<u>やがてその中に真の本心や素直な感じ方が表されていること</u>に気がつきました。終了間際の反省会の時に，真はいつも一番前に座ります。そして，私たちのことば尻をつかまえて，茶化すことがよくありました。それは，いま考えてみると，<u>私たちの話を真らしさで，誰よりも理解しようとする態度だった</u>とわかります。絵本の読み聞かせのときには，熱が入ると主人公になりきって，みんなの前でストーリーに合わせたパントマイムをやって見せました。子どもたちの心を読み聞かせよりも自分の方に引きつけてしまい，その世界を他の子と共有する，そんな楽しみ方をしていたようです。(竹中1994：192-193，下線は筆者による)

　3年生になり学童保育の〔リーダー〕となった真に対して，竹中指導員は，相変わらず〔いらいらさせられ〕ていたが，〈ともに居続ける〉ことによって，徐々に〔ふざけること〕の中に〔真の本心や素直な感じ方が表されていること〕に気づくようになった。必ずしも真との「距離」が縮まったわけではないが，その「距離」を近づけようとする〈ケア〉によって，竹中指導員と真との間に「相互性」が立ち上がり，真の視点から彼の行動を捉えることが可能になったのだと推察する。そのため，竹中指導員は，〔話を聞くときにはきちんと話し手の顔を見て，静かに耳を澄ませるという，大人が求めがちな態度とはほど遠いもの〕であるが，〔しかし，そのエネルギッシュでサービス精神あふれる行動と楽しみ方の中に，子どもたちも，私も，真の持つ素直さを感じとり，彼の本心に触れられた〕と，真の行動を相対化して捉えている。

　なお，竹中指導員が〔彼の本心〕と表現したものは，〔真のゆれ動く心〕である。〔その真意を見つけることが，彼らしい成長を知ることになる〕とする竹中指導員は，真自身や周囲の子どもたちにも，その変容を読み取っている。例えば，竹中指導員と真による「相互性」は，真自身の行動において〔ふざけるタイミングやまじめにしなければいけないけじめ〕への気づき・

使い分けとして表出している。また，〔ふざけながらも話のポイントはきちんとつかみ，みんなの気持ちをまとめ上げていく手腕〕など，〔真のスタイル〕を発揮していくことが，〈われわれ〉の関係において共有された目的となっている。

　だが，ここでより興味深いのは，以上のことが，竹中指導員と真との関係に閉じたものではなく，〔こうした態度が，神経質な真の照れ隠しの行為だということが，子どもたちにも私たちにもわかって〕くることで，〔彼のパフォーマンスを楽しむ余裕がでてき〕たというように，周囲の子どもたちにも共有されていたことである。瀬戸（2021）は，学習支援事業の場では，個別的な関係性にもとづかない学習の場合，支援者と子どもとの間に〈ケア〉の関係が成立しにくくなることを指摘した。だが，〔竹中実践〕では，指導員と子どもとの〈ケア〉にもとづく教育的関係は，周囲の子どもたちを巻き込みながら生じていた。つまり，学童保育実践における〈ケア〉にもとづく教育的関係は，個別的な関係性によってのみ成立するのではなく，共同的な遊びや生活（集団性・全体性）のなかでも成立する可能性が示された。

5．おわりに

　以上，「生活の組織化」と「居場所づくり」の2つの視点から構築されてきた「生活づくり」において，指導員による子どもへのかかわりが目的的行為としての指導と〈ケア〉の関係として確立してくるなかで，「共にそこにいられる場」としての学童保育実践における相互主体的な関係のあり様を，実践記録の分析を通じて論じてきた。それは，外的に求められる〈教育〉の論理とは異なり，子どもたちのありのままを肯定する〈ケア〉を前提としたうえで，〈ともに居続ける〉場における意図的な働きかけとその更新による共生教育の実践であったことを確認した。このことは，今日の社会状況とのかかわりの中でどのようなことを示しているのだろうか。例えば，コロナ禍では，生活世界の貧困＝学校化という社会的危機が生じたことは記憶に新しいが，これは，家庭や地域が子どものケアの場として十分に機能せず，学校

へのケアの期待（依存）が高まっていたことによるものであったと捉えられる（水本2021）。だが，コロナ禍において焦点化されることとなった学童保育は，そのようなケアの場として認識されていたであろうか。実際に学童保育へ社会的な意識が向けられたのは休校初期に限られており（鈴木2022），それゆえ，預かり機能や学校教育の補完という意味が強かったように推察する。このような事態を乗り越えるためには，社会的に学童保育を共生の場として捉えることが必要であり，そうすることが，これまで看過されてきた生活世界を豊かにすることを教育課題として焦点化する契機となり得ると考える。

　では，学童保育実践において，〈教育〉の論理が〈無為〉の論理を侵食してしまうという問題をどのように乗り越えることができるのだろうか。紙幅の関係もあり十分な提起をすることはできないが，以下の2点を指摘する。

　第1に，〈教育〉と〈無為〉という枠組みではなく，共生として捉え直すことである。仁平（2018：47）は，「物理的・発話行為的暴力や差別の軽減・抑圧もまた〈無為〉が成立する条件である以上，その規制の手段という文脈において，法と並んで〈教育〉が召喚されることは許容される」と指摘したが，学童保育実践における〈教育〉もまた，指導員と子どもとの「生活」の様相を規制する手段という文脈において機能していた。ただし，それは反差別教育のようなプログラムではない。学童保育における「集団形成の原理」（松田2018：38）に根差し，事後的に，生活世界そのものの更新によってなされるものであった。個別的な関係性でなければ成立しにくくなる〈ケア〉の関係が，学童保育実践の集団形成の場において生じていたのは，このような集団性・全体性を前提とする関係において共生を志向するプロセスに〈教育〉と〈無為〉が内包されていたからであろう。だが，それゆえに，共生においては，必ずしも「よい」「好ましい」関係が生じるわけではないし，「そうした関係が恒常的に"保障"されることとなる，というようなものでは全くない」（斎藤1988：348）。むしろ，共生にはせめぎあう関係が想定されている。学童保育においても，利害の対立や排除の関係は生じ得るものの，このことは，仁平（2018）による確率論的な賭けとしてしかありえない〈教

育〉によって引き起こされる失敗——〈教育〉の侵食による〈無為〉の崩壊という事態ではない。このこともまた，共生のプロセスの中で更新されていく目的として共有されることで，「あくまで『ありのままの存在を肯定する』〈無為〉の論理を規範的な高次の位置に置いた上で，それに寄与するものとして〈教育〉を位置づけるという理路」（同上：48）に沿うものとなるだろう。

　なお，共生としての捉え直しは，学童保育実践に内在する〈教育〉に着目して，〈無為〉の論理が成立するための実践的な課題を整理したことによって示唆されたものである。だが近年，制度化と民営化が急速に進む学童保育においては，外的に志向される〈教育〉の論理の影響を無視して実践のみを検討することは適切ではない。このような影響に抗しながら，学童保育実践を共生の場として捉え直すためには，指導員の専門職性を高める制度の構築が不可欠である。とりわけ，地方自治体によって担当行政が異なる学童保育領域においては行政的課題が大きいため，まずは制度的課題の解決が目指される必要がある。例えばスウェーデンでは，2011年より学童保育指導員の資格を統一し，「学童保育教育学」と「実習」を軸にしたカリキュラムによる大学での学童保育指導員養成がなされているが，日本においても，今後，学童保育指導員養成の実施体制の議論を進める必要があろう（住野ら2020）。

　第2に，このような論理によって実践されている学童保育実践が，周縁性を維持したまま，学校との連携や協働を深めていくことが必要である。仲田（2020）は，コミュニティ・スクールにおいて，「教育行政−学校の系を中心に構成される一元的コミュニティ以外のコミュニティ」に着目し，学校との「目的の共有」について一定の距離を置く人々による「異質な価値」への顧慮が，脱政治性の緩和という観点から重要であると指摘する。学童保育実践はまさに「教育行政−学校の系」から外れるものであり，それゆえ，学童保育実践における〈ケア〉を前提とした教育的関係による共生のプロセスは，学校との間に価値葛藤や対立を生じさせる可能性を有している。今日，「教育制度のなかに〈無為〉の論理を実装化していくこと」（仁平2018：47）は容易ではないと考えるが，共生を志向する学童保育実践の周縁性・異質性が，

学校のなかに「多様な形の暴力からの自由を保障する」（同上）ような空隙を生み出すことで，〈教育〉の論理を抑制することになるだろう。このような視点から，教育行政学研究における「子どもの放課後支援」の位相を捉え直すことも必要であるように思われる。　　　　　　　　　　　（金沢大学）

【付記】本稿は，JSPS科研費20K13927の助成を受けた研究の成果と，JSPS科研費21H00850の助成を受けた研究の成果の一部である。

〈註〉
⑴　〈教育〉とは，〈主体化された者／未だされてない者〉という区別のもと，後者から前者への変容を要請する意味論である。対して，〈無為〉の論理とは，より良い存在になるという条件抜きで，そのまま肯定する意味論である（仁平2018）。
⑵　厚生労働省が実施した「令和3年（2021年）放課後児童健全育成事業（放課後児童クラブ）の実施状況（令和3年（2021年）5月1日現在)」より。なお，同調査によれば，学童保育の設置・運営主体は，公立公営が28.5%，公立民営が49.0%，民立民営が22.6%である（https://www.mhlw.go.jp/content/11921000/000868247.pdf，最終閲覧日2022年7月28日）。
⑶　〔竹中実践〕からの引用は，頁数は記載せず，引用個所を〔　〕で表記する。

〈引用文献〉
・荒見玲子（2020）「教育と児童福祉の境界変容」大桃敏行・背戸博史編『日本型公教育の再検討－自由，保障，責任から考える』岩波書店，179-204頁
・船越勝（2005）「いま求められる学童保育実践の課題－『ケアと応答の関係』のなかで，つながりを回復する－」『学童保育研究』第6号，116-124頁
・久田敏彦（1993）「教育的関係の成立と指導概念」大阪保育研究所編『学童保育の生活と指導』一声社，51-69頁
・久田敏彦（2002）「学童保育における指導員の指導性」『学童保育研究』第3号，97-108頁
・垣内国光（2021）「コロナ禍の学童保育－事例に学ぶ」『学童保育』第11巻，3-9頁
・松田洋介（2018）「『学童の子ども』になるということ」『学童保育研究』第19号，33-38頁

・みずほ情報総研株式会社（2021）『厚生労働省 令和２年度子ども・子育て支援推進調査研究事業 放課後児童クラブに登録した児童の利用実態及び放課後児童クラブと放課後子供教室の一体型による運営実態に係る調査研究 報告書』

・水本徳明（2021）「教育経営の実践と研究は何を問われているのか」『日本教育経営学会紀要』第63号，129-131頁

・中西新太郎（2011）「生きる場所を築くということ」『学童保育研究』第12号，10-18頁

・仲田康一（2020）「NPM改革下におけるコミュニティ・スクールの行方－脱政治化・責任化の中で－」『教育学研究』第87巻第４号，16-28頁

・中山芳一（2008）「いまこそ学童保育に『ケア』のつながりを－ケアワーカーとしての学童保育指導員の専門性－」『学童保育研究』第９号，155-165頁

・中山芳一（2009）「学童保育指導員の実践場面におけるケア・福祉・教育の機能の関連性」『子ども家庭福祉学』第９号，79-88頁

・二宮衆一（2012）「学童保育実践の特質とその構造－『生活づくり』の歴史的変遷をたどりながら」日本学童保育学会編『現代日本の学童保育』旬報社，169-195頁

・二宮衆一（2021）「今日の子どもたちの発達保障と学童保育実践」日本学童保育学会編『学童保育研究の課題と展望』明誠書林，191-207頁

・仁平典宏（2018）「〈教育〉の論理・〈無為〉の論理－生成時の変容の中で－」『中国四国教育学会 教育学研究ジャーナル』第22号，43-49頁

・大桃敏行（2020）「日本型公教育の再検討の課題」大桃敏行・背戸博史編『日本型公教育の再検討－自由，保障，責任から考える』岩波書店，1-12頁

・大塚達夫（1986）『学童保育と子どもの成長－生活づくりの視点－』一声社

・斎藤寛（1988）「せめぎあう共生－〈分けない＝くくらない〉ということ－」岡村達雄編『現代の教育理論』社会評論社，331-363頁

・鈴木瞬（2020）『子どもの放課後支援の社会学』学文社

・鈴木瞬（2022）「コロナ禍における学童保育の実践と研究の様相－学会に問われていること－」『学童保育』第12巻，17-26頁

・住野好久・植木信一・松本歩子・中山芳一・鈴木瞬（2020）「大学における学童保育指導員養成に関する研究－スウェーデン・ストックホルム大学の養成課程の検討を中心に－」『学童保育』第10巻，47-57頁

・瀬戸麗（2021）「学習と居場所のジレンマを超える教育的関係－外国にルーツをもつ子どもの学習支援教室の事例から－」『教育学研究』第88巻第４号，128-139頁

・高浜介二（1983）「子ども集団の組織論」大阪保育研究所『燃える放課後－学童保育の実践』あゆみ出版，194-238頁
・高浜介二（1993）「学童保育実践の構造と指導員」大阪保育研究所編『学童保育の生活と指導』一声社，244-252頁
・竹中久美子（1994）「真とありんこクラブ」石川県学童保育指導員会『おかえりぃ』創刊号，190-197頁
・照本祥敬（2002）「学童保育実践における生活と指導の位相」『学童保育研究』第3号，8-16頁
・山口毅・堤孝晃（2014）「教育と生存権の境界問題」広田照幸・宮寺晃夫編『教育システムと社会－その理論的検討』世織書房，208-226頁
・矢野博史（2019）「目的的行為としての〈教える〉と〈ケア〉の接続」坂越正樹監修　丸山恭司・山名淳編『教育的関係の解釈学』東信堂，126-139頁

Phases of "Education" and "Inactivity" in After-school Support for Children: From the Practice of After-school Care as Human Coexistence

Shun SUZUKI, *Kanazawa University*

This paper focuses on "after-school support for children," which has been positioned on the periphery of educational administration and discusses the achievements and possibilities of the practice of after-school child care, which is an example of such support.

First, the paper distinguishes between the externally demanded logic of "education" and the internally oriented logic of "education" in after-school care for children, where the institutionalization of "education" is an issue. Then, regarding the relationship between "education" and "care" inherent in the practice of after-school care, I analyzed the theory of "life creation" in the 1980s and 1990s and records of practice. As a result, I showed the mutually proactive relationship in the practice of after-school care as a place of human coexistence. This reappraisal of after-school care practice as a place of human coexistence is thought to provide an opportunity to focus on enriching the world of life as an educational issue.

Based on the above analysis, I pointed out that in order to implement the logic of " inactivity " in relation to the practice of childcare for school-age children, it is necessary to reconsider the practice of after-school care not within the framework of "education" and "inactivity" but as human coexistence, and to deepen cooperation and collaboration with schools, while maintaining the marginal nature of the practice. I also pointed out that, in order to achieve this, it is essential to establish a system to enhance the professionalism of the instructors of after-school care, and that it is also necessary to reconsider the phase of "after-school support for children" in educational administration research from this perspective.

Key Words

after-school care, logic of "education", logic of "inactivity", "care", human coexistence

子どもの安全と学校・教職員の専門性

大野　裕己

はじめに

　科学技術の発展や経済のグローバル化の進展は，一方で生活の利便性を増すと同時に，環境・技術・人間関係等多様な側面において，社会に重大な被害をもたらす「危機」も産み出している。社会全体あるいは組織・個人の次元で，顕在・潜在する多様な危機に備える／対処する「危機管理」の水準を高める必要性が高まっており，社会の創り手となる子どもの教育を担う学校組織には特に強く求められる（北神2018）。

　従来，堅牢な校舎等物的条件や力量を備えた教職員集団を有する学校は，事故・事件等の経緯は看過しえないとしても，概ね地域社会で安全な施設との認識がもたれてきた。しかし1990年代以降，自然災害や不審者侵入等の重大な危機事象が続発し，組織的な危機管理の必要性が確認された。さらに最近では，新型コロナウイルス感染症（COVID-19）の世界的流行を象徴に，社会的影響の大きさとともに学校の危機・危機管理（これを通じた子どもの安全の保障）の内実変化を示唆する事象も生まれている。

　以上に対して，2000年代以降，文部科学省は「学校における危機管理」の枠組み，教職員の危機管理関連の力量の整理を進めるとともに，これらを包括した推進施策を展開してきた。また，研究面からも，学際的に学校の危機管理の枠組み・方法論を検討する研究，さらに最近は現代的危機の内実を踏

まえた組織論が蓄積されてきた。ここには、（本年報フォーラム趣旨における）現代的危機の文脈での学校・教職員の在り方の観点から、政策面・研究面の動向を対照する形での学校の組織的能力及び教員の力量・専門性を検討する必要性が指摘できる。

　本稿は、この関心に基づき、コロナ禍に着目した現代の学校の危機・危機管理の特質の整理[1]を前提に、現代の学校危機の特質を意識した学校の組織的能力及び教職員の力量・専門性の展望と課題検討（特に新たな専門性の定立からみた施策面の課題）を中心的に行うことを目的とする。

1. 学校の危機と危機管理の現状と課題

(1) 学校の危機管理の枠組みの形成

　個別の環境条件とともに、偶発性・不確定性の難しさを本質にもつ教育実践が営まれる学校には、様々な危険・危機が潜在している。従来の教育行政・学校経営は、事件・事故への対処、あるいは学校健康教育の一環としての学校安全の活動体系（安全教育・安全管理、後に組織活動も強調）を基軸に、潜在あるいは顕在化した危険・危機に対応してきた。

　しかし、1990年代以降、社会変化と同時進行的に発生した危機事象が、この構図に変化をもたらした。1995年阪神淡路大震災や2011年東北大震災等の自然災害、2001年大阪教育大学附属池田小学校児童・教員殺傷事件を象徴とする不審者侵入事件、各地で続発したいじめ事案、2020年以降の新型コロナウイルス感染症流行等多岐に渡る一連の危機事象は、平時の体制不備を含む学校内外の信頼関係（学校の正当性）の崩壊により、学校経営に深刻なダメージをもたらす点を一つの特徴とする（竺沙1997、露口2007）。このような状況下で、国家の安全保障や企業における危険性回避の措置を意味する「危機管理」概念の学校組織・経営への適用が、研究・政策両面で意識された。

　学校の危機管理の研究的提起としては、およそ1990年代までは、危機事象（事例）の整理及び問題対処にかかる論考が主流と言えた（永岡1991、下村

1997，牧2000など）。2000年代に入り，企業経営分野の危機概念や管理過程論，学校心理分野の危機介入，自然災害分野の防災の知見等を摂取した研究がみられるようになった。これを通じて，危機の関連概念に着目した危機管理区分（回避・予防のリスク・マネジメント／被害最小化・早期回復のクライシス・マネジメント），危機管理の分類（個人・学校・地域社会のレベル分類〔上地2003〕など），クライシス・マネジメントの過程論（Pauchant・Mitroffによる3タイプ5段階説の解題〔前田2009〕や危機介入過程〔大阪教育大学学校危機メンタルサポートセンター2011〕など）といった，危機管理の基本的な認識枠組みが形成されてきた。ただし，危機管理の区分を除く方法論の次元については，各論者の依拠理論を基にした言説が相互断絶的に併存する状況と言える。

　一方，教育政策面では，2001年の大阪教育大学附属池田小学校事件を象徴的な契機として，文部科学省を中心に学校安全の活動体系への危機管理の適用が検討され，学校安全計画・危険等発生時対処要領（以下，「危機管理マニュアル」と表記）策定を盛り込んだ学校保健安全法改正（2008年），及び「学校安全の推進に関する計画」（以下，「学校安全推進計画」と表記）策定・実施（2012年）に一つの結実を見た。加えて文部科学省レベルでは，学校安全関連教職員参考資料等における危機管理の内容・枠組み（事前・発生時・事後の時系列）の漸進的な盛り込み[2]を端緒に，教職大学院（2008年創設）や教員免許更新講習（2009年導入）の指導・講習内容，教育公務員特例法等改正（2016年）に基づく教員育成指標（文部科学大臣指針），2017年教職課程コアカリキュラムによる教職課程科目内容に，危機管理を位置付けてきたことがわかる。すなわち，「学校における危機管理」推進の施策群が，組織運営，教職員の資質能力にわたり複線的に展開していることを看取できる。あわせて，文部科学省施策においては，上記の時系列の分節を基調として，事前段階での当該校の実情に基づく危険の洗い出しと危機管理マニュアル（あるいは学校防災マニュアル）への組み込み，発生時・事後におけるマニュアルに沿った対処と被害極小化という，危機の除去・縮減を基調とする危機管理遂行の着想を見出せる。

⑵　学校の危機管理の現状と課題

　以上の政策動向下での学校の危機管理の現状と課題について，文部科学省が全国の国公私立学校に実施した，「学校安全の推進に関する計画に係る取組状況調査（平成30年度実績）」の結果（2020年３月公表）を中心に概観したい。

　同調査によると，2019年３月末日現在で学校安全計画を策定している学校の割合は，調査対象校の96.3%（2007年度実績：82.9%），同じく危機管理マニュアルを作成している学校の割合は97.0%（2007年度実績：84.6%）となっている。学校の施設及び設備の安全点検を実施した学校は98.6%，教職員に対する校内研修を実施した学校は91.3%，教職員に対する校外研修への派遣を行った学校は74.5%となっており，学校安全・危機管理に関わる外形的条件について，数字上は，2000年代以降全国の学校で底上げされたと受け止められる。

　他方，運用面等の内部的条件に視点を移すと，いくつかの課題点も確認できる。再び上記調査結果を見ると，学校安全計画の見直しを行ったのは策定校中94.0%，学校安全計画や安全教育等の取組の保護者への周知は策定校中78.6%，危機管理マニュアルの見直しを行ったのは作成校中92.2%，保護者への周知は同46.2%に留まっており（以上の項目では，設置者間・校種間・都道府県間における差が認められる），学校間・地域間での危機管理体制・過程の質のばらつきが推察される。また内容面としても，危機管理マニュアルの内容及び校内・校外研修の内容について「新しい危機事象」への対応に弱さがある点等，事象の「後追い」傾向の可能性が懸念される。

　教職員の組織・意識面については，同調査には多くを見出し難いものの，「中核となる教職員」を管理職が担いやすい構造や一部学校における研修の低調等，教職員への意識浸透の課題を推察できる[3]。この傾向は，研究者の地域レベル調査において，教職員全般での危機管理意識に比した具体的な行動レベルの認識の低さ（山本・田嶋2010）のほか，職種間における危機管理意識（同）・学校危機管理体制認知（飛田野・山田・古田2014）の差等として検出されている。以上の危機管理に関わる学校の組織や教職員の意識実態

が，現代の学校の危機の特質や文部科学省が推進する「学校における危機管理」の枠組み（組織運営・教員の資質能力）に照らしてどのように評価できるか，さらなる検討の余地は残されている。

2．コロナ禍を契機とする学校の危機・危機管理の内実変化

　現在及び今後の学校の危機管理の在り方を展望するうえで，新型コロナウイルス感染症対応の含意を看過できない。2019年末以降の同感染症の世界的流行は，2020年2月首相要請を発端とする全国的な臨時休業期及び再開後の諸対応を典型に，日本の学校教育にも大きな影響を与えた。学校現場は，情報・見通しをもちがたい状況で，感染リスクの低減，授業等の年間指導計画の変更，児童生徒の学習・生活面での課題等への多面的な対応を余儀なくされた。これらは，企業経営等で課題視されつつあった組織環境のVUCA（不安定性・不確実性・複雑性・曖昧性）レベル増大の，学校経営における顕在化とも捉えられる。

　周知の通り，今般のコロナ禍がもつインパクトは，本感染症固有の感染経路・症状を踏まえた健康・安全保障（感染防止）の必要性と，感染症が二次的にもたらす社会システム・生活環境の変化やその影響（子どもの学習・発達等への影響等）への対応必要性の両者を喚起している点にある（小早川・榎2022）。

　これと関連して，今般のコロナ禍は，学校の経営や危機管理に対して以下の課題を提示するものと整理できる。第一に，各学校には，当該地域の感染状況に基づく，臨時休校等を含む感染拡大防止の方策の展開と，授業のハイブリッド化等を通じた学習指導の持続（加えて教育課程の管理・運用）を両立する「難問」の解決が迫られた。第二に，家庭環境の変化や学校での三密回避の方策等より派生する，児童生徒の生徒指導上の課題（教育調査研究所2021など），特に個別に短時日で生起しうる情勢変化（学び・育ちのこまりごと）への感度を高めた対応が要請される。

　さらに踏み込むと，第三として，感染症対応の危機管理実践が，一面で学

校にもたらしうる「可能性」的側面の理解さらに拡幅の課題も指摘しうる[4]。例えば2020年度学校再開後の教育課程見直しが一部の学校では学習活動重点化の契機となったという事象のほか，教育相談・学校経営領域では，オンライン授業の配信が不登校児童生徒の学校復帰にも作用したと解しうる事例の指摘（篠原2020），分散登校期の学校生活変化（ルーティン化）が児童の不定愁訴等の減少に作用しえた可能性の示唆（飯島2021）等もみられる[5]。

　今般のコロナ禍は，現代の社会環境変動や災害・危機の一部であるものの，これに潜在する消極・積極両面の作用を捉えるならば，外形的条件の整備の一方，運用面における未成熟，教職員間での意識・体制認知の相違，内容における事象の「後追い」傾向が指摘された従来の学校の危機管理の態様には，あらためて乖離の課題を指摘できる。上に見た現代の危機の特質に正対し，問題事象への対処に留まらない事前・発生時・事後の時間軸での危機管理の機能化を展望すること，それを可能とする学校の組織的能力及び教職員の力量・専門性をあらためて検討・定位することが必要となる。

3．現代の危機管理における学校の組織的能力の再考

　コロナ禍を象徴に，発生速度や（「可能性」の側面を含む）複雑性の増大等といった現代的危機の特質に照らせば，現代の学校に対しては，子どもの安全を保障する危機管理の機能化の考え方・方法の再構築が急務と言える。本稿では，現代の危機の特質，学校の危機管理の課題を踏まえて，対応の基盤としての学校の組織運営及び組織的能力の再考，対応の主体としての教職員の力量・専門性に関する検討の順に，この課題に迫ってみたい。

(1)　現代的危機に対する従来の学校組織論の不整合・限界

　コロナ禍に顕著であった危機の特質は，従来の学校経営の実践の基盤をなした組織論・言説に対しても，対応理論としての不整合・限界を浮上させた。例えば欧米の経営理論の摂取を通じて確立した学校経営のPDCA（PDS）経営過程論は，教職員の社会的関係の民主化に立脚した共通目標の設定・実現

と職務体系・資源の合理化を両立する思考枠組みと言えた。しかし，PDCA経営過程論は，計画段階（目的・手段）の緻密化に重心を置き年度単位サイクルとして運用されやすい特性から[6]，コロナ禍での課題解決への対応性には速度・内容の両面で限界も有した。また，学校内部の校務分掌の運営組織論についても，各教職員が複数の部門を担当し他者と協業する組織態様（マトリクス組織）に，教育の特性に照らした参加・自律的協働の積極的意味付けがなされ定着を見ていたが，近年の部門・委員会構成の肥大化や前年踏襲型運用の実態（結果としての個業化の進行）もあって，コロナ禍で生起する危機対応の問題性が意識されるケースも見られた。このような今日的危機に対する学校組織論の課題を対置したところでの，危機管理の組織論的研究の展開があらためて注視される。

(2) 学校の危機管理に関する組織論的研究の動向

　学校の危機管理に関する組織論からの研究アプローチは，およそ2000年代を通じて，学校心理の知見に基づく危機介入のチーム対応（管理職の統括下で，危機対応上の役割に即したチームを編成）モデルの紹介（上地2003，瀧野2006）は見られたが，これを除けば内容・方法ともに開拓途上と言えた（中留2010）。しかし2010年代に入ると，現代的な危機の特質を意識し，学校の危機管理の政策・実践の枠組みの質的転換への提案性も有する組織論的研究が蓄積されるようになった。

　その典型と言えるのが，1990年前後より学際的研究として進展した「高信頼性組織（High Reliability Organization）」の概念及び関連諸論の，学校経営への適用に関わる議論と言える。高信頼性組織とは，過酷な条件下で事故が少なく業務継続する信頼性の高い組織を指す。これに関わる諸論は，高信頼性組織に内在する，組織成員の事態感知・未然防止のマインドとそれを支える原則（ワイク・サトクリフ2017）に注目しつつ，信頼性を向上させる組織プロセスの特徴，マネジメントの視点，組織文化（価値）の内容等を解題する（中西2012）。学校経営への適用を検討する議論では，組織環境の複雑性・不確実性が増大する中での学校の危機／リスク・テイキングの問い直し

とともに，学校のシステム自体をリスクの観点で捉える見地からの，高信頼性組織の原則を適用した組織化・経営の可能性と課題が検討されている（水本2013，福本2018など）。また，これらの議論を包摂しながら，従来の危機管理を代替しうる「組織レジリエンス」概念とその枠組みを立論する研究も見られる（福畠2019）。これらの議論には，政策にみられる学校安全観（個別危機の排除の前提）・学校組織化（統制化の指向）に内在する課題の提示とともに（福本2018：p.541），学校の危機管理と学校経営の新たな在り方について萌芽的な検討がみられる点が注目できる。

　また，最近では，コロナ禍を典型とするVUCA増大環境への効果的対応を意識した組織論的研究もみられる。例えば露口（2020）は，近年の企業・学校組織研究のレビューをもとに，今後有効になる組織経営論を提起している。その要目として，敏捷性とリスクコントロールによる前進（価値創造）を重視した，基本的な意思決定分散化（分散モデル），教職員の専門分化，ライト・フットプリント経営戦略等の採用を指摘している。大野（2020）は，この議論と関連して，短期日で危機が生起するWithコロナ期での個人・組織の意思決定の高速化を展望する立場から，軍事・危機管理分野で生成されたOODAループ論を適用した校内組織運営の過程・体制について試論的検討を行っている。

　以上の危機管理に関する一連の組織論的研究には，論者間で現代的な危機の内実解釈の差異はみられる一方，学校の組織運営再構築の要点と関わっては，現場での危機の問題徴候感知（情勢判断）と行動，そのフィードバックの重視等，共通点も多い。敷衍すれば，以上に見た近年の組織論言説は，多くが現時点で抽象度の高い理論の提起と性格づけられるが，前述の要点の組み込みを通じて，現場教職員間での組織学習及び危機に対する組織機能の維持向上が強く意識される点，その組織過程として，危機管理の事前・発生時・事後の時系列を一体的に捉える（政策面での危機の時系列区分の認識を問い直す）拡張指向を持つ点が注目される。これらの議論からは，今後の学校の危機管理において，問題事象への事後対処や事前の要因排除以上に，危機の捉え直しを含む，組織学習を核とする学校の組織的能力向上が重視され

ることが理解できる。換言すれば，危機管理における教職員の力量・専門性
を検討する際には，近年の研究動向を中心に導かれる学校の組織的能力に着
目することが意味を持つ。

4．現代の危機管理における教職員の力量・専門性

　過去の日本においても，教育指導上の安全保持義務が学説・判例上確認さ
れてきたことから，事故等危険の予見・回避を中心とする教職員の力量とそ
の形成の重要性は意識されてきた。他方，1990年代半ば以降，「学校におけ
る危機管理」の認識枠組みが定着するなかで，学校の経営行為の意味合いが
増す危機管理への教職員の位置づけ，加えて力量（資質能力）の在り方があ
らためて問われることとなった。

⑴　危機管理への教職員の位置づけをめぐる議論と施策
　中央・地方教育行政において学校安全・危機管理関連施策が推進され，各
学校に安全点検に加え危機管理マニュアル作成や防犯訓練等の取組が要請さ
れるに伴い，多忙状況でこれを担う学校組織体制や教職員の位置づけが議論
の的となった。特に，2000年代を中心に，文部科学省等の指針に基づく安全
管理強化は現行の教職員体制では困難（本務の教育活動との両立には物理的
困難）との認識から，専ら危機管理に従事する職員や警備員の配置等が必要
との問題意識が提示された（竺沙2004）。この点，日本教育法学会学校事故
問題研究特別委員会は，学校安全法制確立を展望して，講習を経て安全組織
体制を統括する学校安全管理者等，新たな職制を含む「学校安全職員制度」
創設（一方で，一般教員の安全配慮義務の限定）を提案している（喜多・橋
本・船木・森2008）。
　以上の人的体制の整備は，2010年代の文部科学省・中央教育審議会部会の
施策検討でも常に重要なポイントとなり，方向性が示されてきた。例えば
2012年策定の学校安全推進計画（第一次計画）では，「学校安全計画を立案
し，実行していく中心となる」「学校安全の中核となる」教職員の校務分掌

上の位置づけ（学校安全担当，学校安全主任）や，設置者による警備員配置等の有効性を示しつつ，人的体制充実の必要性が提示された。この方向性は，その後の学校安全推進計画第二次計画（2017年），第三次計画（2022年）でも学校の組織的対応の指向をもって継承されている。ただし，同計画では基本的には現行の教職員体制で危機管理（安全管理）・安全教育と組織活動を担う前提（全体に教職員配置の具体的言及に乏しい）に立ち，「学校安全の中核となる」者も（管理職以外の）教職員が想定されている。

また，全ての教職員を組織的取組に位置付ける前提から，上記の各次計画では，教職員の力量面の方策として，管理職及び学校安全の中核となる教職員（「安全主任」「安全担当」等）の研修充実のほか，全ての教職員及び教職志望者が学校安全に関する知識技能を備える方策（免許状更新講習での内容充実，教員育成指標の大臣指針や教職課程コアカリキュラムへの盛り込み等）が，あわせて提示・推進されてきた。

このように，危機管理の人的体制については，研究面から新たな職制の提案が見られることに対して，文部科学省の施策方向性には，「中核となる教職員」を含んで現行教職員体制でこれを担う指向を見出すことができる。この方向性自体は，安全教育までの危機管理（・学校安全）の包括性からは一つの選択肢と理解しうるが[7]，教育活動との両立困難性等の問題提起を克服するものか判然としない。その妥当性の判断には，教職員に措定される力量と，前述した近年の危機の特質や危機管理の組織論とを対照した検討が必要となろう。

⑵ 危機管理における教職員の力量・専門性

「学校における危機管理」の政策推進において，教職員に求められる力量はどのように措定されるのか。それは，危機管理を核とした教職員の専門性として定位できるのか，あるいは課題を有するのか。

教育政策における教職員の（学校の危機管理に関わる）力量への着目は，象徴的には附属池田小学校事件への対応が契機と捉えられる。例えば，2004年文部科学省「学校安全緊急アピール」（別紙）に，萌芽的な力量観として，

全教職員の「危機管理意識」「危機管理能力」（さらに教職員や子どもの「安全対応能力」）向上を求める記述を見出せる。その後，学校保健安全法施行さらに関東東北大震災の後は，2012年以降の学校安全推進計画及び関連する中央教育審議会（学校安全部会）の調査・審議で教職員の力量が議論・提示された（第一次計画では，例えば養成段階学生の「学校安全に関する知識技能」修得，中心的役割を果たす教職員の「一定水準の知識や資質」等が示されていた）。

　加えて2015年中央教育審議会答申（第184号）及び2016年教育公務員特例法等改正以後は，任命権者ごとの教員育成指標及び研修計画において，危機管理等に関する力量（資質能力）がキャリアステージ別に設定されることとなった。また，文部科学省も，第二次計画期間における研修教材開発（教職員のための学校安全e-ラーニング，2020年公開）と関連して，養成・初任・中堅・管理職段階に求められる資質能力を整理している。

　以上のように，危機管理と関わり教職員に求められる力量は，中央・地方で漸進的に体系化が図られてきたと総括できる。しかし，前述した近年の新たな危機管理の組織論と対照すると，一連の力量整理とその議論に対していくつかの課題を指摘しうる。

　第一は，提示される教職員の危機管理関連力量の曖昧さの課題である。文部科学省は2000年代前半より通知等及び学校安全推進計画において「危機管理能力」「安全対応能力」，「学校安全に関する知識技能」等として力量観を示してきたが[8]，これらを構成する要素等は必ずしも検討・明示されず，力量概念として曖昧性を帯びている[9]。さらに，2010年代からの各次学校安全推進計画の検討過程では，既発事故等に基づく具体的な知識（正常性バイアスや権威勾配等）・技能（応急救命措置等）の修得が要請される傾向もみられた。結果，同計画での，特に全教職員・教職志望者向けの力量観の実質は，広範な学校安全の知識・技能や危機管理意識の側面（狭い方法・技術のトレーニングを前提）に傾斜し，組織的問題解決あるいは危機管理を通じた組織的能力開発の面に弱いと言える。上述の文部科学省オンライン研修教材で提示された教職員の資質能力（特に養成段階・初任者等・中堅教職員対象）

も，学校安全の領域・体系，安全教育の指導方法，事故等の時系列対処及び学校安全PDCAに関する知識理解に比重が高い。

　なお，「学校安全の中核となる教職員」については，例えば教職員支援機構学校安全指導者養成研修において，専門的知見からの組織的取組の推進や教職員の専門性向上の推進等，組織的問題解決等に関連する力量が措定されるほか，各地の教員育成指標（研修計画）でも，中堅期以降で同様の取り組みが見られる。しかしこれは一方で，基礎的知識技能習得が重視される一般教職員との段差（力量発達の見えにくさ）の課題を浮上させる。この点，教職員支援機構（2019）による各都道府県の教員育成指標の質的分析でも，ベテラン期教員の危機管理・学校安全に係る資質能力が，他項目以上に組織的企画・参画・推進する能力として設定されやすい点（採用前・初任期は，項目間で共通の傾向であるが知識技能獲得や適切な遂行といった能力として設定）が確認されており，やはりキャリアステージ間の段差の存在が意識される。前述の教諭等調査における危機管理意識と行動レベル認識の落差（山本・田嶋2010），また現時点における学校安全に関する公式な分掌・職制（これを通じた育成経路）の欠如を踏まえると，現在までに提示されつつある教職員の危機管理の力量は，文部科学省での現行教職員体制を前提とする人的体制，また新たな学校組織の展望の双方に照らして整合的とは捉えにくい。現代的な危機の特質に照らした教育・学校の在り方を裏付ける教職員の専門性としての定位には，未だ精錬の余地を残していると指摘できる。

まとめにかえて

　本稿の考察では，コロナ禍を典型事例に，現代的危機や危機管理の内実変化の様相（情勢変化の速さ，可能性的側面を含む複雑性）を考察したうえで，これを受け止めた危機管理の質的転換の核となる，学校の組織的能力について研究的議論を中心に整理した。これを一方に置いて，中央（文部科学省や中央教育審議会学校安全部会）での危機管理の人的体制整備の施策方向性（現行教職員体制を前提とする組織化）や現時点で教職員に措定する力量の

内容について検討した。結果，特に現在までの教職員の力量内容にかかる議論・提案は，学校の組織的能力の研究議論，文部科学省施策での人的体制整備の方向性の双方に対して整合的と捉え難い（その意味で専門性として提示しえていない）として，その課題性を指摘した。

　本フォーラムで本稿に与えられた課題は，学校・教職員の専門性のあり方にかかる考察であったことからすれば，教職員の専門性については，その立論・定位の難しさを提起したに留まり，その内実に迫ることはできていない。この点に関わる実証的研究[10]あるいは教員養成・現職教育に関わる開発的研究の蓄積が期待される。　　　　　　　　　　　　　　　　　　（滋賀大学）

〈註〉

(1)　本フォーラムでは，石井論文が現在の子ども・青年をめぐる危機の様相について多面的に考察しているため，本稿は学校の現代的危機の典型としてのコロナ禍に焦点化して検討する。危機管理論全般における危機概念の拡張については，青山（2014）の所論（縦・横方向の拡大）に示唆を受けた。

(2)　文部科学省作成の学校安全参考資料（『「生きる力」をはぐくむ学校での安全教育』（2001年初版）を例にとると，2010年改訂版より危機管理の内容が盛り込まれている。

(3)　2017年の学校安全推進計画（第二次計画）にも，「全ての教職員が一様に高い意識を持って，学校安全に取り組んでいるとは言い難い」等の指摘がみられる。ただし，文部科学省2018年度間取組状況調査では，「学校安全に関する組織的役割についての理解状況」について「すべての教職員が理解している」の回答割合が全体の89.8％であったことが報告されている。

(4)　このような捉え方は，危機管理の基底にある学校の不確実性（水本2013）あるいはクライシス（crisis）の語源をめぐる議論等として以前より見られた。

(5)　コロナ禍の対応が教職員の多忙化を促進したケースの存在を一方におけば，可能性的側面を楽観的に想定することには慎重さが求められる。加えて，この点と関わっては学校・設置者（教育委員会）の関係性についても検討の必要が認められる（末冨2022）。

(6)　この点は，文部科学省マネジメント研修カリキュラム等開発会議作成「学校組織マネジメント研修（モデルカリキュラム）」（2004年）の考え方に色濃く見られる。

(7)　本稿1(1)では，文部科学省等の学校の危機管理施策について，危機の除去・

縮減を基調とする危機管理遂行と捉えたが，中央教育審議会学校安全部会の議論（例えば第11期第1回2021年5月27日）では，新たな組織論でも取り上げられる概念（ホルナゲルのSafety-Ⅰ／Safety-Ⅱ等）を参照した制度的議論の必要性を提示する意見も見られた。ここには，学校の組織的能力発現への一定の指向を見出しうる。

⑻　石巻市立大川小学校津波事故訴訟の確定判決では，学校教職員に対して「地域住民が有していた平均的な知識及び経験よりも遙かに高いレベル」の知識及び経験が求められることが判示されている（仙台高判平30・4・26）。

⑼　概念の曖昧さを指摘しつつ，他方で狭い方法・技能を求める議論の構造は，中央教育審議会学校安全部会の議論（例えば第11期第5回2021年8月26日）にも窺われる。

⑽　教職員の危機管理関連力量に焦点を当てた調査研究は，学校管理職養成に関する研究として見られる一方（大林・佐古・藤井2016など），一般教職員の力量に焦点化した研究は少ない。

〈引用・参考文献〉

青山佾（2014）「危機管理の基本と実際－危機とは何か，危機管理とは何か」中邨章・市川宏雄編『危機管理学：社会運営とガバナンスのこれから』第一法規，8-42頁。

竺沙知章（1997）「危機管理と学校経営の課題」『現代学校経営研究』第10号，1-9頁。

竺沙知章（2004）「学校の危機管理」『現代学校経営研究』第17号，1-6頁。

福畠真治（2019）「学校安全におけるレジリエンス概念の意義－"危機管理"の捉え方の差異に焦点を当てて－」『国立教育政策研究所紀要』第148集，23-40頁。

福本昌之（2018）「学校における高信頼性組織化論の適用可能性－危機管理体制構築の視点から－」『教育学研究紀要（CD―ROM版）』第64巻，537-542頁。

飛田野芳佳・山田浩平・古田真司（2014）「危機管理に対する教職員の意識と学校の危機管理体制」『東海学校保健研究』38⑴，25-33頁。

飯島有哉（2021）「コロナ時代の学校でみえたもの－スクールカウンセラーの目線から－」日本学校改善学会大会企画シンポジウム発表資料（2021年1月22日オンライン開催）。

石井英真（2014）「教員養成の高度化と教師の専門職像の再検討」『日本教師教育学会年報』第23号，20-29頁。

北神正行（2018）「学校のガバナンスと危機管理－大阪教育大学附属池田小学校児

童殺傷事件（2001.6）－」日本教育経営学会編『現代の教育課題と教育経営（講座 現代の教育経営２）』学文社，91-101頁。

小早川倫美・榎景子（2022）「COVID-19発生以後の教育経営にかかる実態と課題をめぐる研究動向」『日本教育経営学会紀要』64号，172-181頁。

教育調査研究所（2021）『コロナ禍における子供の変化と学校経営の改善』（研究紀要第100号）。

教職員支援機構（2019）『育成指標の機能と活用』（2018年度「育成協議会の設置と育成指標・研修計画の作成に関する調査研究プロジェクト」報告書）。

喜多明人・橋本恭宏・船木正文・森浩寿編（2008）『解説 学校安全基準』不磨書房。

前田晴男（2009）「学校の危機管理に関する理論的考察：リスクマネジメント概念の分析を通じて」『教育経営学研究紀要』第12号，45-52頁。

牧昌見編（2000）『講座学校の危機管理』学事出版。

水本徳明（2013）「教育経営のリスク論的転回－学校における危機管理を中心に－」『学校経営研究』第38巻，29-37頁。

永岡順編（1991）『学校の危機管理－予防計画と事後処理』東洋館出版社。

中留武昭（2010）『自律的経営の展開と展望（自律的な学校経営の形成と展開 第３巻）』教育開発研究所。

中西晶（2012）「高信頼性組織への招待」『日本信頼性学会誌 信頼性』34巻５号，284-292頁。

大林正史・佐古秀一・藤井伊佐子（2016）「学校管理職の職務遂行に必要な力量の諸特徴に関する研究—A県学校管理職の「獲得済み力量認識」および「力量形成要求」の分析を通して—」『鳴門教育大学学校教育研究紀要』第30号，95-104頁。

大野裕己（2020）「Withコロナにおける新しい校内組織運営」篠原清昭・大野裕己編『Withコロナの新しい学校経営様式 ニューノーマルな教育システムの展望』ジダイ社，65-80頁。

大阪教育大学学校危機メンタルサポートセンター（2011）『学校危機管理の基礎と実践』（文部科学省概算要求特別経費「学校危機に対する予防プログラムの開発事業」による一般教職員用テキスト）

下村哲夫編（1997）『事典 学校の危機管理』教育出版。

篠原清昭（2020）「Withコロナにおける学校経営の課題」篠原・大野編前掲書，27-40頁。

末冨芳編（2022）『一斉休校 そのとき教育委員会・学校はどう動いたか？』明石書店。

瀧野揚三（2006）「学校危機への対応－予防と介入」『教育心理学年報』45巻，162-175頁。

露口健司（2007）「学校組織における信頼構築のためのリスクマネジメント：リスク処理の局面を中心に」『教育経営学研究紀要』第10号，17-35頁。

露口健司（2020）「Withコロナにおける新しい学校経営論」篠原・大野編前掲書，41-63頁。

上地安昭編（2003）『教師のための学校危機対応実践マニュアル』金子書房。

山本俊美・田嶋八千代（2010）「学校における危機管理に関する調査－教職員の危機管理意識と実態調査の分析から」『安全教育学研究』10(1)，31-45頁。

ワイク・サトクリフ／杉原大輔ほか高信頼性組織研究会訳（2017）『想定外のマネジメント〔第3版〕－高信頼性組織とは何か－』文眞堂。

【付記】本研究は，JSPS科研費 JP21K02196の助成を受けた。

Children's Safety and the Professionality of Schools and Faculty/Staff

Yasuki OHNO, *Shiga University*

This paper focuses on the professionality of schools and teachers regarding crisis management of schools in Japan.

In Japan, the series of serious events such as natural disasters and intrusions by suspicious persons since around 2000 prompted discussions on systematic crisis management of schools in terms of both policy and research. The Ministry of Education, Culture, Sports, Science and Technology (MEXT) has promoted forming a framework for "crisis management in schools" and adopting a comprehensive set of policies. Simultaneously, interdisciplinary research has been accumulating in the academic community, as well as studies examining frameworks and methodologies for crisis management of schools. However, with the global epidemic of COVID-19 as a symbol, there is a growing awareness of the need to rebuild the crisis management framework and the supportive organizational/personnel conditions that are responsive to changes in the nature of the school crisis.

Based on the above concerns, the author examines Japanese policy discussions and research suggestions on the framework of crisis management, and also considers the prospects and challenges on the organizational capacity of schools and the competence and professionality of teachers, based on an overview of the characteristics of modern crises and crisis management of schools. The main findings of this paper are as follows.

1. In the academic community, along with progress in analyzing the characteristics of modern crises (acceleration of change/complexity including potential aspects), examination of new school organizational management theories related to crisis management has been progressing. Based on the knowledge of High-Reliability Organization theory, etc., a series of studies is suggesting the importance of the organizational capacity of schools with organizational learning at the core. On the other hand, the conventional framework of crisis management in educational administration is also gradually changing to include problem-solving orientation.

2. Clarification of competence contents of faculty and staff regarding crisis management has been progressively promoted, centering on the policies and plans of MEXT. The administrative proposition tends to lean toward the broad and trivial aspects of school safety knowledge and/or skills and risk management awareness (It has weaknesses in the aspects of organizational capacity through organizational problem solving and crisis management) and lacks consistency with the new school organization that is drawing attention in terms of research and policy. Therefore, it can be pointed out that the current proposition of competence is not yet ripe for indicating the professionality of teachers in accordance with the future crisis management.

Key Words

crisis management of schools, organizational capacity of schools, competence and professionality of faculty and staff, high-reliability organization theory

Ⅱ　研究報告

旧教育委員会法下における
校長免許状の授与基準

―施行細則・連絡協議会による規格の設定と免許検定事務―

芥川　祐征

1．課題設定

　本稿の目的は，民間情報教育局（Civil Information and Education Section：CIE）の主導により校長養成が行われていた戦後初期（1949年〜1954年）に焦点を当て，都道府県教育委員会事務局における校長免許状の授与基準を明らかにすることである。その場合，教育行政の地方分権，民主化，自主性の確保を基本理念としていた旧教育委員会法下にもかかわらず，どのように規格が設定され，教育職員検定が集権化されていったのかを分析する。

　終戦後，1947年に施行された学校教育法において校長職は必置とされ，戦前・戦中までの「地方長官ノ命ヲ承ケ」という規定の削除によって，個別学校における校務掌理権と所属職員監督権をもつ学校職制として校長免許状の取得が義務づけられた[1]。その後，1949年9月1日に教育職員免許法（以下「免許法」と略す）および同法施行法，11月1日に同法施行規則が施行されたことによって，校長免許状（一級・二級・仮）の取得要件が定められた。すなわち，一定の教職経験をもとに，①国立大学・都道府県教育研修所への現職派遣（研究生）による資格取得，②現職教育（免許法認定講習・免許法認定通信教育・大学公開講座）における単位修得による資格上進，③旧制学校長を対象とした資格切替といった3つの方法がとられていた[2]。

　このことについて，従来の研究では日米政府の文書史料の分析を通して，

戦後の校長資格制度の創設過程が解明されてきた。とりわけ，教育指導者講習（the Institute For Educational Leadership：IFEL）の会場となった旧帝国大学および旧文理科大学の教育学部が中心となって，戦後の校長養成を担う構想であったことが解明されてきた[3]。しかし，全国の現職校長・校長候補者を対象とした現職派遣（研究生）を受け入れる場合，上記の大学だけでは量的に著しく不足していたものと考えられる[4]。実際，当時公表されていた校長免許状の授与件数をみても，大学への現職派遣（研究生）による校長免許状の授与はみられなかった[5]。このことから，校長免許状の授与については前述の現職教育および資格切替の方法が主として用いられており，いずれの場合も教育職員検定を経て免許状が授与されていた。

ここで，教育職員検定とは「受検者の人物，学力，実務及び身体について，授与権者が行う」間接検定制度であり，仮免許状（有効期限5年）の更新や外国で授与された免許状等の特例を除き，基礎資格（旧教員免許状も含む）と教職経験年数を要件として，所轄庁の証明書等に基づいて行われた（免許法第6条・同法施行法第2条）。そのため，これは戦前・戦中までの旧制教員養成諸機関によって教員の供給不足を補うために行われてきた直接検定制度（当時は「教員検定」と呼称）とは異なる[6]。このような戦後の教育職員検定について直接の研究対象とした先行研究は管見の限り見当たらない。

そして，校長免許状を授与するための免許検定事務にあたったのが，1948年7月15日の教育委員会法施行により，地方自治体の長から独立した公選制かつ合議制の行政委員会として設置された都道府県教育委員会であった[7]。同法では，その職務権限に属する事務を処理させるために事務局・部課が置かれ（第43・44条），教育委員会の所管事務として「校長及び教員の任免その他の人事に関すること」（第49条第5項）を掌ることが規定された。

このような戦後初期日本の地方教育行政に関して，教育改革の一環としての公選制教育委員会制度の成立過程や[8]，その後の「教育の中立性」確保のための教育委員会の再編過程[9]が日米政府の文書史料をもとに解明されてきた。他方，教育行政をめぐる権限関係に関して，文部省と教育委員会の「中央－地方」関係における非権力的な指導機能に基づく中央統制・規格化のし

くみや[10]，教育委員会と教育長の「抑制と均衡」関係における指揮監督権の弱化の動態[11]が国会会議録や関係者の私有文書等をもとに解明されてきた。

　しかし，戦後教育行政の運用過程として「国家法とは異なる地域教育法としての独自の効力と規範性をもつ」[12]教育委員会規則の制定状況[13]，あるいは教育委員会事務局の部課単位における所掌事務そのものを対象とした研究については，検討の余地が残されている[14]。とりわけ，行政史的にみて戦後初期は，一般的事項における内務省－府県体制の廃止といった分権化の動きと，個別行政における技術的な統制が及ぶ機能的な集権化の動きが，相互に独立しつつも同時に進行した時代であったとされる[15]。そのため，当時の教育行政の「中央－地方」関係をめぐっては，基準の適用範囲をどこまで認め，その範囲内でどのような関与の手段・方法を認めるか，個別事務の性質ごとに検討していくという作業をとらざるを得ない。したがって，本稿においては都道府県教育委員会事務局における校長免許状授与のための基準の設定状況を明らかにするために，以下の研究作業を行う。

　第一に，校長免許状の授与基準を明らかにするために，都道府県教育委員会による教育職員免許法施行細則（以下「施行細則」と略す）の制定状況を整理・分析する。ただし，本稿では，個人間の財物や権利の譲渡を意味する「付与」ではなく，法令上優越的な立場にある者が主体となる「授与」を用い，その行政行為を行う場合に依るべき尺度となる「基準」を主対象とする[16]。すなわち，教育行政における他の多くの基準のように，満たすべき一定程度の最低水準としての意味や，行政機関の恣意性の除去という機能だけでなく，一般的禁止行為に対する解除の性質ももつことが特徴である。

　第二に，免許検定事務における規格化の過程を明らかにするために，文部省および都道府県教育委員会が主催した免許事務連絡協議会の開催状況を分析する。第三に，教育職員検定の運用過程を明らかにするために，都道府県教育委員会における事務体制および証明書の審査状況を分析する。

　このことは，日米政府レベルの文書史料をもとに同制度の理念および成立過程を明らかにしてきた従来の先行研究に加えて，本研究では都道府県レベルでの運用にみられる規格化および集権化の過程を解明するものである[17]。

2．都道府県教育委員会の施行細則における免許状の 授与基準の設定

　戦後日本の教育行政は地方分権，民主化，自主性の確保を基本理念としており，教育委員会は「法令に違反しない限りにおいて，その権限に属する事務に関し教育委員会規則を制定することができる」（教育委員会法第53条）こととされ，その事務についても教育長の助言と推薦により「教育委員会規則の制定又は改廃」（同第49条第1項の10）を掌ることとされていた。

　このような規則制定権について，一般的には国法の一形式を指し，その制定権および所管事項についてはそれぞれの根拠法によって明示されている[18]。具体的には，国会の衆参両議院が定める議院規則，最高裁判所が定める最高裁判所規則，行政委員会や行政庁の長が定める規則，地方公共団体の長が定める規則，地方公共団体の議会が定める議会規則等がみられる。これらのうち地方公共団体の長が定める規則（地方自治法第15条）として，①地方公共団体の事務で法律または政令によって条例で定めるべき事項および議会の議決事項に属する事務以外の事務，②地方公共団体の長の機関委任事務，③条例で規則に委任された事項に関する規則が制定され得る[19]。

　そして，免許状の授与権者について，戦前・戦中までは旧制中学校・高等学校教員が文部大臣，旧制国民学校・幼稚園教員が都道府県知事であったが，免許法等の施行にともない地方分権が進められ，都道府県（教育委員会・知事）に一任された。当時の教員資格をめぐっては，免許法等によって資格要件（単位取得方法・単位数・教職経験年数等）が大綱的に規定されたのみであり，具体的な免許状授与のための手続・過程について，国公立学校の校長・教員および教育長・指導主事は都道府県教育委員会規則，私立学校の校長・教員は都道府県規則で定めることとされた（免許法第20条）。

　ここで，戦後初期日本における教育委員会規則の制定状況について，教育委員会法が施行されていた時期（1948年～1956年）を対象として[20]，各都道府県が発行していた『公報』『教育法令集』『学校関係法令集』等をもとに整理したところ，次のことが明らかになった（**表1参照**）。

表1　各都道府県における教育職員免許法施行細則の制定状況

制定年月		制定日および都道府県
1949	11月	18日：千葉県・静岡県　28日：青森県
	12月	1日：東京都　23日：鹿児島県　24日：岩手県・福井県・鳥取県 26日：石川県　27日：福島県・岡山県
1950	1月	1日：香川県　2日：栃木県　6日：茨城県・新潟県　9日：秋田県・島根県 15日：埼玉県　16日：北海道　17日：神奈川県　18日：宮城県 23日：岐阜県　24日：兵庫県　26日：福岡県　27日：富山県 31日：佐賀県
	2月	1日：山口県　7日：京都府・宮崎県　21日：滋賀県 24日：広島県　25日：山形県　27日：奈良県　28日：徳島県・大分県
	3月	1日：山梨県・大阪府　2日：長野県・熊本県　3日：愛媛県
	4月	4日：愛知県　13日：群馬県
	6月	26日：三重県
	8月	1日：高知県
1951	3月	23日：長崎県

（注）和歌山県のみ原典なし（1950年に制定されたことは確認）
（出典）各都道府県の発行する『公報』『教育法令集』『学校関係法令集』等をもとに筆者作成

　第一に，施行細則（教育職員免許状に関する規則）については，1949年に11都県，1950年に34道府県，1951年に1県が制定しており，その名称については「教育職員免許状に関する規則」「教育職員の免許状に関する規則」「教育職員免許に関する規則」が多数を占めており，その他に「教育職員免許状に関する施行細則」「教育職員免許法施行細則」「教育職員免許法等施行細則」も用いられていた。そして，多くの都道府県が教育委員会規則と都道府県規則を同一に制定していたのに対し，静岡県・愛知県・大阪府・和歌山県では教育委員会による免許状授与（国公立学校教員対象）と知事による免許状授与（私立学校教員対象）を区分して細則を制定していた。ただし，教育委員会規則は「その性質，効力等において，長の制定する規則と全く同等のもの」とされたため[21]，都道府県規則の規定内容と類似していた。

　さらに，免許法と同法施行法は異なる性質の法律であるにもかかわらず，「教育職員免許法令施行細則」「教育職員免許法教育職員免許法施行法施行細則」「教育職員免許法並びに教育職員免許法施行法施行細則」「教育職員免許法並びに同施行法施行細則」として，教育委員会レベルでは同一の規則において規定されていた事例も散見された。

　第二に，同細則の規定内容について概観すると，①免許状の一般的事項（免許状に関する公告，免許状の書換・再交付，免許状の失効・返還・取上げ命令），②教育職員検定の出願書類，③教育職員検定の手続（免許状の検定審査委員会，審査に関する規則制定，書類の経由・副申，免許状不授与者・検定不合格者への通知），④免許状の取上げ処分の審査（審査請求書の提出・審査・不備，審査請求の棄却，調査の手続，口頭審理の通知・手続・日時変更，傍聴者数の制限・退席・審理中止，代理人の選任，証人の請求・宣誓，判定の通知，説明書の返還，審査の費用，授与権者の処分説明撤回・修正の通知）について規定されていた。ただし，これらの規定内容や条名については極めて類似性が高く，都道府県ごとに大きな違いがみられなかった。

3．免許検定事務における規格化と連絡協議会の全国的展開

　国公立学校の校長・教員ならびに教育長・指導主事の免許状に関する事項は都道府県教育委員会の専管事務であるが（教育委員会法第50条１号），市町村教育委員会もこれらの免許状授与に関する間接的な責任を負っていた。すなわち，所轄庁として，①免許状の授与または教育職員検定を受けようとする者から請求があった場合「その者の人物，学力，実務及び身体に関する証明書」を発行すること（免許法第７条），②教育職員が欠格事由[22]に該当すると認めた場合「その旨を学校又は教育委員会の所在する都道府県の授与権者に通知」すること（同第14条），③教育職員が情状の重い非行者・懲戒免職処分者に該当する場合，免許状取上げ処分について通知すること（同第11条）が義務づけられていた。特に，免許状の授与および教育職員検定において規定に違反した場合や，虚偽または不正の事実に基づいて行われた場合については「１年以下の懲役又は３万円以下の罰金に処する」こととされていた（同第21条）。そのため，各都道府県教育委員会においては免許法等の趣旨・規定内容を正確に理解し，厳密に教育職員検定を行うために，以下のような免許検定事務の担当者を対象とした会議行政が全国的に展開された。

　第一に，文部省主催による地方ブロックごとの免許事務連絡協議会が開催

され，免許法等の解釈や免許検定事務における授与基準の設定について，都道府県が相互に連携して研究することが期待された（**表２参照**）。すなわち，各都道府県は地方ブロックに振り分けられ，北海道・東北地方（新潟県は1952年まで東北地方として参加），関東・甲信静地方，中部地方，近畿地方，中国・四国地方，九州地方のそれぞれで免許事務連絡協議会が開催された。

表２　地方ブロックにおける免許事務連絡協議会の開催状況

年度	日程・地方ブロック・会場
1949	11月16-18日：近畿・中国・四国地方（京都府）　11月21-23日：西日本（大分県） 12月8-9日：近畿地方（京都府）　12月16-17日：九州地方（福岡県） 12月21-22日：近畿地方（大阪府）　不明：中国地方（山口県）
1950	4月26-27日：近畿地方（兵庫県）
1951	4月16-17日：九州地方（鹿児島県）　5月26-27日：中国地方（鳥取県） 6月28-29日：中国地方（岡山県）　8月23-24日：四国地方（愛媛県） 9月6-9日：北海道・東北地方（北海道）
1952	1月24日：四国地方（高知県）　2月中旬：東北地方（不明） 5月29日：四国地方（香川県）　6月5-6日：近畿地方（不明） 6月12-13日：中国・四国地方（岡山県）　9月4-5日：中国・四国地方（徳島県） 11月13-14日：中国・四国地方（広島県）　12月24日：中国・四国地方（愛媛県）
1953	2月26-27日：中国・四国地方（山口県）　5月下旬：北海道・東北地方（不明） 5月下旬：関東・甲信静地方（栃木県）　7月3-5日：北海道・東北地方（北海道） 8月27-28日：中国・四国地方（高知県） 11月11-14日：北海道・東北地方（宮城県）
1954	1月20-21日：中国地方（島根県）　6月21-22日：1都10県（新潟県） 7月1-2日：中国・四国地方（香川県）　7月下旬：北海道・東北地方（福島県） 11月26-27日：中・四国地方（鳥取県）

（出典）各都道府県教育委員会の発行する『教育年報』『教育委員会月報』『教育月報』『学校関係法令集』等をもとに筆者作成

　当初，免許法等の施行直後から２年間は，文部省側からの「各県毎に単位の基準が異ることは法の趣旨に反する，少なくとも地方ブロックぐらいは同一基準で行うべきである」という指導を受け[23]，教育委員会規則に関する比較検討・審議，免許検定事務機構・出願書類に関する研究協議が行われていた。ところが，1950年には都道府県教育委員会の主催する免許法認定講習について，受講者の経済的・地理的・時間的制約や既得権益の保護をめぐって，日本教職員組合の働きかけによる免許法認定講習の受講拒否闘争（以下「拒否闘争」と略す）が次第に顕在化し始めた[24]。これを受けて，上記の連絡協

議会では，改正免許法等に関する趣旨伝達や，具体的な免許検定事務に関する確認作業が行われるようになった。

　第二に，上記のような背景から，1951年度以降は文部省主催による全国免許事務担当者会議が毎年開催されるようになり，各都道府県教育委員会の免許検定事務担当者が一堂に会して連絡・協議が行われるようになった。

　第1回会議は，1951年12月20日から21日にかけて文部省で開催され，免許法等の解釈や免許検定事務の処理方法について協議が行われた[25]。その席上で文部省の稲田清助（大学学術局長）は，免許法の根幹を変えることなく改正を進めていくことを確認した[26]。第2回会議は，1952年12月5日から6日にかけて兵庫県城崎町で開催され，市町村教育委員会の設置直後のため，教育長免許状に関する授与基準の協議や，免許法等改正に関する要望の集約に多くの時間があてられた[27]。第3回会議は，1953年10月5日から7日にかけて佐賀県武雄町で開催され，改正免許法等の逐条解説・質疑応答の後に，今後の全面的な法改正に向けた研究協議が6つの分科会ごとに行われ，免許検定事務担当者の意見をとり入れるよう措置する方針が示された[28]。第4回会議は，1954年11月6日から8日にかけて北海道弟子屈町で開催され，文部省の諸沢正道（教職員養成課課長補佐）・橋本真（文部事務官）に加えて，各都道府県から100名前後の関係者が参加し，改正法令の趣旨伝達・質疑応答，免許検定事務担当者からの要望事項に基づく協議が行われた[29]。

　第三に，都道府県教育委員会主催による地方教育出張所ごとの免許事務連絡会が開催され，免許法等の趣旨に関する啓蒙・徹底や，教育職員検定の出願に関する指導の機会が設けられた。例えば，鳥取県においては県内4地区（鳥取市・倉吉町・米子市・根雨町）を会場として年2回の免許事務連絡会が開催されており，1952年度は6月16日から19日にかけて「本県に免許状出願の際の単位制約科目と単位数に関する解説」，12月9日から12日にかけて「教育長，指導主事，校長免許状出願の問題」「地方教委設置に伴う各種証明書の発行権限の変更」を主要議題として行われた[30]。翌1953年度には県内5地区（由良町を追加）に会場が増設され，4月27日から30日にかけて「教育職員免許状授与規則の解説説明」，5月1日から4日にかけて「発行免許状

の調査」，9月22日から26日にかけて「免許法，施行法の一部改正に関する概略と問題点」「上級免許状の取得方法について改正法施行後の計画変更」「単位修得試験の概要と受験手続」を主要議題として行われ，2月17日から20日にかけては免許検定事務に関する個別相談会も実施された[31]。

　このようなことから，免許検定事務に関する会議行政について，当初は地方ブロックごとに教育委員会規則の研究協議が行われていたが，日本教職員組合による拒否闘争の全国的展開を契機として，文部省から各都道府県教育委員会の免許検定事務担当者への伝達方式が主となった。

4．都道府県教育委員会における免許検定事務の運用過程

⑴　教育職員検定における免許検定事務の手続

　当時の教育委員会事務局で行われた事務内容は大まかに，会議に関する事務，実施に関する事務，報告に関する事務，渉外事務，事務局を管理するための事務に分類された[32]。特に，教育職員免許状の検定・授与に関する事務は学校教育課・管理課・総務部管理課・学校教育部教職員課・指導部学事課等が，免許法認定講習および修得単位認定等は指導課・学校教育課・指導部研修課・学校教育部指導課・指導部研修課等がそれぞれ担当した[33]。

　免許検定事務については，①願書の受理・受付（願書の受理，受付簿登載，願書添付書類の整備・検討，返戻・再調査・登載），②裁定（裁定票の記入作製，願書への添付），③検定（証明書の査定・判定，授与），④決裁，⑤原簿（原簿の作製と整備保存），⑥免許状の清書，⑦免許状の発行（受付処理簿への要項登載，願書・証明書等の整備保存，免許状発行），⑧広告（不合格通知，県報登載手続），⑨公簿の整理保管，⑩免許状に関係する各種証明書の発行といった一連の事務手続によって行われる[34]。

　例えば，青森県においては，申請者の申請に基づき受付（係員1名・主事1名）が原簿を作成し，予審係（係員3名）が各種免許状について照合する。そして，確認係（専門主事2名）が確認を行い，検定審査会（審査委員10名）による審査（人物・実務・身体・学力）を経て，合格した者については

課長・教育長の決裁を経て，当該免許状が授与されていた[35]。ただし，出願書類や所要資格に不備があった場合には不合格とされ，申請者に返戻された後に同様の事務手続により再度検定が行われていた。その場合の担当職員については，1949年度当初は専門主事2名・事務補佐3名の体制であったが，「出願書類の不備のために返送をしなければならない願書，それに戦災と火災により旧免許状の授与原簿を焼失したため簡単に事務を進められなかった」ことから，1950年度以降は専門主事2名・事務補佐5名の体制となった[36]。

(2) 検定書類の整備と所轄庁による証明書の発行

校長免許状については，①基礎資格，②一定年数以上「良好な成績」での勤務経験，③大学（文部大臣の指定する教員養成機関ならびに文部大臣の認定する講習および通信教育の開設者を含む）において修得したものと認められる最低単位数をもとに，旧制学校から継続して勤務する校長の資格切替と，現職校長・校長候補者の資格上進といった二つの教育職員検定が行われた（免許法別表7）。そのため，受検者は種目ごとに，①願書（教育職員検定願等），②個人調書（履歴書，宣誓書・誓約書等），③基礎資格に関する証明書（教育職員免許状原簿，教育職員免許状原簿補助簿等），④学修状況に関する証明書（単位修得証明書，免許状授与証明書，卒業証明書，学業成績証明書等），⑤所轄庁による証明書（人物に関する証明書，実務に関する証明書・実務成績証明書，身体に関する証明書・身体検査書等）の提出が求められた。

これらの出願書類のうち，「願書」「個人調書」「基礎資格に関する証明書」「学修状況に関する証明書」「実務に関する証明書」「身体に関する証明書」についてはすべての都道府県で提出が必須とされており，「人物に関する証明書」も千葉県・愛媛県・高知県を除いて提出が求められていた[37]。このように，提出書類の種類については各都道府県の類似性は極めて高かった。

一方，所轄庁としては人物および実務に関する証明書の作成（「身体に関する証明書」については医療機関）が義務づけられた。これらは所轄庁が「勤務先から資料をとり，これによつて行う」こととされ，また面接等による方法も採用されていた[38]。免許検定事務開始当初の1950年には，あらかじ

め項目を定めて３段階・５段階の数値により評定する府県も一部みられた[39]。

表３　所轄庁による証明書の評定項目例

人物に関する証明書	実務に関する証明書
【人格】 ・高潔なる人格を有し申分ない（岡山県・山口県） ・思想：極めて健実である（岡山県） ・言語明瞭で歯切れよく上品で申分ない（岡山県） ・常に楽しそうで活発である他人も愉快にする（青森県） ・極めて明朗である（岡山県・山口県） ・社会問題に対して積極的に研究批判し敏活に行動する（青森県） ・多趣味であって深い（青森県） 【情意】 ・多くの意見や考え行為が独創的で新鮮味がある（青森県） ・独創性が豊富（山口県） ・常に確信をもって自若として事を処理する（青森県・新潟県・京都府） ・常に適当の調和を保持す批判的にすぎず（人を刺激しない）又敏感すぎもしない（青森県・京都府） ・部下又は同僚は彼を信頼し有力な指導者又は協力者として尊敬する（青森県・新潟県・京都府） ・極めて協調性に富み同僚から慕われている（岡山県） ・忠実で極めて責任感が強い（岡山県・山口県） ・精励恪勤極めて熱心である（岡山県・山口県） ・積極的で極めて熱心である（岡山県） ・応接態度：申分なし（岡山県） ・極めて端正で礼儀正しい（山口県）	【能力】 ・よく理解し応用能力極めて優秀（岡山県・山口県） ・極めて優秀な判断力を有する（岡山県・山口県） ・非常によく物事（仕事）を組織し常に仕事が円滑に行われている（青森県・新潟県・京都府） ・最善の努力で極めて短時日の間に完成する（山口県） ・その地位に対して十分に訓練されている（青森県・新潟県・京都府） 【職務遂行】 ・常によく研究し充分な指導性をもっている（青森県） ・次の事項（事例　　　　）について研究しその成果をあげている（新潟県） ・自主的にかつ積極的に研究する（京都府） ・研究力旺盛にして極めて優秀な計画力を有し実行力にとむ（岡山県） ・協力を得て巧に指導監督する能力がある（山口県） ・極めて教育精神に徹し申分がない（岡山県） ・社会に対し教育力を浸透させ信頼を受けている（新潟県） ・秩序正しく書類は完全である（岡山県） 【勤務状況】 ・欠席遅刻等ほとんどなく極めて熱心に勤務する（京都府） ・常に責任は完全に果し監督の必要は少しもない（京都府） ・自ら仕事を求めすべてに極めて熱心である（京都府） ・能率：正確迅速にことを処理する（京都府）

（注）「人物に関する証明書」については青森県・新潟県・山口県が３段階評定，京都府・岡山県が５段階評定であり，「実務に関する証明書」についてはすべて５段階評定
（出典）注39における史料をもとに筆者作成

　すなわち，「人物に関する証明書」では，品格・思想・言動・明朗性・関心といった人格と，創造性・独立性・自信・調和性・協力性・責任感・勤

勉・熱意・応接態度といった情意に関する評定が行われた。一方,「実務に関する証明書」では,応用力・判断力・円滑さ・効率性といった能力と,研究・教育指導・対社会関係・書類整備といった職務遂行と,遅刻欠席・責任感・熱意・能率といった勤務状況に関する評定が行われた（**表3参照**）。

しかし,前述の拒否闘争が全国的に拡大すると,現職教員に対する既得権益の保護や免許検定事務における恣意的な運用の防止が争点となり,会議行政を通じて規格化がなされた。そのため,1951年度以降は所轄庁による証明書は簡略化されるとともに,自治体によっては手引が刊行され[40],客観的な検定項目として教職経験年数および修得単位数が用いられるようになった。

5. 総括

本稿では,旧教育委員会法下における校長免許状の授与基準について,都道府県レベルの文書史料をもとに運用過程を明らかにしてきた。そのため,以上の分析と考察を通して,次の諸点が明らかにできたと考える。

まず,免許法等における資格要件に関する大綱的な規定を受けて,免許状授与のための具体的な手続・過程については,教育委員会の規則制定権に基づく施行細則（教育職員免許状に関する規則）によって定められることとなった（免許法第20条）。この施行細則は全都道府県で制定されており,その多くが教育委員会規則と都道府県規則を同一のものとして制定していた（静岡県・愛知県・大阪府・和歌山県を除く）。

このことについて,本来であれば教育行政の地方分権,民主化,自主性の確保という基本理念の下で,戦後の教育職員免許状の授与権者は都道府県教育委員会（国公立学校教員対象）または知事（私立学校教員対象）に指定されていた。しかし,免許状授与に関する規定内容や条名については極めて類似性が高く,都道府県ごとに大きな違いがみられなかったことから,地方教育行政における主体性は欠如していると言わざるを得ない状況であった。

それは,文部省から都道府県教育委員会に対して,免許法等の趣旨や免許検定事務の処理方法に関する会議行政を通じた規格化がなされたからであっ

た。すなわち，免許法等が施行された1949年以降，地方ブロックごとに免許事務連絡協議会が開催されるようになり，そこで施行細則の規定や免許検定事務の運用方式に関する研究討議が行われていた。ところが，1950年の日本教職員組合による拒否闘争を契機として，教育行政の「中央－地方」関係においては法令の趣旨および事務処理内容に関して，垂直的な伝達方式がとられるようになった。このような動きは，他の種類・区分の教員免許状の検定事務に関する規格化にもみられ，免許法認定講習の開設主体（各大学・都道府県教育委員会）に対する単位認定方式の規格化とも軌を一にしていた[41]。

　さらに，都道府県教育委員会における教育職員検定の運用過程についても規格化がみられた。すなわち，所轄庁による証明書（人物・実務）の提出をめぐって，1950年度の免許検定事務開始当初は面接等による調書の作成や，3段階・5段階の数値評定を行う府県もみられ，地方レベルで一定程度の主体的な運用がみられた。しかし，現職教員に対する既得権益の保護や免許検定事務における恣意的な運用の防止が争点となり，出願の際の証明書についても会議行政を通じて規格化がなされていった。そのため，次第に教職経験年数および修得単位数が客観的な検定項目として扱われるようになり，以後の校長免許状制度の廃止にともなう任用資格制度の下ではみられなくなった。

　従来の研究では，戦後日米政府レベルの文書や法令の制定過程における各アクターの動態をもとに，教育行政の「中央－地方」関係における非権力的な指導機能に基づく中央統制・規格化のしくみが明らかにされてきた。とりわけ，1952年の教育委員会法改正により，「教育委員会が国の機関として処理する行政事務」（第55条2項）について文部省による教育委員会の指揮監督権が規定されたことが契機とされている[42]。これに対して，本稿の分析対象である校長免許状の授与基準については，1950年の時点で会議行政を通じた規格化が図られ，翌年の免許検定事務においては機能的な集権化がみられるようになった一連の実態が浮き彫りになった。今後は，戦後初期日本において校長免許状を授与された現職校長・候補者がその後どのように都道府県内において位置づけられていたのか，人事行政も合わせて分析することによって，養成課程認可→教育職員検定→任用基準設定における教育行政の

「中央－地方」関係構造について明らかにすることが課題である。

（岐阜大学）

〈註〉

(1)　当初は校長資格・養成制度が未整備であったことから，経過的措置として旧制学校長の再教育のための「校長（園長）認定講習会」が実施され，受講者には講習修了証書が交付されていた（文部次官通達「小学校，新制中学校及び幼稚園教員認定講習会実施基準に関する件」1947年6月18日：発学245号）。

(2)　その場合の基礎資格として，①「教育評価（精神検査を含む）」または「学校教育の指導及び管理（学校衛生を含む）」から3単位以上，②「教育行政学（教育法規，学校財政及び学校建築を含む）」から3単位以上，③「教育社会学及び社会教育」から3単位以上の履修がそれぞれ求められた。ただし，旧制学校長の既得権益を保護するために，①施行時点における現職校長，②教育職員として3年以上の勤務経験をもつ者に対して，暫定資格としての仮免許状が授与された。

(3)　例えば，IFELに関する研究を通して言及したものとして，高橋寛人「免許制度の歴史と課題および大学院における養成の可能性」小島弘道編『校長の資格・養成と大学院の役割』東信堂，2004年，41頁や，高橋寛人「戦後日本における免許・資格制度の設置と廃止をめぐる問題から」『教育制度学研究』第2号，1995年，106頁がある。一方，校長職の法的地位に関する研究を通して言及したものとして，元兼正浩「制度としての校長の地位の変遷」牛渡淳・元兼正浩編『専門職としての校長の力量形成』花書院，2016年，21頁がある。

(4)　東京大学では文学部教育学科の改組により，北海道大学・京都大学・九州大学では文学部教育学講座の拡充，東北大学・名古屋大学では師範学校の包括により教育学部が設置されたが，大阪大学については教育学部が設置されなかった。

(5)　例えば，長野県における教職科目の1952年度単位修得状況（小学校・中学校・高等学校）については，大学への現職派遣による校長免許状の取得が一級・二級ともに0％であったのに対して，免許法認定講習については一級54.9％・二級81.7％，すでに受講した再教育施策等の単位追認については一級38.2％・二級14.6％であった（長野県教育委員会編『昭和二十七年度　長野県教育年報』長野県教育委員会，1954年，332-341頁（県立長野図書館所蔵））。

(6)　小学校の教員については1890年の「小学校教員検定等ニ関スル規則」によって，中学校以上の教員については1900年の「教員免許令」によって規定された。

(7)　教育委員の第1回選挙は1948年10月5日に実施され，教育委員会は11月1日

に発足（都道府県・五大市のみ）した。ただし，市町村教育委員会については，1950年までが設置期限であったため，同年設置されたのは40程度にとどまっていた（文部省調査普及局「教育委員会月報」第1巻第1号（昭和24年7月号），文部省地方連絡課，1949年，16-17頁）。

(8) 国立教育研究所編『教育政策Ⅰ』「日本近代教育百年史」第1巻，教育研究振興会，1974年，1033-1053頁。海後宗臣編『教育改革』「戦後日本の教育改革」第1巻，東京大学出版会，1975年，349-412頁。尾形利雄「戦後の教育行政制度改革に関する一考察　－教育委員会法の成立過程を中心として－」『上智大学教育学・心理学論集』第2号，1968年，19-66頁。

(9) 樋口修資『教育委員会制度変容過程の政治力学　－戦後初期教育委員会制度史の研究－』明星大学出版部，2011年。

(10) 荻原克男『戦後日本の教育行政構造　－その形成過程－』勁草書房，2006年。

(11) 大畠菜穂子「教育委員会と教育長の権限関係をめぐる立法過程　－1949・50年の教育委員会法一部改正法案を中心に－」『日本教育行政学会年報』第38号，2012年，82-98頁。大畠菜穂子『戦後日本の教育委員会　－指揮監督権はどこにあったのか』勁草書房，2015年。

(12) 篠原清昭「教育委員会の規則制定権　－教育委員会規則の法社会学－」『日本教育行政学会年報』第10号，1984年，213-226頁。

(13) 教育委員会規則における校長職の職務権限の規定状況については，橋本力「校長職に関する法的規定の実態とその問題点」『東北大学教育学部年報』第5号，1958年，106-133頁。

(14) 調査統計に関する事務については，宮澤孝子「戦後改革期における教育行政組織の設置目的と機能に関する研究　－文部省調査普及局と教育委員会調査統計課に着目して－」『教育制度学研究』第23号，2016年，76-93頁。

(15) 市川喜崇『日本の中央－地方関係　－現代型集権体制の起源と福祉国家－』法律文化社，2012年，64頁。

(16) 吉田一郎・角田禮次郎・茂串俊他・工藤敦夫・大森政輔・津野修・秋山収・阪田雅裕・宮崎礼壹編『法令用語辞典［第9次改訂版］』学陽書房，2009年，126・390・670頁。

(17) 戦後教員資格・養成制度の動態を都道府県レベルの文書史料から解明したものとして，佐藤幹男『戦後教育改革期における現職研修の成立過程』「学術叢書」学術出版会，2013年，および碓井による次に示す一連の研究があげられる。碓井岑夫「教育方法史覚書　－戦後初期の基本文書を中心に－」『鹿児島大学教育学部研究紀要（人文・社会科学編）』第28号，1976年，117-138頁。同上「教育方

法史覚書（Ⅱ）」第29号，1977年，41-60頁。同上「教育方法史覚書（Ⅲ）」第32号，1980年，139-158頁。同上「教育方法史覚書（Ⅳ）」第35号，1983年，371-396頁。

⒅ 法令用語研究会編『有斐閣法律用語辞典』第4版，有斐閣，2012年，187-188頁。

⒆ 教育法令研究会『教育委員会　－理論と運営－』時事通信社，1949年，148-149頁。

⒇ 教育委員会については設置当初から課題が多くみられ，清瀬一郎文部大臣の下で制度改革の検討が進められた。第24回国会における可決を経て，1956年10月1日に「地方教育行政の組織及び運営に関する法律」が施行されると，教育委員の選任方法については公選制から任命制に改められた。

㉑ 北岡健二『教育委員会法逐条解説』学陽書房，1952年，186-196頁。

㉒ この場合，禁治産者・準禁治産者，禁錮以上の刑に処せられた者，政府を暴力で破壊することを主張する政党その他の団体を結成・加入した者が該当した。

㉓ 青森県教育委員会編『青森県教育時報』第1号（昭和25年7月号），青森県教育委員会，1950年，23頁（青森県立図書館所蔵）。

㉔ 千葉県教職員組合「週刊房総教育　THE BOSO-KYOIKU」第158号（昭和25年7月17日発行），千葉県教職員組合，1950年（千葉県立中央図書館所蔵）。1950年7月13日の時点で不参加を決定したのは山形県・福島県・富山県・石川県・愛知県・鳥取県・岡山県・広島県・山口県・香川県・愛媛県・高知県・鹿児島県の13県にも及んだ。

㉕ 愛媛県教育委員会事務局調査課編『愛媛教育年鑑1952』愛媛県教育委員会，1952年，6頁（松山市立中央図書館所蔵）。

㉖ 新潟県教育委員会編『新潟県教育要覧1952』新潟県教育委員会事務局調査統計課，1952年，70-71頁（新潟県立図書館所蔵）。

㉗ 神奈川県教育委員会編『神奈川県教育概要　昭和27年度』神奈川県教育委員会，1953年，76-77頁（横浜市立中央図書館所蔵）。

㉘ 鳥取県教育委員会指導調査課編『鳥取県教育要覧　昭和二十九年度』鳥取県教育委員会指導調査課，1954年，30-32頁（鳥取県立図書館所蔵）。

㉙ 前掲注26，『新潟県教育要覧1955』1955年，94-95頁（新潟県立図書館所蔵）。

㉚ 前掲注28，『昭和28年度　鳥取県教育要覧』1953年，14-16頁（鳥取県立図書館所蔵）。

㉛ 前掲注28，30-32頁。

㉜ 教育行政研究会編『教育委員会制度』「教育行政全書」第3巻，日光書院，

1949年，79-93頁。

⑶ 文部省調査局長通達「教育委員会事務局分課試案」（1948年10月23日：発達130号）。

⑶ 埼玉県教育委員会調査研究課編『埼玉県教育要覧1951年』埼玉県教育委員会，1952年，39頁（埼玉県立熊谷図書館所蔵）。

⑶ 青森県教育委員会事務局調査課編『青森県教育要覧　昭和二十四年度版』青森県教育委員会，1950年，50頁（岩手県立図書館所蔵）。

⑶ 同上，48-49頁。1949年度末の時点で，2万件を超える願書の提出があり，1951年の省令改正により申請数こそ停滞したものの，同県においても1951年11月30日の時点で23,959名の現職教員に対して免許状が授与された。

⑶ その他に，青森県・宮城県・茨城県・兵庫県では「戸籍謄本」の，長野県・三重県・京都府・徳島県では「手数料納入・保管証書」の提出が求められた。

⑶ 玖村敏雄『教育職員免許法同法施行法解説　付録関係法令集録』「法律篇」学芸図書，1949年，238頁。

⑶ 青森県教育委員会事務局編『自昭和二十三年十一月一日　至昭和二十五年二月二十八日　青森県教育委員会例規集』青森県教育委員会，1950年，32-33頁（青森県立図書館所蔵）。新潟県『新潟県報』第1号（昭和25年1月6日），新潟県，1950年，30-31頁（新潟県立図書館所蔵）。京都府『京都府公報』号外（昭和25年2月7日），京都府，1950年，4-5頁（京都府立京都学・歴彩館所蔵）。岡山県教育委員会事務局総務課編『岡山県教育委員会関係例規集』第1集「条例，規則，訓令，告示の部」岡山県教育委員会，1950年，73-74頁（岡山県立図書館所蔵）。山口県『山口県報』号外（昭和25年2月1日），山口県，1950年，10-11頁（山口県立山口図書館所蔵）。

⑷ 吉久繁一編『昭和28年10月改正教育職員免許法令集（附・上級免許状取得の手引)』広島県教職員組合事業部，1953年（広島県立図書館所蔵）。

⑷ 日本教育大学協会答申および第6回IFEL公開講座班の研究集録等に基づき，文部省により「免許法認定講習実施基準」が策定された（近代日本教育制度史料編纂会編『近代日本教育制度史料』第25巻，大日本雄弁会講談社，1958年，156-157頁）。

⑷ 前掲注10，150-172頁。

【付記】本稿は，JSPS科学研究費補助金・若手研究「戦後初期日本における校長免許状取得のための現職研修制度に関する研究」（2019〜2021年度：19K14060）および基盤研究（C）「校長候補者を対象とした現職教育制度

における学修単位認定の史的検討」（2022〜2025年度：22K02229）の助成
による研究成果の一部である。

The Criteria for Issuing a Principal's License under the Board of Education Law —Establishment of Exam Standards and Licensing Administration According to Enforcement Regulations and the Liaison Council—

Masayuki Akutagawa, *Gifu University*

This paper focuses on early postwar Japan (1949–1954), when the Civil Information and Educational Section was leading school principal training, to clarify the administrative process regarding the criteria for issuing a principal's license at prefectural Board of Education Secretariats.

After World War II, the Education Personnel Certification Act came into effect in 1949, establishing requirements for obtaining a principal's license. That is, the criteria for the teaching certification exam (for principals) were conducted on the basis of (1) basic qualifications, (2) a certain number of years of service, and (3) the number of credits earned through in-service education. Therefore, candidates were required to submit documents (application form, personal statement, and certificates of basic qualification and academic status) for each license category, and the responsible authorities were also required to submit personal references and work references.

The Prefectural Boards of Education, established under the Board of Education Law of 1948, oversaw the licensing administration, and the specific procedures were to be determined by Board of Education regulations. However, there was no significant difference in the regulations among prefectures, which means that local educational administrations were not proactive. This was because the Ministry of Education standardized the purpose of the law and regulations and administrative procedures for prefectural Boards of Education through an "administrative liaison council on licensing". In particular, command hierarchies were adopted in the wake of the struggle by the Japan Teachers' Union who refused to attend accredited training courses in 1950.

The same was also true for the teaching certification exams. There was a certain degree of proactive administration at the local level in 1950 with regard to the submission of certificates by the responsible authorities. However, nationwide points of controversy emerged regarding the protection of vested interests for in-service teachers and the prevention of arbitrary administration of the certification exam. For this reason, through the above-mentioned council, the number of years of service and the number of credits earned became objective criteria for assessment.

Previous studies have revealed the centralized control mechanism based on the non-authoritarian leadership function in the "Central-Local" relationship within the educational administration. These studies saw the revision of the Board of Education Law in 1952 as a trigger for the provision of the authority of the Ministry of Education to direct and supervise the Board of Education with respect to government agency proxy administration. In contrast, with respect to the criteria for issuing a principal's license, which are the subject of this paper's analysis, we found that standardization through councils was achieved in 1950 and that functional centralization was observed in the administration of the certification exam in 1951.

Key Words

Board of Education Secretariat, Principal's license, Board of Education Law, Rule-making authority, Teaching certification exam

琉球政府期沖縄における
校内研修体制の構築

—1950年代の沖縄教職員会による体系整備の萌芽—

松田　香南

1．はじめに

　本稿の目的は，琉球政府期沖縄で校内研修の体制が構築されはじめる萌芽期として1950年代に着目し，そこでの沖縄教職員会（以下，教職員会ともいう）による研修体系の整備過程と特徴を明らかにすることである。

　教員の学びにとっての校内研修の重要性は広く認識されてきたことであり，これまでも膨大な実践と研究の蓄積が続けられてきた[1]。中留武昭によれば，各学校の研修は戦前から存在したものの，「校内研修」という用語が確立したのは1960年代以降であった[2]。これは，文部省による集権化志向の行政研修と，日教組による民主化志向の自主研修との間に生じた対立を均衡化するために，文部省が学校経営の機能・役割の強化を図り，校内研修を教育委員会の指導のもと進めるようになったことを背景としている[3]。学校の経営・管理強化の方針は，1956年の地方教育行政の組織及び運営に関する法律（以下，地教行法）制定以降に顕著な流れであり，教育委員会と教職員組合，学校や校長をめぐる関係性に大きな転換をもたらしたとされる[4]。

　このように，地教行法制定以降の流れを受けた「校内研修」の確立は，文部省が戦略的に行政研修の体系に取り込むかたちで行ったことが明らかとなっており，現在も根強く見られる，校内研修を行政研修の末端に位置づける捉え方と深く関わる歴史事象となっている。しかし，教育行政機関と学校や教職員組合等との関係性には，地域ごとの特色があるが故に，日本全土で

文部省の戦略に沿った体制構築がなされたわけではなく，地域によって独自の校内研修の確立過程が存在していたと考えられる。

　本稿で取り上げる沖縄県は，日本で「校内研修」が確立したとされる時期を含む，戦後1972年に至るまで米軍の占領下にあり，地教行法が適用された日本とは全く異なる行政の組織体制がつくられていた。そのうち，1952-72年は琉球政府期と呼ばれ，教育行政は米国占領軍のもと，琉球政府の文教局が担った[5]。しかし，実態として，当時は沖縄教職員会[6]という団体が教育界で多大な影響力を持っており，とくに1950年代は，琉球政府と教職員会が一体的に活動していた[7]。教員の研修をめぐっても，教育研究大会（以下，教研大会）の開催等を通じて多大な影響を及ぼしたことが考えられる。

　教職員会については，これまで浅野誠，奥平一，櫻澤誠，戸邉秀明，藤澤健一らの研究により，教職員会の組織や活動の実態が様々明らかとなっている[8]。しかし，校内研修と教職員会との関係に着目した研究はなされておらず，そもそも，占領期沖縄の校内研修を扱った研究自体，管見の限り見当たらない。よって本稿では，沖縄県で校内研修の体制が構築され始める1950年代に着目し，その整備過程と特徴を明らかにする。そのために，まず第2章では，教研大会の関連資料や教職員会関係者の回顧録，教職員会機関誌『沖縄教育』を中心に用いて，教研大会の各学校の研修に対する影響を検討する。第3章では，教研大会で報告された1950年代の沖縄の研修状況調査資料を用いて，沖縄県における校内研修体制構築の特徴を分析していくこととする。

2．沖縄教職員会による教研大会開催と学校への影響

　沖縄教職員会は1952年に結成された[9]。当時は，労働組合でなく法規上は社団法人で，職能団体的組織であり，幼稚園から大学，校長から事務員までのすべての教職員や，文教行政の関係者までが加入する団体であった[10]。その教職員会が主催する教研大会は，「戦前戦後を通じて，これだけの組織力をもって，全教師の自主的な努力によって，民主的に積み上げられた教育者の事業は，ほかにはなかった」[11]とされており，各学校の研修にも多大な影響力を持ったことが考えられる。以下では，教研大会の開催過程を追いなが

ら，各学校における研修との関係を捉え，その整備方針を明らかにする。

⑴　第1回教研大会へ向けた研究態勢の確立

　教職員会結成2年後の1954年度から，教職員会主導の教研大会が始動した。ここに至るまでは，初代教職員会会長の屋良朝苗が「教研集会を持つことを目標において，…本土における教研大会の運営のあり方やその具体的内容を研究し，資料をとりよせては構想をねっていた」⑿と述べており，沖縄の教研大会が日本本土の日教組による大会を倣って構想されたことがわかる。

　そして，教研大会のねらいとしては，次の2点が掲げられた。すなわち，①教研大会を「全教職員の共同の努力を基礎にして，文教局，地区教育指導者，琉大教員を加えて，沖縄教育関係者の協力の象徴とすること」，②それを「広く官民の理解と協力の結集体とし，また，各学校・各地区での自主的な研究を相互に交流させること」，である⒀。そのために，教研大会には，教職員だけでなく琉球政府の文教局，琉球大学の教員，PTA，地域住民等幅広い立場からの参加者があり，官民一体の協力体制で進められたとされる⒁。加えて，教研大会の日程は，各学校の実践を地区大会―中央大会へと持ち上げていく3段階で計画されており⒂，各学校・地区の実践を県全体で交流することが目指されていた。そして，実際に教研大会が開催されるまでは，次のような詳細の過程が踏まれた⒃。

　　五四年四月二日，教職員会定例総会において，第一次教研集会開催が決定されたのである。…研究テーマ設定委員会を持ち，ここではアンケートの結果にもとづき，全体のテーマを「学力向上の対策について」とすることに決定した。…六月十九日には各地区の責任者が集まって，前期の研究テーマについての研究計画を立てた。七月―十一月を第一期として各学校における研究態勢を確立し，十一月末―十二月の第二期には地区集会を開催，第三期は一月中旬に中央集会を行ない，それ以降を第四期として，そこで，研究成果を実践する，ということになった。

　このように，1954年の４月に第１回教研大会の開催が決定されて以後，　6
月に各地区の責任者が集まり計画が立てられ，７月には各学校で研究態勢が
確立，11〜12月には地区集会が開かれ，１月には全地区が集合した中央集会
が開催されており，立案から非常に短期間で実現したことがわかる。なかで
も特に注目されるのは，７月に教職員会主導で各学校の研究態勢が確立され
たという点である。当時は，「中央から地域に至るまで教師はすべて教職員
会会員であり，組織率はほぼ100％，校長が分会長，職員会議はそのまま教
職員会の分会という状況」[17]であったために，短期間での各学校へのアプロー
チが可能であったと推測されるが，少なくとも，この第１回教研大会開催を
契機として，各学校の研修に対する整備が進み始めたことが確認できる。

　さらに，教研大会のテーマが，アンケート結果にもとづいて決定されたと
いう過程も注目される。これに関して，発足当初から教研大会の開催に関
わった外間正栄によれば，「教研をやるということが五四年の総会で決定さ
れてすぐ，琉大，文教局，教職員会，三者揃っての『テーマ設定委員会』を
作りました。さらに各学校，各地区にアンケートを出して，そのアンケート
を集約し，各地区でも検討して貰って」テーマを決定したとされている[18]。

　このように，沖縄県における教研大会は，日本本土の大会を参考に構想さ
れ始め，官民一体の協力と，各学校・地区における自主的な研究の相互交流
を目的として立案された。実際の大会日程からは，各学校の自主的な研究を
土台に，そこでの研究成果が地区大会に集約され，さらに地区大会での研究
成果が中央大会へ持ち込まれ，全県域で交流・検討し合う仕組みがつくられ
ていた。大会の研究テーマも，各学校・地区からの意見を受けて決定されて
おり，現場の意見を汲み上げることを重視した手続きが採られていた。そし
て，このように始動した第１回教研大会の開催こそが，校内研修のあり方が
問われ始めるきっかけとなり，その整備が進みだす契機となったのである。

(2)　『第一回教研大会の手引き』による研究方針の提示

　第１回教研大会が始動し，各学校・地区が準備を始める頃，教職員会は
『第一回教育研究大会の手引き（その二）』（以下，手引きという）を発行・

配布した[19]。手引きの中では，「各分科会の研究の進め方」として，各分科会で沖縄の現状から問題点として挙げられる事例および，研究に取り組む際の焦点が示された。まず，「各分科に於ける問題点（参考事例）」では，教師の問題を扱う分科会に関して，「児童生徒の学力を向上させるために教師の研修はどのようにしたらよいか」という問題を大テーマとして掲げた上で，次の6つの観点を提案した[20]。すなわち，①教師の経済生活から（実態調査並に対策），②教師の配置状況から，③教師の構成から，④教師の研修の問題から，⑤教師の意識の問題から，⑥教師の勤務時間の問題，の6点である。この中で，教員の研修状況に関わる項目を含むのは，③及び④の観点であり，次のような具体的な調査項目が例示されている。

③教師の構成から
　ハ　教員構成と読書，研修状況はどうなつているか。
④教師の研修の問題から
　イ　図書館，学校図書館の状況及びその利用状況
　ロ　物的，時間的余裕と研修がどのようになつているか。
　ハ　研究の仕方，刺戟がどのようになつているか。
　ニ　研究グループ，講習，講演，研究会等がどのようになつているか。
　ホ　教員の免許法，単位習得法が教師の研修や教養にどのような影響を及ぼしているか。
　ヘ　以上の条件がどのような影響を及ぼしているか，又これをどう解決していくか，現状下でどの程度に克服して効果をあげているか。

　これについては，「参考例として各分科毎に問題事例のほんの二,三例をとりあげて…列記してみたわけであるが，会員はこれらの問題或はこれ以外の問題で主題の枠内にあるものについて，自由に自分に又は地域に最も切実な具体的な問題の一つを取上げ調査研究」[21]することを期待すると呼び掛けている。さらに，その際は，「研究の足場をしつかり現場において，…出来る範囲で具体的な現場の問題を示す資料，実践したことがらの分析に基いて協

同研究を進め」ることを求めた[22]。加えて，教研大会の全体テーマが，「学力向上の対策について」であることに関して，「学力を狭義に解釈した場合，研究を進めて行く上に無理に関連させて焦点がつかめなくなる様な難点も出てくると思われるので，趣旨として子供達の全人格的なものを育て，或は教育の振興をはかるためにそれを阻む実態を調査し，どの様に解決すればよいかと云う様なゆとりのある解釈」[23]で進める方が良いと提案されている。

このように，第1回教研大会へ向け，教職員会は手引きの発行を通じ，各学校・地区による研究活動の方針を示した。ただし，そこに示すのはあくまでも参考事例であり，教員や地域にとって最も切実な問題を自由に取り上げ，現場に足場をおいた調査研究を行うよう，強調して訴えたものであった。さらに，全体テーマで掲げられた「学力」の捉え方についても，子どもの全人格的な発達と教育の振興を図る，ゆとりのある解釈が求められていた。

⑶ 『沖縄教育』を通じた研究成果の波及

教職員会は，第1回教研大会開催後の1955年より，同会の機関誌である『沖縄教育』の発刊を開始した。その趣旨としては，『沖縄教育』の第1号で，当時会長の屋良朝苗より，「個人，学校，団体たるを問わず更にその研究意慾を盛（ママ）ならしめ教育活動を活発ならしめるためには，どうしても教育界に情報宣伝の機関や発表紹介，示唆交流の機関をもつことが肝要である」とし，機関誌の発行を「研究成果を局所的なものとせずに広く全島にクローズアップしていくならば，たがいに示唆交流しそれぞれの研究成果も拡大滲透し，より大きな影響力を及ぼして行くのみならず更に研究意慾を旺盛ならしめ教育界の研究水準を高めるに役立つであろう」ことが述べられた[24]。

特に，教研大会における研究成果については，「（一）教研大会の結果は新学年度の計画に早急にとり入れるために教研大会最終日に各分科会の代表から発表された結論をまとめて，結論集として発行し各学校に配ること，（二）各地区から提出された厖大な究研（ママ）資料と共に全部集録して一冊にまとめ各学校に配ること」が決められ，「教壇実践の貴重な資料として御活用願う」方針が示されていた[25]。そして，実際に『沖縄教育』の第1号から第

２号では，第１回教研大会の結論報告および研究集録の特集が組まれた。

　このように，『沖縄教育』は，教員による研修活動を県全域で共有し，研修意欲を活性化するための媒体として発行された。そして，特に教研大会の内容を結論集としてまとめ，各学校へ配布することで，その周知が図られた。このことから，『沖縄教育』は当時，教研大会の内容を沖縄全体に波及させる力を持った教育誌として位置づけられていたと言える。

　以上のように，教職員会は1954年度の教研大会を契機として，研究の態勢づくり，研究方針の提示，研究成果の波及，という３段階で各学校の研修にアプローチしていたことがわかる。ただし，校内研修の整備が進み始めたこの時点で各学校がどれほど研修体制を構築していたのかは定かでなく，大会初年度であるが故に，整備状況は地区ごとに様々であったと考えられる。

　その当時の状況を確認することができるのは，第１回教研大会の研究報告である。第１回大会は，「教育現場の教育診断として実態調査から出発」[26]したとされており，この段階では，あくまでも実態の把握に重きが置かれ，当時の各地区における様々な実状や困難が報告されている。特に，本大会の研究内容を集録した『沖縄教育』第２号では，沖縄県の教育現場における実態として，「教師の問題」が特集にあげられている。そこでは，「児童生徒の学力を向上させるために教師の研修はどのようにしたらよいか」というテーマのもと，1954年に各地区で実施された教員の研修に関する状況調査の結果が示されており，これは，1950年代の沖縄県全土にわたる教員の研修状況を示した非常に貴重な史料となっている。そこで，次章ではこの史料を用いて，当時の各地区における学校の研修状況について分析を行うこととする。

３．『沖縄教育』に見る1954年時点での学校の研修状況

　前述したように，『沖縄教育』の第２号には，1954年時点の沖縄県全地区の教員研修に関する調査結果がまとめられた。以下では，各地区の報告から，学校内での研修活動を抽出して示す。なお，教職員会は県内12地区（辺土名・名護・知念・宜野座・石川・胡差・前原・那覇・糸満・久米島・宮古・八重山）を単位団体とした連合組織である[27]。これら12地区のうち，名護地

区と石川地区では，研修状況について校内・校外の区別がつかない方法で報告がなされており，那覇地区では校内の研修が調査内容に含まれていなかった。そのため，本章では上記3地区を除く9地区を取り上げることとする。

そして，「研究問題としては，各地区共通の問題としてもちながら，研究の組織や，問題究明の角度や，深度に於いては，それぞれ地区の実状に即して，研究の独自性をもたせ，それぞれ適当な研究組織，方法がもたれ自主的に研究が進められた」[28]とされる通り，調査項目やまとめ方が地区ごとに様々であったため，以下に示す表は，各地区の報告に応じた項目となっている。

⑴　前原・宜野座・辺士名・胡差・知念地区における学校の研修状況

はじめに，沖縄県本島の北部から中部に位置する，前原・宜野座・辺士名・胡差・知念の5地区の調査結果を概観する。まず，前原地区では，地区内の学校35校・教員472人に対し「教師の各種研究会が如何なる現状にあるか」を調査し，その概略状況として【表1】に示すような結果を報告した。

【表1】前原地区における学校の研修状況

	名称	方法	頻度
前原地区	校内研修会	校内研究授業	小：約1か月1回・中：1-2か月1回・高：なし
		校内研究発表会	小：1年1-2回・中：1年1-2回・高：なし
		校内講習会	小：1年1回・中：1年1回・高：なし
		校内学年会	小：1か月2-3回・中：約2か月1回・高：1年4-5回
		校内各教科	小：約1か月1回・中：約2か月1回
		グループ研究会	高：約1か月1回
		指導主事招聘	1校平均年5-6回
		読書研修	

注：頻度は，調査校全体の平均回数である。また，薄灰色の欄で示す読書研修の頻度については，調査報告に該当の記述が見られなかった。『沖縄教育』第2号をもとに筆者作成。

【表1】に示すように，前原地区では，学校内での研修を校内研修会として，その中で校内研究授業，校内研究発表会，校内講習会，校内学年会，校内各教科グループ研究会，指導主事の招聘，読書研修，が実施されており，

1954年の時点で，校内における研修体制の整備が進んでいたことがわかる。研修の頻度に注目すると，小学校では月に4-5回と，加えて年に7-9回の研修機会があり，特に研究授業と学年会，各教科グループ研究に傾注されていた。中学校における研修は，月1-2回と年7-9回ほどで，特に研究授業に重きが置かれており，高校は月1回と年9-11回程度で，各教科グループ研究に最も重きが置かれていた状況が窺える。学年会やグループ研究など，日常的な研修会が多かったとも考えられるが，特に小学校では，非常に多くの研修会が実施されていたことがわかる。

　次に，宜野座・胡差・辺士名・知念の4地区の報告を見ていく。宜野座地区は，地区内の15校，辺士名地区は160〜170人程度の教員，知念地区は学校19校・教員275人に調査を行い，胡差地区は，調査対象の具体的数は提示していないが，当時の胡差地区の全教員数が659人であることを示した上で，【表2】に示すような調査結果を報告した。なお，宜野座地区は，アンケートへの回答数も示していたため，【表2】にもそれを反映させている。

【表2】宜野座・辺士名・胡差・知念地区における学校の研修状況

	名称	方法	頻度	備考
宜野座地区	校内研究会	グループ別研究：10校 1人1題の研究：5校	週1回：6校 月1回：7校 適宜：2校	※研修で扱う内容 教科（理論面）：7校・教壇実践：3校 その他：5校
		校内研究協議会		
辺士名地区	校内研究	研究授業	月1回	※アンケート結果に示された現場の声 「校内における研究グループは有名無実である」・「研究グループはまだつくられていないが近いうちに結成する」
		研究グループ講習，講演，研究会	週1回	
		指導主事・読書		
胡差地区		研究授業 研究発表会		※アンケート結果に示された現場の声 「独自の学校カリキュラムを作る意欲はあるが行事や雑務が多くてやれない」・「小学校は基準カリが出来ている為それを参考にして利用する」
知念地区	学校内での自己研修			※学校内での活動として，諸会合・校内巡視が報告されているが，それらと研修との関係は明記されていない。

注：薄灰色欄は調査報告に該当の記述が見られなかった。『沖縄教育』第2号をもとに筆者作成。

　【表2】によれば，各学校の研修は，校内研究会や校内研究協議会，学校内での自己研修など地区ごとに異なる名称で示されている。そして，研修方法としては，研究授業や研究発表会，グループ別研究など，【表1】に示した前原地区とも重なる方法が採用されている。

　宜野座地区では，調査対象15校のうち10校がグループ別，5校が1人1題のテーマを持ち，校内研究会に取り組んでいるとされた。校内研究会の頻度は，6校が週1回，7校が月1回，2校が適宜実施するとしている。調査対象15校における小・中・高校の割合が定かでないが，その学校段階ごとに頻度の差が生じていると推察される。その他，宜野座地区では校内研究協議会が開かれていたことも報告されているが，その詳細については記述がない[29]。

　辺士名地区においては，月1回の研究授業と，週1回グループでの研究会等があるとされた。しかし，アンケートの回答の中では，グループ別の研究会が設置されていても「有名無実である」という実態も報告されている。胡差地区のアンケート結果には，各学校におけるカリキュラム策定の難しさが報告されており，知念地区の報告からは，学校内で組織的に実施される研修の存在が確認されなかった。

　このように，各学校の研修は1954年の時点で，研究授業・研究発表会・グループ別研究・指導主事招聘など，ある程度形式が固まりつつあったと考えられるが，研修の頻度は学校の段階によって異なり[30]，また，地区によっては研修の体制整備が追い付かない実態があったと読み取れる。

⑵　**久米島・宮古・八重山地区における学校の研修状況**

　沖縄県本島の中でも，上述のような地区間の差が確認されたが，人口数や地理的な条件からさらなる困難性を有したと考えられる離島は，どのような状況にあったのか。該当する3地区として，宮古地区は教員355人，八重山地区は教員297人への調査を行い，久米島地区は，調査した具体的人数を提示していないが，全教員数がおよそ135人であることを示した上で，【表3】のような調査結果を報告した。

【表3】久米島・宮古・八重山地区における学校の研修状況

	名称	方法	頻度	内容	備考
久米島地区	校内研究会	研究授業（学年別又は隣接学年）	週又は月に定例研修日を設定	教科過程の改善（地域に即するよう）	※限界づけられた島内のため地区一円の同好会組織を持ちカリキュラムや指導法の検討に努めている。 ※地区教研部主催で近隣学校へ学校輪番に3，4人の教師が一緒に実地授業をしている。 ※本島視察は予算支出不能で未履行
		研究討論会（問題中心）			
		読書		学校教育方針の評価	
		指導主事招聘	来島者数：4人 指導日数：平均3日	指導科目：体育・国語・図工・理科	※地理的関係で中央での催しに参加できず，他地区の事情にも疎く，知名士や指導的立場の方に接する機会も少ない。
宮古地区	各学校での研修	研究授業・研究クラブ・製作教具展示会・研修読書会			
八重山地区		読書			※校内での講演会等は皆無。

注：薄灰色欄は調査報告に該当の記述が見られなかった。『沖縄教育』第2号をもとに筆者作成。

　【表3】のように，離島地区では校内の研修状況について，校内研究会や各学校での研修，という名称で示している。久米島地区の報告を見ると，やはり地理的・予算的な条件から，本島への視察や催し物の参加が困難であり，外部との交流はごく限られていた様子が確認される。他離島地区も同様の状況にあったことが想定され，特に，八重山地区の報告から確認される校内での研修活動は読書のみである。しかし，そのような状況下であっても，久米島地区や宮古地区では本島と同じく研究授業を実施しており，さらに，研究討論会や研究クラブ[31]，製作教具展示会など，独自の研究活動を展開していることがわかる。なかでも注目されるのは，久米島地区の校内研究会の実践である。その内容には，「教科過程の改善（地域に即するよう）」[32]が含まれており，「校内のみならず地区一円の同好会組織を持ちカリキュラムや指導法の検討に努めている」との報告がなされている。これは，教員が地域の特

性を理解したうえで，それに即した教育内容および方法を研究した実践である。加えて，校内研究会の内容には「学校教育方針の評価」が含まれていることから，教育内容の決定から評価まで，各学校・地区の教員が校内研究会を通じて検討した実践が存在していたと言える。

⑶　糸満地区における学校の研修状況

　久米島地区の他に，本調査の中で最も詳細かつ特徴的な実践報告を行った地区として，糸満地区が挙げられる。糸満地区は，地区内の学校13校へ行ったアンケートをもとに「各校の研修状況」として，【表4】に示すような結果を報告した。なお，糸満地区の報告も，アンケート各項目への回答数を掲載していたため，【表4】にはその回答数も示している。

【表4】糸満地区における学校の研修状況

	名称	方法
糸満地区	学校での協同研修	研究授業（5校）・カリキュラム合同研究（6校）・生徒指導法研究会（毎月1回以上：5校）・学級経営審査会（3校）・指導主事招聘（2校）・日本研究教員の報告懇談会（1校）・習字講習（1校）・指定講習伝達（3校）・輪読会（3校）
	学校運営の機構での教員研修	職員会議との連携 ・全体職員会（教科指導案・学級経営案等について：毎学期2回：4校）
		学年会議との連携 ・学年会議（学年間の教育問題について研究討議：3校，進度・問題点・活動面について資料製作及び研究討議：8校） ・学年打合わせ会（毎週1回：4校）・定例会（月1回）・臨時会
		教科担任会議との連携 ・各教科主任を中心に教材研究（7校）・必要に応じ臨時で実施（9校）
		その他 ・各学年各学級での研究授業（年に2回）・学校総会などで父兄の声を聞く・校務分掌に各指導部をおき，そこでの計画を職員会議で検討・実施
	その他	1人1研究発表会（1校）・文献をリーフレット化して読み合わせ（1校）・教材資料募集週間を設定して全職員参加（1校）・事例研究会（問題児について：4校）

注：『沖縄教育』第2号をもとに筆者作成。

　【表4】を見ると，糸満地区の学校では，さまざまな研修活動が取り組ま

れていたことがわかる。糸満地区の報告の中で，まず特徴的なのは，学校内での研修を「学校での協同研修」と「学校運営の機構での教員研修」とに区別して整理している点である。

「学校での協同研修」では，他地区と同じように，研究授業や研究会，指導主事招聘等の取り組みが見られ，その他にも，カリキュラムの合同研究等が実施されていた様子が見られる。他方，「学校運営の機構での教員研修」においては，校内の研修が，職員会議や学年会議，学校総会など学校運営に関わる諸会議と連携しながら取り組まれていたことがわかる。このように，当時の糸満地区では，授業などの技術的な研修だけでなく，カリキュラムの検討や，学校総会を通じた保護者との連携，学校内に生じた教育諸問題の研究討議など，学校の運営全体に渡る取り組みに，各学校の教員が研修を通じて関わっていたことが読み取れる。

以上見てきたように，1954年の沖縄県内の学校では，地区ごとにさまざまな研修活動が見られた。その中で，まず注目されるのは，学校内の研修を指す名称が，「校内研修会」や「校内研究会」，「学校での協同研修」，「学校運営の機構での教員研修」など，地区ごとに多様であった点である。この名称の多様性は，当時次第に整えられつつあった校内研修が極めて自主的で，各学校の地域性に委ねられていたことに起因すると思われる。研修の方法・内容に即して見れば，研究授業や研究発表会などを通した，授業実践に役立つ技術面の研修が広がりつつあったと同時に，地区によっては教員の研修を，教育内容の検討や，学校運営全体に関わる活動と絡めた広い定義で捉える多様な実践が存在していた。

このような，地区ごとの多様な校内研修実施状況から窺えることとして，当時，教研大会へ向け進みだした校内研修体制の構築過程では，画一的な組織体制の確立が図られるのではなく，あくまでも学校の研究実践の蓄積が確かめられ，地域の実状や教育課題に即した研究の体制づくりが進められていた。このことは，第2章で見た『第一回教研大会の手引き』において，教員や地域にとって最も切実な問題を自由に取り上げ，現場に足場をおいた調査研究を行うことが強調されていたことからも確認される。それゆえ，第1回

教研大会では，沖縄県内の実態として人的・物的・地理的条件等に応じた研修の実状や困難性が報告されながら，その中で独自に展開された各地区の多様な実践の存在が示された。沖縄県においては，ここから校内研修の体系的整備が進行することとなり，各学校がそれを独自の研修体制を土台に受け止めていった，当時の状況を見ることができる。

4．おわりに

　本稿では，琉球政府期沖縄で校内研修の体制が構築され始める萌芽期としての1950年代に着目し，沖縄教職員会による研修の整備過程とその特徴を明らかにすることを目的とした。そのために，教研大会の関連資料や，関係者の回顧録，機関誌『沖縄教育』を中心に用いて，当時の各学校における研修状況の分析を行った。これにより明らかとなったのは，次の2点である。

　第一に，琉球政府期沖縄における各学校の研修活動をめぐっては，沖縄教職員会が先導した1954年度の教研大会開催を契機として，体系的整備が進行したという点である。その様子は，研究の態勢づくり，研究方針の提示，研究成果の波及，という3段階に分けて確認された。その過程では，現場の実践を学校―地区大会―中央大会へと持ち上げながら，全県域で共有していく方式が採られていた点と，研修の体系的整備の各段階で，あくまでも教員・学校・地区ごとの自主的な研究活動の促進が強調されていたことがわかった。

　第二に，教研大会へ向けた研修の体制づくりが始動した1954年時点では，学校内の研修を指す名称・方法・内容，いずれにも地区ごとの多様性が残されていた点である。このことから，当時の校内研修の体制づくりは，あくまでも地域の実状や教育課題に即した研究活動を促すものであり，各学校はそれを，もともとの学校内の研修を土台として受け止めていた様子が窺える。

　このように，1950年代の沖縄県では，学校単位の研修が教研大会と連動して組み立てられており，その教研大会の実施方式が，各学校の研修に直接的な影響を与えていた。これは，中留[33]が指摘したような，文部省の戦略に沿った行政研修の末端としての「校内研修」の確立とは異なる様相の整備過程と言える。このような事例は，日本本土と異なる教育行政条件下にあった

沖縄県の状況が少なからず影響していると考えられる。しかし，当時沖縄県で学校内の研修に影響を与えた教研大会は，日本本土のそれを倣って展開されており，それが故に，沖縄県以外の自治体でも，その教育行政条件に応じた校内研修の体制構築過程が見られる可能性が指摘できる。そして，その研修状況は，各自治体の教研大会集録を通して描き出すことができると考えられ，これについては，今後に残された研究課題となっている。

　そして，本稿で扱った1950年代は，琉球政府と教職員会が協働関係にあり，教研大会も教育関係者の一体性のもとで開催されていたため，当時の沖縄県ならではの特殊な状況でもあった。それが1960年代に入ると，琉球政府と教職員会の関係に微妙な変化が生じ，校内研修体制をめぐる整備方針にも変容が見られる。ただし，1960年代以降もなお，教職員会は多大な影響力を保持しており，日本本土における「校内研修」の確立とは異なる文脈と手段で，校内研修の整備が強化されることとなる。このことについても，別稿で，さらに検討して論じる予定である。

（名古屋大学大学院・院生）

〈註〉
(1)　校内研修を扱う研究は膨大な蓄積があるが，その変遷は，校内研修の歴史と研究動向をレビューした高木宏康・藤井基貴による研究が参考になる。高木宏康・藤井基貴「校内研修の歴史と研究動向」『静岡大学教育学部附属教育実践総合センター紀要』第18号，2010年，93-103頁。
(2)　中留武昭「校内研修経営の歴史と課題」牧昌見編著『教員研修の総合的研究』ぎょうせい，1982年，223頁。
(3)　中留武昭『校内研修を創る―日本の校内研修経営の総合的研究』エイデル研究所，1984年，4頁。
(4)　地教行法制定以降の動向について，荻原克男によれば，教育委員会の任命制への転換や勤評問題等を契機として，校長の学校管理責任者としての性格が強調され，教職員組合からの離脱が促されたという。荻原克男『戦後日本の教育行政構造』勁草書房，1996年，295-298頁。
(5)　文教局は，中央教育委員会と文教局長及び必要な職員をもって構成し，琉球政府の教育行政の最高の執行機関として設置された。沖縄県教育委員会『沖縄の戦後教育史』，1977年，109頁。

⑹　沖縄教職員会は，戦後荒廃した地での教育再興へ向けた活動を行うと同時に，日本復帰運動や新生活運動など，占領期沖縄の諸運動全体を先導した，教育に限らず当時の沖縄全土で大きな影響力を持ったとされる教職員団体である。屋良朝苗『沖縄教職員会16年―祖国復帰と日本国民としての教育をめざして―』労働旬報社，1968年。

⑺　藤澤健一『移行する沖縄の教員世界―戦時体制から米軍占領下へ―』不二出版，2016年，204頁。

⑻　浅野誠「沖縄の教育実践と教育研究活動―民間教育研究運動を中心に―」『現代教育科学』第260号，1978年，91-100頁。浅野誠『沖縄教育の反省と提案』明治図書，1983年。奥平一『戦後沖縄教育運動史―復帰運動における沖縄教職員会の光と影―』ボーダーインク，2010年。櫻澤誠「戦後沖縄における「68年体制」の成立―復帰運動における沖縄教職員会の動向を中心に―」『立命館大学人文科学研究所紀要』第82号，2003年，163-182頁。櫻澤誠「1950年代沖縄の地域における教員の役割について―社会運動の基盤形成を軸に―」『立命館大学人文科学研究所紀要』第90号，2008年，177-204頁。戸邉秀明「一九五〇年代沖縄教職員会の地域『診断』」『史観』第147巻，2002年，1-16頁。藤澤健一『沖縄/教育権力の現代史』社会評論社，2005年。藤澤，前掲，2016年。

⑼　教職員会は，次のような目的を掲げて結成された。すなわち「全会員の強固な団結により会員の経済的，社会的地位の向上をはかり，教育諸問題の自主的解決につとめ文化社会の建設に寄与すること」である。「沖縄教職員会の目的」沖縄教職員会『沖縄教育』第1号，1955年。

⑽　櫻澤，2008年，181頁。

⑾　屋良，前掲，105頁。

⑿　同上，101-102頁。

⒀　同上，105頁。

⒁　奥平，前掲，69頁。

⒂　浅野，前掲，1983年，58-59頁。

⒃　屋良，前掲，103頁。

⒄　櫻澤，前掲，2008年，182頁。

⒅　沖縄県教職員組合『沖教組教育研究集会30年のあゆみ』，1984年，17頁。

⒆　具体的な発行時期は不明であるが，手引きの中に「地区大会迄に後2ケ月しかない」という記述があることから，9～10月に発行されたものと推察される。沖縄教職員会『第一回教育研究大会の手引き（その二）』，1954年，6頁。

⒇　同上，6-9頁。

⑵⑴ 同上，5-6頁。

⑵⑵ 同上。

⑵⑶ 同上。

⑵⑷ 『沖縄教育』第1号，前掲，2頁。

⑵⑸ 同上，75頁。

⑵⑹ 屋良朝苗「教研大会を顧みて（研究集録の発刊にあたり）」沖縄教職員会『沖縄教育』第2号，1955年。

⑵⑺ 奥平，前掲。

⑵⑻ 喜屋武眞栄「教研大会を顧みて（研究集録の発刊にあたり）」『沖縄教育』第2号，1955年。上に示す喜屋武は，当時の教職員会教文部長を務めた人物である。

⑵⑼ 【表2】の薄灰色欄に示す通り，宜野座地区の学校において校内研究協議会が実施されていたことは，報告資料に記述されているが，その頻度などの詳細については記述がなかった。その他，辺士名・胡差・知念地区の報告においても同様に，研修を実施していることの報告のみで，その頻度など詳細の記述がなかった項目は【表2】中に薄灰色欄で示している。

⑶⑴ 学校段階による研修頻度の差については，当時の沖縄県における高校進学率の低さや教員数の差，教員一人が担当する科目数の差などの関連が考えられる。しかし，本報告ではこの点に関する言及がなされておらず，裏付けの史料が不足しているため，推察の域を出ない。これに関する解明は今後の課題である。

⑶⑴ 藤澤健一によれば，宮古地区では，教育内容や方法を教員が自主的に研究するため，「全教員」が参加する「各教科別研究クラブ」が組織されていた（158頁）。ここで言う研究クラブは，上記の「各教科別研究クラブ」を指すものと考えられる。藤澤，前掲，2016年。

⑶⑵ 久米島地区の報告資料では，「教科過程の改善」と記されていたが，その後につづく「地域に即するよう」との文言から，正しくは「教科課程」であると推察される。

⑶⑶ 中留武昭，前掲，1984年。

Building Systems of In-school Teacher Training in the Period of the Government of the Ryukyu Islands —Systematization by Okinawa Teachers Association in the 1950s as the Germination Term—

Kanan MATSUDA, *Nagoya University*

The purpose of this paper is to clarify the systematization process of the teacher training system led by the Okinawa Teachers Association in the 1950s as the germination term.

For this purpose, this study consists of analysis reports, memoirs and the Journal of the Conference on Educational Research in 1950s' Okinawa.

The findings of this study are as follows:

Firstly, in Okinawa, systematization of in-school teacher training was driven by the Conference on Educational Research in 1954. And it became clear that the systematization was composed of 3 steps — equipping the research organization at each school, stating research policy and dispersing results—. In that process, each school's practice was shared throughout Okinawa. In addition, the way of systematization emphasized the autonomy of each teacher, school and district.

Secondly, in each district as of 1954, there remained diversity in the names, methods and contents of in-school teacher training. Therefore, building systems of in-school teacher training at that time encouraged research activities to adapt to each community's circumstances.

As described above, in 1950s' Okinawa, teacher training at each school was composed to work with the Conference on Educational Research. So, it is clear that the conference's policy affected in-school teacher training directly.

Key Words

In-school Teacher Training, Conference on Educational Research, Period of the Government of the Ryukyu Islands, Okinawa Teachers Association

The Enactment of the Educational Workers Labor Union Act in South Korea:

Focusing on Discussion Within the Korean Teachers and Educational Workers' Union

JUNG Sooyeon

1. Introduction

Through the enactment of South Korea's Act on the Establishment and Operation of Teachers' Unions (below, Teachers' Union Act) in January 1999, teachers' basic labor rights were in part recognized, while the Korean Teachers and Educational Workers' Union (below, KTU), previously an "extralegal union," was legalized as well. Previously, in response to the application of Article 66 of the State Public Officials Act ("No public official shall engage in any collective activity for any labor campaign, or activities, other than public services"), teachers at state schools without labor rights were guaranteed the right to organize and the right to collective bargaining other than the right to collective action, with their "position as workers"[1] recognized.

The Teachers' Union Act's purpose is explained in Article 1: "The purpose of this Act is to prescribe matters concerning establishing teachers' unions pursuant to the proviso to Article 5 (1) of the Trade

This paper was originally published in Bulletin No. 46 of JEAS, and was translated into English as a result of receiving the 2021 Research Encouragement Award.

Union and Labor Relations Adjustment Act and prescribe special exceptions to teachers," positioning it as a "special law" in the form of a labor union law on the establishment and operation of teachers' labor unions, rather than within the framework of laws on public officials such as the Educational Officials Act[2] or State Public Officials Act or that of laws on education such as the Framework Act on Education.

Elsewhere, it was previously possible in South Korea to form "teachers' organizations" in accordance with Article 15 of the Framework Act on Education ("School teachers shall make efforts to promote education and to advance culture in cooperation with [one] another, and they may form teachers' organizations at local governments and the central government to improve teachers' economic and social status") ; however, the only legally recognized teachers' organization was the Korean Federation of Teachers' Associations (below, KFTA).[3] Based on the Special Act on the Improvement of Teachers' Status (below, the Teachers' Status Act)[4], the KFTA has conducted collective bargaining and consultation with educational authorities[5] since 1991, before the KTU was legalized. The enactment of the Teachers' Union Act had significant effects not only on the aspect of ensuring teachers' labor rights but on the situation concerning teachers organizations. In short, conflict inevitably arose between the KTU, which argues for the formation of "labor unions," and the KFTA, which advocates for "professional teachers' organizations." Further, the political aspect was also influenced by conflicting opinions between the parties in power and the opposition parties[6] as well as the president due to regime change. Discussion of the issue was complexly intertwined with the political situation of South Korean society at the time.

The purpose of this paper is to focus on the enactment process of the Teachers' Union Act and to clarify why it was enacted as a "special law," which is to say, why the KTU was forced into "legalization via a special law." Below, the relevant previous research is discussed and its limitations confirmed, and the issues of this paper stated.

2. Discussion of previous research

In Japan, with regard to teachers' labor rights and labor movements, there is considerable research on the case of teachers' collective bargaining in the US. These studies target the periods from the debate on "teacher militancy" in the 1960s through the "unionization of professionals," and point out with regard to the former, while positively appraising the participation of teachers in administration and their involvement in the policy-making process, that the closed collective bargaining process led to the "retention as the status quo of the professional bureaucracy."[7] Elsewhere, studies on the latter issue focus on the changing relations of educational administration and teachers' organizations in the US of recent years, arguing that because "teachers' professionalism and their rights as workers are indivisible,"[8] the role played by the collective bargaining system should be reevaluated. These studies provide valuable information, as the US is similar to the case of South Korea in many ways, including the influence on the guarantee of teachers' status of the law concerning workers, not public officials,[9] and the involvement in the core educational policy-making process of two teachers' organizations in pursuit of professional principles and labor union ideals.[10] However, with regard to collective bargaining alone, unlike the US—which has adopted "exclusive representation" —South Korea conducts collective negotiations with the KTU, based on the Teachers' Union Act (labor agreements), and with the KFTA, based on the Teachers' Status Act (consultation), separately.

Previous research within South Korea mainly focuses on this

"dualization" of the collective bargaining system, discussing the characteristics of the negotiations conducted by each teachers' organization and pointing out their problems and limitations. For example, the Teachers' Union Act restricts collective bargaining to matters of the improvement of teachers' socioeconomic status, such as wages, working conditions, and welfare, while the Teachers' Status Act currently targets only items on the improvement of treatment, conditions of employment, welfare programs, and development of expertise of teachers; critics have noted that "in terms of negotiations, the KFTA and the KTU have no essential differences, and the systemic basis enforcing their separation is weak."[11] As well, they propose as a solution "the need for unifying the ensuring of teachers' basic labor rights in the Teachers' Union Act."[12] Further, some studies argue from the aspect of the efficiency of educational administration that "it is a considerable waste of administrative forces for the government to conduct double negotiations with two organizations on the same matters"[13] and "it is a waste of administrative forces and budget for negotiations to be conducted separately with similar teachers' organizations, separated on the basis of socioeconomic status and professionalism."[14] However, preceding research of this kind touches on the process of legislation only as an overview, without focusing on why or how the law in question was established as a special law. Therefore, it is limited to explaining labor unions and professional organizations within the same framework of teachers' organizations, and to trivializing the role of educational administration to the improvement of efficiency in attaining educational goals.

Next, research touching on the enactment of the law refers to it as "the result of the difference between the teachers' organization focusing on professional principles and the teachers' union pursuing labor union principles"[15] and "the influence of the KTU and its excess emphasis on the image of the teacher as worker."[16] However, this tone implies that discussion within the KTU was a monolith, oversimplifying the process of enactment of the Teachers' Union Act. In short, there is no interest accorded to the difference in attitudes toward the teaching profession between the KTU and the KFTA, the changing discussion within the KTU, or the clash of opinions between the parties in power and those in opposition which was the key to the enactment of the law in question.[17]

Therefore, this paper discusses the clashing awarenesses and opinions of the formation and legalization of the KTU among the Ministry of Education, the various political parties, and the KFTA, while at the same time analyzing the changing discussion within the KTU. Through this work, the paper clarifies the point that factors internal to the KTU significantly affected the eventual "legalization as a special law." The analysis draws on the minutes of the National Assembly (1988-1998) as well as journals and materials issued by the KTU and KFTA as held by the National Library of Korea. As well, interviews were conducted with KTU personnel[18] and required materials assembled.

3. The formation of the teachers' labor union and the response of the professional teachers' organization

3-1. Legal structures concerning the ensuring of teachers' labor rights

The discussion of teachers' basic labor rights has taken place in tandem with that of public officials' basic labor rights; in South Korea, until the Constitution was revised by the military regime in 1962, there were in fact no regulations restricting public officials' three labor rights.[19] The former Constitution (enacted in 1947) specifies that "all citizens shall have the right and the duty to work" (Article 17) and that "workers' freedom of association, collective bargaining, and collective action shall be guaranteed within the scope of the law" (Article 18), guaranteeing the three labor rights to all workers, including public officials.

However, the 1962 revision of the Constitution by the military regime stipulated that "all public officials shall be servants of the entire people and shall be responsible to the people" (Article 6.1) and "the status and the impartiality of a public official shall be guaranteed in accordance with the provisions of law" (Article 6.2), specifying that the status of public officials was as "servants of the entire people." As well, while specifying that "workers shall have the right of independent association, collective bargaining and collective action for the purpose of improving their working conditions" (Article 29.1), the Constitution adds that "the right of association, collective bargaining and collective action shall not be accorded to the workers who are public officials except for those authorized by the provisions of law" (Article 29.2), effectively restricting the basic labor rights of public officials, with the exception of those regulated by Article 66 of the State Public Officials Act.[20] Similarly, the 1963 revision of the Labor Union Act (enacted in 1953) stipulates that "workers shall have the freedom to form labor unions and to join these unions, excluding public officials whose rights are regulated elsewhere in law," restricting the basic labor rights of all public officials, with the exception of those belonging to the Korean National Railroad or the National Medical Center.

Thereafter, the military regime came to an end and the Constitution was once again revised in 1988, the year of the first direct presidential elections. However, the revised Constitution included no changes to the basic labor rights of public officials, specifying that "only those public officials who are designated by Act shall have the right to association, collective bargaining and collective action" (Article 33.2), guaranteeing, as before, only a given subset of public officials the basic labor rights.

3-2. Conflict over the legal status of teachers

(1) The movement toward formation of a teachers' labor union

The movement throughout South Korea in opposition to the military regime influenced the foundation of the South Korea YMCA Secondary Educators' Conference (1982), the forerunner of the KTU, and the movement toward democratizing education. The Conference explained its "new theory of teachers" in the journal *Minju Kyoyuk* (*Democratic Education*)[21], published in 1985, as below.

First, the article addresses the "theory of professionals" as the theory of teachers generally accepted within the academic and educational spheres, stating that "the view of professionals is at risk of regulating teachers as a professional interest group, narrowing the scope of the problems of which teachers should be aware in themselves, lowering their socioeconomic status, and eventually reducing the deprivation of their ideological and political autonomy to nothing more than a lack of professionalism."[22] As well, it points out the error in considering the aspect of "ensuring professionalism as simply a change in teachers' ideological and political roles, preventing the objective clarification of the problem of their socioeconomic status."[23] Next, because "the role of the people as subject and the subjective and autonomous role of the teachers entrusted therewith have not been tolerated," the article criticizes the fact that South Korean society so far has been able to achieve only "the role not as teachers of the people, but as teachers of the state, an existence thoroughly infusing education with the political and ideological intent of state authority."[24]

This "theory of teachers" obtained wide awareness in the state of Korean society at the time.[25] It is clear that they were aware of the contradictions of bureaucratic education and the political situation, even while possessed of the status of public officials, and calling for an "independent labor movement" to resolve this. Further, the phrasing implies recognition of the limitations of the Conference, a private organization, and a focus on the formation of a nationwide unified organization. Thereafter, the organization continued its activities while changing its name to the Conference for the Practice of Democratic Education (1986) and the National Teachers' Conference for the Promotion of Democratic Education (1987). As well, it argued for the revision of the Labor Union Act and developed the educational labor movement toward the formation of a legally recognized national labor union.

(2) The response of the professional teachers' organization

In response to the movement to form a teachers' union, the first to move was the KFTA (then the Korean Education Association), which had until then been the only teachers' organization. Established through the support of the 1947 US military regime, when South Korea was under US Army control, the KFTA has been criticized repeatedly as a "lackey organization" ; when the "KFTA withdrawal movement"[26] arose in 1988, centered on teachers arguing for labor union formation, a serious discussion of intraorganizational reform began. The KFTA, alarmed at the risk to its very existence, hurriedly issued an "Analysis of the Situation and Measures in Response" in June of the same year, including the following plan: "*Rupture* in the society of teachers is a factor hampering the improvement of teachers' status, and as such the KFTA promotes the *integration* of a labor union under the auspices of the KFTA"[27] (emphasis added). However, as this was highly unfeasible in practice, the KFTA was to continue with reforms to its internal culture. In fact, criticism was increasing from within on the manager-centered operation and the gap between organizational operation and members, leading to the determination that operation directionality would take as its objectives "the rejection of the name of lackey, and operation as a member-centered, democratic professional teachers' organization."[28]

(3) Promotion of the enactment of the Teachers' Status Act by the KFTA

The "strategy" adopted by the KFTA regarding the formation of the KTU extended not only to internal reforms but to the promotion of the enaction of the Teachers' Status Act, regulating the status of teachers (' organizations) in law. The KFTA issued a comment stating that "with deep reflection on its political subjugation to date, this Association will establish new aspects as a teachers' organization and will take a multi-faceted approach to the enactment of a Teachers' Status Act effectively improving the socioeconomic and political status of teachers."[29]

Notable here is that, while positioning themselves as a "professional teachers' organization," they included in the bill an item on "collective bargaining and consultation" with the Ministry of Education.[30] The KFTA named the ensuring of the right to collective bargaining as an important condition for the improvement of teachers' status, mentioning the participation of teachers in education-related decision-making as well as the "installation of an arbitration and mediation mechanism for ensuring and putting into effect the right to collective bargaining of teachers' organizations, which may be said to be *a core element in the improvement of teachers'status*"[31] (emphasis added). Elsewhere, they added that "there should be no confusion with the right to collective bargaining as one of the three labor rights,"[32] suggesting the effort to shake off the image of a "lackey organization" by obtaining the right to collective bargaining while distinguishing themselves from labor unions. This may also be considered the influence of the movement toward formation of the KTU.

3-3. Clashes in views of the teaching profession with regard to ensuring teachers' labor rights

Discussion in the National Assembly more or less simultaneously addressed the "Labor Union Act revision bill" recognizing teachers' three labor rights, including that of forming unions, and the enactment of the Teachers' Status Act promoted by the KFTA. This section examines the discussion taking place at this period among the Ministry of Education and the parties in power and in opposition and confirms which "view of the teaching profession" took precedence with regard to the ensuring of teachers' labor rights.

(1) Clash of opinions on the Labor Union Act revision bill

In March 1989, the National Assembly's Labor Committee submitted a bill revising the Labor Union Act[33] so as to ensure public officials' labor rights. This included an item to the effect that "the rights of public officials of grade 6 and below[34] to join labor unions and conduct collective bargaining shall be recognized," opening the way to the ensuring of teachers' labor rights. In response to this bill, the Ministry of Education[35] stated that "because public officials are responsible for selfless service to the people and have the duty to maintain political neutrality and dignity, it is difficult to recognize the same three labor rights therefor as for ordinary workers," rejecting the formation of the KTU on the grounds that given the status of public officials in the Constitution, "a teachers' union would be not only in violation of existing laws, but also inappropriate as an organization in teachers' society."[36] As well, they stated "We [the Ministry of Education] view the teaching profession as a specialist profession, and are moving in the direction of recognizing the rights to association and bargaining of professional organizations,"[37] suggesting their preparation to recognize collective bargaining with the KFTA, billing itself as a professional organization, alone. That is, they moved toward recognizing the KFTA's Teachers' Status Act bill and preventing the formation of the KTU. At the same time, they stated that "our traditional view of teachers is that they must be morally respected by students and society, possessing a thorough sense of mission and philosophy toward education as well as academic expertise and character,"[38] displaying a view of the teaching profession similar to that of holy orders.[39]

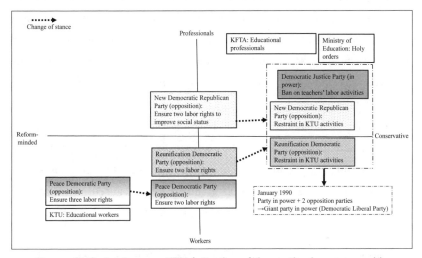

Figure: Shifts in views on KTU formation of the parties in power and in opposition (created by the author)

Next, the party in power (the Democratic Justice Party) rejected the ensuring of public officials' labor rights to the effect that "public officials are servants of the people as a whole, with their status ensured by special relations of authority, and thus their labor relations issues cannot be handled in the same way as employees of private enterprises."[40] As well, they evidently took the same stance as the Ministry of Education: "Tolerating labor union activity including public officials of grade 6 and below and teachers would cause numerous problems regarding the stable performance of state duties; the time has not yet come for this step, given the current status of South Korea."[41]

Elsewhere, the opposition parties' opinions were more diverse. The three opposition parties constituting the mainstream among National Assembly seats were split among a passive stance on teachers' union formation (the New Democratic Republican Party), a stance arguing for ensuring labor rights through the teachers' organization rather than a labor union (the Reunification Democratic Party), and a stance in support of ensuring the right to association and collective bargaining in the form of a teachers' union (the Peace Democratic Party).[42] At the time, the political situation was skewed toward the parties in opposition and away from the party in power, which was fortuitous for the teachers' union, and the Labor Union Act revision bill would have passed (151 in favor, 126 against, and 7 abstaining of 284 seats), but for the final veto at the presidential level. As well, the "giant party in power" created by the subsequent change in the political status quo (January 1990) caused each party to take a more conservative stance, making the legalization of the KTU even more difficult.

(2) **Measures taken by the KFTA and the establishment of the Teachers' Status Act**

Elsewhere, the KFTA was making further efforts toward the enactment of the Teachers' Status Act, holding policy discussion meetings with the giant party in power and calling on the President.[43] Yun Hyeon-seop, the KFTA president at the time, argued that "teachers' status must be suitably privileged so as to enable teachers to devote themselves to education with a sense of mission," emphasizing in particular that teachers themselves "preserve their ethics as educators."[44] As well, he pointed out that "in recent years, the disturbance and conflict in a part of teachers' society is one cause of their unsettled status and interests,"[45] referring obliquely to the movement of the time toward the KTU and indicating alarm.

In 1990, the leader of the party in power revealed a plan to enact the Teachers' Status Act within the year and a policy recognizing the collective bargaining and consultation proposed by the KFTA.[46] The party in power gave a statement expressing their positive opinion of the law as "a legal system with consideration given overall to the status and role of teachers as professionals, the cultural and social value consciousness our country has traditionally accorded to teachers, and the public nature of education."[47] Elsewhere, the opposition pointed out that "allocating the authority of collective bargaining to the KFTA alone" would be "simply confirming that the KFTA is the only legal [teachers'] organization, rendering illegal all other educational organizations including the KTU," criticizing the law on the grounds that it would violate Article 11 of the Constitution, which specifies that "all citizens shall be equal."[48] However, with the party in power holding a majority of seats in the National Assembly, the Teachers' Status Act was passed (with 168 votes in favor, 56 against, and 1 abstention out of 225 seats).

4. KTU policy change and legalization

(1) Conflict and change within the KTU

When the revised Labor Union Act did not pass into law due to the presidential veto, the KTU formed as an "extralegal union." Opinions within the organization at this time were apparently divided, including both "the union should convert itself to a legal format by removing the word 'labor,' becoming the Teachers' Union or the Democratic Education National Teachers' League"[49] and "the labor movement must continue until legalization is realized through revision of the Labor Union Act."[50]

The former argument called for the construction of a legal teachers' organization focusing on mass appeal. The latter group, mainly executive members, criticized this opinion: "Dismantling the labor union, the main unit of the labor movement, and creating a different organization would be not simply a strategy for legalization but a problem potentially demanding full-scale revision of the movement's character and direction. It would mean creating a second KFTA, abandon the basic labor rights and changing the direction of the movement."[51] The union's representative council held a vote on the issue, adopting the executive members' opinion by the narrowest of margins.[52] While on the face of it this clash of opinions appeared to be a difference in perception of the legalization of the organization, it hints at a dilemma even within the KTU, which had continued to push for legalization through a full revision of the Labor Union Act , regarding the view of the teaching profession and the educational labor movement which it had pursued to date. The organization's identity was wavering, torn between whether to remain a labor union even under legal restrictions or to shift to a professional organization in the form of a corporate body. This problem was to come under debate over and over within the KTU.

Further, when collective bargaining between the Ministry of Education and the KFTA began, the KTU put into motion a new strategy for its legalization. In 1994, they set the objective of "achieving effective organizational legislation through the formation of expanded popular appeal and *advantageous political conditions*"[53] (emphasis added), suggesting that they were willing to use the political situation to create an environment advantageous for legalization. That is, the establishment of the Teachers' Status Act had a significant influence on the changing organizational objectives and policy of the KTU.

(2) The alternate proposal of the Presidential Commission on Industrial Relations Reform

In 1996, as the issue of a new labor relations structure came to the fore during South Korea's preparations to join the OECD, the Presidential Commission on Industrial Relations Reform began once again to work on revising the Labor Union Act.[54] The Commission's opinion was that "regarding public officials, teachers, and so forth, while their basic interests as workers are to be respected, concerns regarding the obligations to society inherent in their positions call for exploration of rational labor relations," adding that "regarding teachers, guarantees should go as far as their collective bargaining rights."[55] Specifically, as a policy method of legalizing teachers' unions, they offered a proposal recognizing the right to association of separate workers' organizations to which the Labor Union Act was not applicable (Proposal 1) and another maintaining the current legal system and multiplying the extant professional teachers' organizations (Proposal 2). Neither would completely ensure the three labor rights, as the KTU hoped, but both led to discussion on acceptance within the KTU. The discussion, which apparently focused mainly on Proposal 1, turned on the issue of whether ensuring the rights to association and to collective bargaining through a special law would be equivalent to the basic labor rights.

Those in favor of the Commission's proposal, while admitting that "it is a fact that the rights to association and collective bargaining obtained through a special law would be more limited than the basic labor rights (based on the Labor Union Act)," argued that "the Commission's proposal reflects the limits of the KTU's capacity, and could become an opportunity for new qualitative development of the educational movement in the sense of ensuring conditions promoting popular development of the movement."[56] Elsewhere, those opposed to the Commission's proposal[57] held that "arguing for legalization via a special law or some other law is based on the intention to restrict rights," perceiving "the risk of legal restrictions on labor union activities overall, such as the organizational targets, scope, negotiation methods, selection of negotiators, negotiation conditions and so on with regard to the teachers' union."[58]

This internal debate did not make itself known outside the KTU. Before the debate could become serious, the Presidential Commission on Industrial Relations Reform was disbanded and discussion on the legalization of the KTU came likewise to a stop for the moment. However, when we consider that it was ultimately through a special law related to the Labor Union Act that the KTU was legalized, it seems that the voices arguing for the ensuring of two labor rights through a special law, accepting the Commission's proposal, held a stronger position within the union.

(3) The final proposal and the passing of the special law

With the disbandment of the Presidential Commission on Industrial Relations Reform, the KTU, having failed at legalization, approached the subsequent presidential election as "an important opportunity" to try again, deciding on a basic policy of "enhancing the public sphere of activity in schools in order to reinforce the popular foundation of KTU legalization."[59] For example, they released a popular opinion survey on the problem of KTU legalization within educational reform,[60] putting pressure on the political parties and presidential candidates which had reserved opinion on the formation of a teachers' union. When Kim Dae-jung of the opposition parties was elected president and the regime changed accordingly in 1997, the KTU was provided with a good chance at legalization.[61] From this period on, the Ministry of Education began to take a more flexible stance, in response to the OECD's forceful demands that its member countries negotiate with labor unions at the national level.[62]

In response to the creation of the new Tripartite Commission, a presidential advisory body, the KTU held serious internal debates on the standards and methods of legalization, with the gradually spreading internal awareness that "the realistically possible standard for legalization is the ensuring of the two labor rights through a special law related to the Labor Union Act."[63] At the national executive training held in January 1998, a "proposal for obtaining status as a legal organization with the two labor rights ensured" was submitted, to the effect that "as the early days of a new administration are the ideal time for legalization, we will postpone the complete acquisition of all three labor rights, negotiating and fighting actively to enable legalization ensuring the rights to association and collective bargaining (the two rights)."[64]

The plan for legalization via enactment of a special law through the Tripartite Commission, specifying that the formation of teachers' unions would be ensured through this enactment and that the rights to association and collective bargaining, though not collective action, would be recognized, was submitted to the National Assembly on October 31, 1998. Thereafter, the Teachers' Union Act went through the National Assembly's Environment and Labor Committee and was passed on December 29, leading to the enactment described at the beginning of this paper.

5. In lieu of a conclusion

Above, this paper has discussed the process leading to the establishment of the Teachers' Union Act in South Korea and analyzed, with a focus on discussion within the KTU, why this law was established as a "special law." The following three points have thus been made clear.

First, the KTU and the KFTA were constantly influencing one another.

For example, the formation of the KTU forced the KFTA to embark on internal organizational reforms, attempting to lose its image as a "lackey organization" through collective bargaining and consultation. Likewise, the KTU was influenced by the Teachers' Status Act, pushed through by the KFTA. Its establishment led to the questioning of the need for collective bargaining as a "labor union," while at the same time causing the KTU to shift its policy toward creating a political climate advantageous to legalization while distinguishing itself from a professional teachers' organization.

Second, the legalization of the KTU brought about not only internal debate therein but also changes in the views of the teaching profession held by the Ministry of Education and the KFTA. The Ministry of Education had focused on the "law-abiding spirit" in its view of teaching from the earliest days of the KTU, but in the late 1990s, it began to recognize a certain degree of teachers' labor rights in accordance with international standards. The KFTA likewise, while advocating for professional teachers' organizations, changed after the formation of the KTU so as to argue for the acquisition of the practically effective right to collective bargaining. In short, the early days of the formation of the KTU involved a gradual tendency toward compromise on views of the teaching profession on the part of the organizations generally considered to have been in fierce conflict therewith.

Third, as noted above, the KTU and the KFTA shared close positions regarding the recognition of teachers' labor rights, but perceived the "right to collective bargaining" differently. In short, the KTU's view of ensuring labor rights was that teachers' independent right to association would be ensured without legal restrictions, as any negotiation under the restriction of "laws on education" could not take place on equal footing with the educational authorities.[65] Therefore, the right to collective bargaining "as a teachers' organization" promoted by the Ministry of Education and the KFTA was meaningless in the KTU's terms. This point is thought to be the reason why, even while forced into realistic compromise, the KTU rejected the "special law applying only to teachers" all the way, and why the law's establishment was thus based on "a special law related to the Labor Union Act." Here we see the peculiarity of the teachers' union and what brings it within the scope of educational administration studies. From its time as a voluntary association, the KTU had positioned teachers not as ordinary workers but on a par with the Ministry of Education. This differed from the KFTA's perspective, emphasizing teachers' duty to be politically neutral as "trustees of public duty."[66] The "dualization" of collective bargaining criticized in previous research was due to this discrepancy in views of the teaching profession between the two organizations, which made it difficult to bring them together as one on this point.

Finally, there are some issues left unaddressed by this study.

First, when discussing the problem of ensuring teachers' labor rights, the discussion must address the issue of how the relationship between educational organizations (including parents' groups, citizens' groups, etc.) and teachers' organizations has changed and how this has influenced the social status of teachers' unions and organizations. Next is the issue of analysis of the collective bargaining between the educational authorities and teachers' organizations after the establishment of the Teachers' Union Act and examination of its effectiveness, comparing the actual content of the right to collective bargaining of the KTU and the KFTA toward a deeper consideration of the ensuring of teachers' labor rights.

As well, from the perspectives of teachers' legal status and the ensuring of their labor rights, the views on the teaching profession of various other countries must be organized and their commonalities and differences clarified. It is thought that the outcomes of this paper can be developed into international comparison, a point to be addressed in the future.

(Kyushu University)

---

[1] Ko Jeon "A Study of the Issues & Tasks on the Legislation of the Teachers' Union," in *Studies in Educational Administration* Vol. 17 No. 3, Korean Educational Administration Society, 1999, p. 198.

[2] South Korea's Educational Officials Act regulates teachers' qualifications, appointment, remunerations, education and training, and guarantee of status, but does not provide separately for their labor rights.

[3] The Ministry of Education previously interpreted this article as "permitting one central and one regional teachers' organization to be formed," recognizing only the KFTA as a teachers' organization (Park Jong-bo, "Constitutional Issues on the Legal status of Teachers' Associations," in *Studies on Educational Law* Vol. 8 No. 2, 2006, p. 129).

[4] The law was revised in 2016 as the Special Act on the Improvement of Teachers' Status and the Protection of their Educational Activities.

[5] This collective bargaining was conducted with the central Ministry of Education and regional education governors, similar to the heads of prefectural boards of education in Japan; from 2006 on, this position has been elected through direct regional elections, based on an amendment of the Local Autonomy Act.

[6] Through the struggle for democracy in June 1987, South Korea first realized direct presidential elections; administrations since then have included Roh Tae-woo's presidency in 1988 and Kim Young-sam's (civilian government) in 1993. In 1998, after the first "party regime change" since the colonial era, Kim Dae-jung became president.

[7] Ota Haruo, "America ni okeru kyoin kumiai to kokyoiku tochi: Kyoin dantai kosho no kosatsu wo chushin to shite (Teachers' unions and public education governance in America: Focusing on a discussion of teachers' collective bargaining)," in *Hikaku kyoikugaku* (*Comparative Education*) Vol. 14, 1988, p. 73.

[8] Takahashi Satoshi, "Beikoku kyoin kumiai no senmonshoku dantaika shisaku

no bunseki: NEA/AFT no doryo kyoin shien hyoka wo chushin ni (Analysis of measures converting American teachers' unions into professional organizations: Focusing on NEA/AFT peer assistance and review program)," in *Nihon Kyoiku Gyosei Gakkai Nenpo* (*Bulletin of the JEAS*) Vol. 31, 2005, p.164.

[9] Takahashi Satoshi, "Beikoku ni okeru kyoiku rodo ho seido kaikaku no bunseki: Michigan-shu komu koyo kankei ho no kaisei mondai (An Analysis of Labor Law Reforms in America Public Education: Focusing on the Amendment of the Michigan Public Employment Relations Act)," in *Kyoikugaku kenkyu* (*Educational Studies*) Vol. 76 No. 3, September 2009, p. 14.

[10] Ota, op. cit. p. 70.

[11] Jung Gi-oh, "Treaties and Some Weaknesses of Teacher Union Law: Collective Bargaining in Education Background and Performance," in *Korean Journal of Teacher Education* Vol. 22 No. 4, Korea National University of Education Graduate School, 2006, p. 96.

[12] Lee Il-kweon, "Critical Point of View on the Issue of the Teachers' Union Act: Focusing on Teachers' Basic Labor Rights," in *Studies in Educational Administration* Vol. 21 No. 4, Korean Educational Administration Society, 2003, p. 256.

[13] Seo Jeong-hwa & Hwang Seok-geun, "Limitations & Possibilities of Teacher Collective Bargaining in Korea," in *South Korea Teaching and Education Studies* Vol. 18 No. 3, 2001, p. 75.

[14] Ko, op. cit. p. 211.

[15] Jung, op. cit. p. 96.

[16] Korean Federation of Teachers' Associations, *New Education*, October 1998, p. 170.

[17] Elsewhere, attention is required to historical studies of the Japan Teachers' Union. In particular, called upon by issues with the revision of the National Public Service Act to choose between the status of professionals and that of workers, the research of Tokuhisa (2020) is highly suggestive in its depiction of the internal dilemmas and conflicts as well as the influence of the professional responsibility of "democratization" suited to the situation in Japanese society at the time (Tokuhisa Kyoko, "Hoteki chii no henka to sono eikyo (Changing legal status and its influence)," in Hirota Teruyuki ed. *Rekishi toshite no Nikkyoso* (*The JTU as history*) Vol. 1, Nagoya University Press,

2020, pp. 159-190).

[18] The interview survey was conducted on October 9, 2019, for two hours at the office of the Korean Teachers and Educational Workers' Union Seoul Branch.

[19] However, based on Article 6 of the Labor Union Act enacted in 1953, the labor rights of certain public officials such as the military, the police, and firefighters were restricted (KFTA, "[Project Diagnosis] Teachers' Labor Rights," in *New Education*, November 1998, p. 76).

[20] Ibid., p. 73.

[21] YMCA Secondary Educators' Conference, *Democratic Education* Vol. 10, 1985, pp. 16-18.

[22] Ibid., pp. 16-17.

[23] Ibid., p. 17.

[24] Ibid., p. 17.

[25] According to Otsuki (1992), as the movement demanding democracy expanded nationwide in opposition to the military regime, from the early 1980s on, mainly among teachers involved with the Conference, a "movement to practice educational democratization as an organization, not individually" emerged, within which teachers "recognized the limitations of scholarly theories and pedagogy from abroad and felt the need for a theoretical basis enabling the analysis of reality" (Otsuki Takeshi, *Kankoku kyoiku jijo* (*The educational situation in South Korea*), Shin-Nihon Shinsho, 1992, pp. 118-120).

[26] Korean Teachers and Educational Workers' Union, *Commemoration of the Anniversary of the KTU, South Korea Educational Movement White Paper: 1978-1990*, documents edition, 1990, pp. 173-175.

[27] KFTA, *70 Years of KFTA History, 1947-2017*, 2017, p. 295.

[28] Ibid., pp. 276-277.

[29] KFTA, "The National Assembly must promptly enact the Teachers' Status Act," May 1989.

[30] The Teachers' Status Act makes explicit teachers' (1) freedom of educational and political activity, (2) school safety management deduction system, (3) guarantee of status, (4) prohibition of overnight duties, (5) system for overseas study sabbaticals, (6) economical preference, (7) rights to association and collective bargaining dependent on the Act, (8) arbitration and mediation system, etc.

[31] KFTA, "Improvement of teachers' status and national development," in *Materials from the National Teachers' Representation Conference Toward Enacting the Teachers' Status Act*, 1990, p. 52.

[32] Ibid., p. 16.

[33] March 9, 1989, "13th National Assembly, 145th Session, 9th Assembly Meeting, Labor Committee," pp. 14-16.

[34] In South Korea, the 1981 revisions of the State Public Officials' Act and Local Public Officials' Act categorized public officials as those in general and in special service, applying a grade system from 1 to 9 to the former. This system was not applied to the latter category, which has its own rank and remuneration structure and includes educational public officials, military, firefighters, and diplomats.

[35] In South Korea, from the 1948 establishment of the government on, the Ministry of Education's name has changed four times (Ministry of Education (*Munkyo-bu*), Ministry of Education (*Kyoyuk-bu*), Ministry of Educational Resources (*Kyoyuk-injeok jawon-bu*), Ministry of Education, Science and Technology (*Kyoyuk kwahak kisul-bu*), (current) Ministry of Education (*Kyoyuk-bu*). This paper uses "Ministry of Education" (in its *Kyoyuk-bu* form) for convenience throughout.

[36] May 15, 1989, "13th National Assembly, 146th Session, 4th Assembly Meeting," pp. 45-46.

[37] Ibid., p. 45.

[38] October 18, 1989, "13th National Assembly, 147th Session, 10th Assembly Meeting," p.39.

[39] When the KTU was first formed, the Ministry of Education defined teachers as "those who must take the lead for all others in *obeying the law*" (emphasis added), stating that "if teachers force through the formation of a teachers' union unrecognized by the law, they will seriously damage the image of the instructor for the people of this country and negatively affect the social awareness and climate of respect for teachers …" (KTU, op. cit., 1990, pp. 397-398), emphasizing obedient compliance to the law.

[40] March 9, 1989, "13th National Assembly, 145th Session, 9th Assembly Meeting, Labor Committee," p.16.

[41] Ibid., p. 17.

[42] KTU, op. cit., 1990, pp. 750-752.

[43] KFTA, op. cit., 2017, p. 306.

[44] KFTA, op. cit., 1990, pp. 51-52.

[45] Ibid., p. 50.

[46] KFTA, op. cit., 2017, p.307.

[47] May 8, 1991, "13th National Assembly, 154th Session, 11th Assembly Meeting, Education and Physical Education Committee," p. 20.

[48] Ibid., pp. 16-18.

[49] KTU, *History of the Korean Teachers' and Educational Workers' Union Movement 1, Extralegal Union Edition*, 2001, p. 780.

[50] Ibid., p. 781.

[51] "Toward popular appeal in the teachers' movement," *KTU 12th Representative Conference Materials*, February 1994, pp. 63-64.

[52] From interviews with KTU personnel.

[53] "Issues and Development Outlook for the KTU Second Term," *KTU 12th Representative Conference Materials*, February 1994, p. 39.

[54] Song Gang-jik, *Kankoku rodoho* (*South Korean Labor Law*), Yuyusha, 2001, p.27.

[55] KTU, op. cit., 2001, p. 740.

[56] *KTU 17th Representative Conference Materials*, December 1996, p. 37.

[57] Those in favor of the Commission proposal were mainly members active in the Seoul region, while the opposition was mainly composed of the executive members, particularly the Central Executive Committee.

[58] *KTU 17th Representative Conference Materials*, op. cit.

[59] KTU, op. cit., 2001, pp. 752-755.

[60] KTU News Vol. 207, October 29, 1997, p. 1.

[61] When the problem of legalization reappeared, the KFTA stated that "a system of negotiations and consultation, based on the Teachers' Status Act, between the teachers' organization and the Minister of Education and education governors is in place, but its legal efficacy is weak," arguing for the enactment of a special law distinct from the Teachers' Status Act that would apply only to teachers ('organizations) (KFTA, op. cit., November 1998, pp. 72-75).

[62] With regard to the enactment of the Teachers' Union Act , the Ministry of Education stated that "we have reached the stage of having a legal system aligned with international standards such as the ILO and the OECD ELSA

report" (November 18, 1998, "15th National Assembly, 198th Session,11th Assembly Meeting," p. 41).

[63] KTU, "Proposal for Gaining Legal Organization Status with Two Labor Rights Ensured," January 1998, p. 3.

[64] In this regard, internal opinions included that "the legal basis for a teachers' organization which is not a labor union but can negotiate with the Ministry of Education is basically the Teachers' Status Act," showing that the KTU was constantly conscious of the KFTA (KTU, ibid., p. 3).

[65] The chair of the KTU's Solidarity Committee of the time held that as "a labor union is an autonomous organization acting upon its own terms, ⋯ teachers' unions and teachers' organizations cannot be regulated by the same law" (KFTA, op. cit., November 1998, p. 80).

[66] Kim Kyeong-yun (KFTA Educational Administration Section head), "A realistic proposal ensuring the special qualities and working rights of education," KFTA, ibid., pp. 72-73.

Ⅲ　大会報告

COVID-19危機への教育行政対応
―我々は何を学び得るか―

髙妻紳二郎 （福岡大学）

【趣旨】

　2020年初以降，COVID-19の猛威が世界的パンデミックを引き起こし，今なお多くの国々に多方面にわたる甚大な影響を及ぼし続けている。何度も繰り返される感染者数の拡大・縮小とそれに伴う都市封鎖・解除，人流抑制，医療崩壊，ワクチン不足等の事態が起こり，社会不安が覆ったままの1年数カ月が過ぎた。各国の教育も同様に未曽有の混乱を経験し，現在も手探りで日々の教育活動が進行中である。このように直面する教育行政，学校教育活動上の多様な課題に対して，私達はどのように対応すればいいのかという現実的な対応を迫られているなか，非常時における「教育行政の責任と課題」を検討することはいっそう重要な意味を持つと思われる。危機に瀕した時の対応により「我々は何を学んだか」を検証することによって教育行政の在り方を省察することが可能になるからである。コロナ禍において教育行政主体が下した決断がこれからの教育の在り方を方向づけたことは事実ではある。しかしながら危機にあたっての政策決断は速やかにかつ果敢になされる必要がある一方で，大小さまざまな決断の結果によって生じる影響も考慮すべきであったものの，その検証がなされているとは言い難い。

　COVID-19パンデミックという未経験の危機は，各国の教育行政においても危機管理対応，そして児童生徒の教育権保障を軸とした教育活動の持続等に多くの課題を突き付けた。同時に，教育行政を超えた行政主体そのものに従来とは異質の危機管理対応の在り方と重要性が問われている。そこで国策として強力に感染拡大に対応した諸外国の教育行政の実相はいかなるもの

だったのだろうか。そこにみられる日本との差はいかなるものなのか。本シンポジウムでは大混乱の中で緊急に実施された各種方策の功罪について実態に即しての比較考察を試みるとともに，ポストCOVID-19における教育行政の在り様を展望したい。その際，論点として以下の３点を設定している。

・**中央―地方の教育行政の協働体制**：中央レベルでの判断およびそれへの地方の対応や，地方レベルでの判断といったガバナンスの構造。また横のつながり（例えば公衆衛生部門との連携等）も含む。

・**教育の継続性をめぐる課題への対応**：学校閉鎖後の教育体制や支援体制の整備。また，特にオンライン教育の遂行における私的セクター（企業，NPO等）との連携も含む。

・**ミクロレベル（学校現場）を含めた諸方策の共有**：様々な対応方策の評価・省察と「ポストCOVID-19パンデミック」への知の共有に向けた取り組み

　こうした各国にみられる「危機」を通した教育行政の議論から，教育行政・政策決定手続きや今後の在り方について我々が何を学び取れるのか知見を共有できる場としたい。

　登壇者はニュージーランド教育省事務次官のIona Holsted氏，韓国教員大学の金龍教授，イギリスThe Castle Rock School校長のDuncan Baldwin氏（当時），国立教育政策研究所教育政策・評価研究部長の渡辺恵子氏である。なお，Holsted氏は時差４時間，金氏と渡辺氏は時差なしでのZoomウェビナー機能を利用したオンラインライブ報告とし，イギリスからは動画報告となった。

■国際シンポジウム■
《報告1》

ニュージーランドにおける COVID-19に対する教育行政対応

アイオナ・ホルステッド（ニュージーランド教育省事務次官）
〔**担当：福本みちよ**（東京学芸大学）〕

1．はじめに

　COVID-19は，教育・医療・経済それぞれのシステムにおける不平等の実態を露呈させた。私たちは，教師，学習者，そしてファナウ（拡大家族）が，教育の営みを成功させるために何を必要としているかにもっと耳を傾け，それに応じて適切で有益なサポートをタイムリーに提供する必要がある。それを支えるのは，教育省内や教育システム全体でより良い協働関係を築こうとするコラボレーションの文化である。以下，ニュージーランドで展開されたCOVID-19に対する教育行政対応について3つの観点から論じていく。

2．マトリックス的な協働体制とその効果

　COVID-19対応が求められる以前から，教育省と保健省，社会開発省など政府機関間で幅広いコラボレーションが行われてきた。それを可能にする重要な要因は，ニュージーランドが階層的なシステムではなく，人間関係を重視するシステムを形成している点にある。40名弱の政府機関の最高責任者が定期的に会合を開いており，地震やパンデミックなどの緊急事態発生時にも円滑に協力し合う十分なつながりがすでに形成されていた。そしてパンデミックの中で，その関係をさらに強化することができた。

　政府機関間のコミュニケーションやコラボレーションが活発になっただけでなく，教育省内のコミュニケーション方法も変化した。ニュージーランド

では国内を10の教育地域に分け，そこに大小38以上の教育省地方事務所（及び出先機関）がある。COVID-19対応には地方事務所が重要な役割を果たした。ニュージーランドは世界で最も自律的な学校教育システムを持つ国の一つである。個々の学校の管理・運営の責任は，主に学校の保護者で構成される学校理事会にある。教育省の役割は，学校理事会と校長による学校の管理・運営の日常業務をサポートすることにある。2020年3月初旬に初めてCOVID-19の感染が確認された時，私たちは政府や教育機関の間で築かれていた強固な関係性を生かすことができた。教育省は，すべての学校・早期学習サービス機関に向けて「特別官報」を発行した。2014年から隔週で官報を発行しているが，「特別官報」には保健省やWHOから受け取ったアドバイスや，パンデミック対策，雇用問題，通信教育に関する情報提供が含まれている。感染が拡大した際は，速報は毎日発表するようにした。校長たちからは，非常に好意的な意見が寄せられた。また，教育省地方事務所は，地域の保健医療担当者や保健省と迅速に連携し，学校が地域とのコミュニケーションを図るためのサポートを行い，ロックダウンの際には非常に明確な指示を出すことができた。パンデミックの期間中（特にロックダウンの期間中），私たちは早期学習サービス機関や学校と時間をかけて信頼関係を築き，パートナーシップを築いた。物事を迅速に進めるために，普段は交流しない人々が交流するようになった。学校や早期学習サービス機関は互いにつながりだし，アイデアや優れた実践を共有できるコミュニティの一員であると感じることができた。特に遠隔地の農村部にある学校からは，COVID-19以前にはなかったつながりができたという声が聞かれた。

　私たちは，パンデミックを通して教育セクターや一般の方々から信頼を得て，より深い関係を築くことができた。パンデミック中のコミュニケーション方法の変化は，教育省の政策遂行の方向性にも影響を与えた。私たちはこれまで以上に，地域の教育セクターとの接点の重要性を認識し，教育政策とそれに対する具体的行動の在り方を教育セクターと共同設計する必要性を認識した。真に優れた公平な教育システムを構築するためには，より一体感のあるアプローチを実現する必要がある。

3．教育の継続性をめぐる課題への対応

　パンデミック当初，教育省は学習成果における不公平感の拡大を避けることを当面の目標とした。すべての生徒が何らかの形で学習にアクセスできるようにすることに重点を置き，英語版・マオリ語版の配布用学習教材の作成，教育テレビチャンネルや学習サイトの立ち上げ，必要な生徒（特に高等学校高学年の生徒を優先）への機器の提供と通信環境の整備などを迅速に行った。教育プロバイダーや民間企業とも緊密なコラボレーションを行った。今後さらなるロックダウンが発生した場合や，地震など他の事象が発生した場合でも，学校教育システムが回復力を持てるように，遠隔教育を継続可能な状態にしておくことが賢明だと考えたからである。

　また，多くの国でそうであったように，ロックダウンは特に特別な支援を必要とする生徒にとっては大きな試練だった。この間，早期学習サービス機関，学校，学習サポートの専門家が協力して，特別な学習ニーズを持つ子どもたちをサポートし続け，学習者やその家族と定期的に連絡を取ることで強力な関係を築くことができた。こうしたサポート体制は，生徒のウェルビーイングにも良い影響を与えていることがわかったので，ロックダウン後もオンラインを活用したサポートを促進し続けている。

4．生徒・教師のウェルビーイング

　COVID-19の影響は，長期的で広範囲な影響を与えるだろう。学年末の進級データによると，学習への悪影響は予想されていたほど広がらなかった。これは，教育者，保護者，ファナウの柔軟な対応とサポート，そして学習者自身のレジリエンスの賜物である。しかし，データに表れていない部分で，学習者が苦労していることもあるだろう。学生のウェルビーイングも注目されている領域だが，COVID-19の影響を受けていることは明らかだ。教育機関評価局が実施した調査報告書によると，生徒たちは特にCOVID-19に対する不安を募らせており，高等学校高学年の生徒たちはやらなければならない課題が増加したことに苦しんでいる。その結果，学校での行動上の問題が増

加している。私たちは教育機関と協力して，学習者やファナウと教育面での強いつながりを構築し，学習者のウェルビーイングをよりよくサポートしていきたいと考えている。政府は，緊急対応基金としてロックダウン後の生徒の復学や早期学習を支援するとともに，教職員の健康をサポートするために教育省に5,000万ドルを割り当て，さらに教育者の職場でのウェルビーイングに対する支援を強化するために1,600万ドルを割り当てた。こうした対応は，この分野に対する政府の積極的な姿勢を明確に示している。

5．おわりに

　今回の経験を通して，私たちは将来成功するために必要なことを確実に教えるカリキュラムへの転換が必要であることを深く認識した。言語，文化，アイデンティティに対応したカリキュラム，将来の雇用市場に適した学習を提供するカリキュラム，インクルージョン，公平性，ウェルビーイングを認識し促進するカリキュラムが必要である。

　リーダーである私たちには，COVID-19が生み出した混乱を最大限に活用し，すべての人のための公平性と卓越性の実現に向けて努力する責任がある。私たちは，デジタル格差の解消に向けてこの勢いを維持し，教育や経済における公平性の問題にもっと社会全体で取り組む必要がある。デジタル格差を解消することは，マオリ，太平洋地域，そして広義の意味での多様な民族，障害，ジェンダーの問題において人々の権利を奪っているアイデンティティ，文化，言語の格差を解消することよりも簡単なはずだ。システムのニーズを満たす子供ではなく，子供たちのニーズを満たす教育システムが必要だということである。教育システムを真の意味でのインクルーシブなものに変えるためには，これまでとは違ったやり方をする必要がある。自分自身の文化的な偏見を理解し，それに立ち向かい，私たちの仕事に複数の視点を取り入れていく必要がある。

COVID-19対応の教育政策に対する認識

ダンカン・ボールドウィン（キャッスルロック
スクール校長（当時），前英国校長会教育政策担当）

〔担当：青木　研作（東京成徳大学）〕

1．はじめに

　キャッスルロックスクールはレスターシャーのコルビルにある11歳から18歳の生徒が通う学校です。私は2021年1月からこの学校の校長になりました。取り立てて模範的な実践のようなものはない普通の学校であり，私たちのコロナ対策のすべてが見事に行われたとは言えませんが，以下，コロナ禍におけるこの学校で起こったことについて説明いたします。

2．コロナ禍の学校運営

　2020年3月は，学校が封鎖された時期でした。すべての生徒は家にいましたが，ヘルスケアの従事者や，コミュニティで必要なサービスに従事しているキーワーカーの子供たちは学校に留まることができました。学校を開いたままにするために，最小限の教職員を維持する必要がありましたが，交代制でそれらの子供を担当しました。6月には，いくつかの学校の再開があり，小学校のいくつかの学年が開かれました。私の学校では，15〜16歳の生徒が数人ずつ順番に対面授業を受けるようになりました。病気であったり，コロナウイルスに感染した場合に重症化したりする恐れのある教員には，引き続き自宅から仕事をしてもらいました。9月に学校は再開しました。学校はいわゆる「バブル」システムで組織されました。これは生徒を別々の建物に留

め，教員は広大な敷地内に２つの学校があることを念頭に，学校内を移動して教えるというものでしたが，結果として，生徒の問題行動が多くなりました。11月には，２回目の全国的なロックダウンが行われましたが，生徒はまだ学校に通っていました。生徒に感染者が出た場合には，バブルごとに在宅で学習するようにしました。もちろん，何人かの教員は自宅で仕事をしており，基礎疾患等のある教員も自宅で仕事をする必要がありました。

　2021年１月に，私は学校に赴任しました。直前まで知らされることのない中で全国の学校の封鎖が決まったので，私の最初の仕事は学校を再び閉鎖することでした。３月に子供たちが戻ってきた時に，私たちはいくつかの対策を講じました。まず，子供たちが学校を移動して，教員のいる場所に移動できるようにしました。また，一方通行や，マスク，休憩時間を過ごす指定場所などの対策も講じました。さらに，接触の追跡も行いました。子供が新型コロナウイルスに感染した場合，近くにいた子供を特定し，それらの子供を家に送る必要があったためです。８月の夏休みの後，私たちが学校に戻った時，依然として通常の状態では決してありませんでした。ただし，現在，バブルシステムは緩和され，生徒の行動の制限も緩和されています。そして，これは私が実際に学校でリーダーシップを発揮する最初の機会になりました。赴任以来，８，９ヶ月後になって，私は初めて教職員全員，全生徒と一度に話すことができたのです。

３．学校に影響を与えた諸問題とそれへの対応

　コロナ禍において学校に影響を与えたと思われる重要な事柄として，まず，教育の継続をどう図るかという問題がありました。最初の封鎖では，リモートワークへの準備ができておらず，単純にWebサイトに生徒への課題を掲載していたため，生徒の活動を実際にモニターして評価することは非常に困難でした。私が赴任してからはMicrosoft Teamsを使用しました。これは実際に大きな助けとなり，教職員はすぐにその使い方を学び，ようやくインタラクティブな授業が開始されました。最初のインタラクティブな授業が行わ

れたとき，私は学校内を回って歩いたことを覚えています。生徒たちが直接教員の顔を見ることができるため，生徒たちとのつながりが復活したという実感がありました。ただし，すべての家庭が十分な接続環境やデータ使用量，適切なインターネット接続環境があるとは限りませんし，正しい知識も持ち合わせてはいません。子どもが3人いる家庭では，ノートパソコンやタブレットが1台しかない場合，子どもたち全員が同時にそれを共有する必要があります。これが，ライブ授業が必ずしも正しい解決策ではない理由のひとつです。なぜなら，ライブ授業だけを行うと，リソースが限られている家庭では苦心することになるからです。

　第二に，弱い立場の生徒へのケアと保護の問題です。私たちは，非常に困難な家庭にいる生徒たちをとても気にかけており，どのように彼らに目配りするかを考えていました。このような生徒たちに定期的に連絡を取り，保護者に電話をかけ，毎週連絡を取り合うようにしました。もちろん，インタラクティブな授業も役立ちましたが，電話をかけて，大丈夫であることを確認するようにしました。

　第三に，試験の中止への対応です。2020年は試験の中止に伴い全国的な混乱が生じました。2021年についても，当初，政府は試験を実施すると断固主張していたので，再び，1月に試験の中止が決まった時は対応が大変でした。ただ，私の学校では生徒たちを正しい基準に基づいて評価するために一生懸命に努力しましたし，国によるモニタリングプロセスも設けられたので，2020年のような大きな混乱は見られませんでした。

　第四に，日々の新型コロナウイルス感染症拡大防止対策です。当初，感染防止のために，バブル方式を採用し，生徒を学校のあるエリアに固定し，教員が移動して授業を行っていました。これは生徒にはストレスとなり，また，教員は学校内を端から端まで移動する必要があるため，その間は生徒たちに目を配ることができず，生徒の問題行動が増加しました。こうした状況を目の当たりにして，教員を固定し，生徒が学校内を移動するモデルに変更しました。さらに，生徒や家族と連絡を取り合ったり，生徒を家に帰して自己隔離させたりする作業は，私や学校の同僚にとって非常に大きな負担となりま

した。新規陽性者を特定したり，生徒たちの着席場所を追跡調査したり，保護者と連絡を取り合ったりしていました。多くの場合，保護者は非常にお怒りでした。なぜならば，保護者の多くは，子供の世話をするために仕事を休まなければならないからです。とても混乱して，とても難しい時でしたが，いまは接触者追跡調査をするようなことはありません。子どもたちの中には，まだ新型コロナウイルスの陽性者がいますが，接触者追跡調査をする負担が学校から取り除かれたことは喜ばしいことです。

4．おわりに

新型コロナウイルス感染症対応についての私見を述べます。第一に，政府の政策を明確にして一貫性を持たせ，一つの方向性を示し，それを貫くことが大切だということです。試験の中止への対応は良い例となりました。第二に，学校の役割は学習の場だけでなく，ケアの場でもあり，学校が社会の中で重要な役割を果たしていること，その結果，生徒や保護者の幸福につながっているということです。第三に，私の学校の教員たちや全国の教員たちが，いかにレジリエントであるかを示したことです。例えば，オンライン学習は教員が早急に開発しなければならなかったスキルですが，彼らはかなり使いこなせるようになりました。第四に，私たちは政府の予算を使用して，もっと学校を開放しなければなりません。そうすることで，放課後，オンライン・チューターや対面式のチューターを利用できます。生徒の中には，正式な試験を受けていないために，座って試験を受ける練習等をさせる必要があります。私たちはそのために学校の設備を利用したいと思っています。

最後に私の大きな疑問は「将来どうなるのか」ということです。私が生徒に期待していることは，この経験を通じて，自分たちが世界市民であり，他の生徒や世界中の人々と肩を並べていることをより強く感じるきっかけになるのではないか，ということです。この世代は，私たちが残したさまざまな深刻な問題に取り組まなければならないのですから。

■国際シンポジウム■
《報告3》

より広い共同体，より深い民主主義
―コロナ禍と教育行政の課題―

金　　龍（韓国教員大学）

コロナ禍以前の教育行政改革：分権，連携と協力，そして自治

　コロナ禍は韓国の教育行政，学校運営方式の変化をめぐる議論と実践が盛んに行われていた時点で突然の「招かれざる客」のように訪ねてきた。当時の変化のキーワードは分権，連携と協力，そして学校自治であった。

　分権とは，教育部と市・道教育庁，そして教育支援庁（韓国の基礎自治体を目安に設置）との関係を変化させるものである。すなわち市・道教育庁でできることは直接主管してもらい，教育部は全国にわたる事務や，市・道教育庁で単独で遂行することが困難な事務を管掌する，なお幼・初・中等教育に関する事務は市・道教育庁がすべて直接遂行し，教育部は高等・生涯・職業教育を中心に管掌する，というようにその役割と事務を再組織しなければならないという主張まで提起された。

　一方，地域では教育行政と一般行政の関係を連携と協力を中心に構成しようという努力がなされてきた。有志の教育者たちが学校教育を革新するための努力を始め，教育を学校の塀に閉じ込めず，学校の外の村まで広げなければならないという認識に至り，これを実現するために革新教育地区事業を提案した。この事業は，市・道教育庁と基礎自治体に該当する市・郡・区を革新教育地区に指定し，両者が一定の金額を出資し，地域住民の参加の中で地域の様々な教育資源と施設を活用して教育を展開するものである。

　学校ではここ数年間，学校自治に関する議論が非常に活発に行われた。教師たちが一緒に話し合い学校のしごとを決定したり，教師会と生徒会，そして保護者会のように学校構成員それぞれが代議組織を構成し，当事者に関する事項は自ら議論して決定したりするなど，学校全体の重大なことは各組織の代表者が集まって決めるように学校の意思決定体制を改編する動きが活発である（教育政策デザイン研究所，2018）。

　要するに，教育部と市・道教育庁の間には分権，地域の教育行政と一般行政の間には，連携と協力，そして学校では自治に関する議論と実践が活発に展開される中でコロナ禍に遭遇することとなったのである。

コロナ禍と教育行政の対応

　教育界のコロナ禍における対応は，概ね3つの時期に分けられる。コロナ感染者が急増し，始業をわずか1週間後に控えて緊急に全国すべての学校の登校を延期し，しかも登校延期を4回も繰り返した時期，これ以上登校を延期することができないため遠隔授業を始めることにし，そのための準備をして安定化するまでの時期，遠隔授業がある程度安定化して部分的に登校を始めたことから，コロナ禍以後の未来教育を積極的に模索し始めた時期。毎時期ごとに提起された問題が異なり，問題の解決方法も同じではなかった。

　遠隔授業のための業務の中で最も重要なことは教員たちの協力と創意を引き出すことであった。教育部はすでに組織された市・道教育庁との協議会の他に6つの教員団体と協議会を組織した。教員団体の代表らが現場の状況と要求をリアルタイムで伝えると，教育行政当局は機敏に反応した。このような形の協議会は前例がなく，危機状況を突破するのに非常に効果的だった。加えて，教育部と市・道教育庁は「1万コミュニティ」を組織した。全国1万2千校余りの学校ごとに一人の教師を選抜して遠隔教育を先導するようにしようと，1万人の教師コミュニティを構成した。オンラインコミュニティではコロナ禍の状況および遠隔教育に関する情報を活発に交換し，学校の同僚教師たちに伝えることを見事にこなした。

登校授業を始めてからは，むしろウイルスと共に生きるべきだという考え方が広まった。そして，遠隔教育のような新しい状況がニューノーマルに定着すれば，この機会に教育体制やあり方を一新すべきとの議論も始まった。教育部はもちろん，多くの市・道教育庁でポストコロナ時代の未来教育に関するあらゆる対話の場が開かれた。教育部は未来教育のための5つの革新の原則と方向性を定め，各界と社会的対話を続けた（教育部，2020）。

1．感染症など危機的状況でも学びと成長の持続性を確保
2．疎外される生徒がいないように普遍的教育の保障
3．現場に対する信頼に基づいて教員の専門性と自律性を尊重
4．未来の環境変化を積極的に受け入れた先制的対応
5．生徒の健康と安全の最優先保障

コロナ禍というリトマス試験紙で確認された分権と自治

まず，中央集権と地方分権という対立構図を考え直すきっかけとなった。これまでは「中央集権は悪，地方分権は善」，または「教育部中心の政権を握る教育行政は悪，市・道教育庁が主導する分権的教育行政は善」だといった対立構図が強く働いていた。しかし，コロナ禍への対応過程を振り返ってみると，集権的体制の効用も改めて確認できる。危機的状況で教育部を中心に一糸乱れぬ対応が可能だったのは，多様な方式で民主的疎通チャンネルを構築したからであり，それが功を奏した。すべてが不確かな状況の中で様々な協議チャンネルを構成し，上意下達と下意上達を同時に図ったことで，危機的状況においてそれなりに賢く対応策を見出し，不安定な状況を速やかに安定化させるのに大きく貢献したといえる。

このような成果的側面があった一方で，危機的状況で教育分権と学校自治がまるで凍結状態にあったという評価を下すこともできる。危機的状況にありながら，多くの市・道教育庁と学校は，自ら何かを決定し，自主的に何かを講じていくことにかなり消極的であった。

ところで，平等主義または公正性の問題と責任の問題は緊密に関連してい

る。平等主義が強ければ，自治分権の要求はその分だけ弱まり，それに比例して責任を取る必要がなくなる。これの裏返しだろうが，責任を取ろうとする態度が弱いほど「みんなに同じものを」という平等を求める声は大きくなる。結局，平等主義と無責任は緊密に関係している。画一性を内容とする平等主義と責任を回避しようとする態度こそ，分権と自治を妨げる深刻な障害物だ。この問題をどう克服するかが，コロナ禍が教育行政に投げかけた問いである。

共同体と民主主義，コロナ以降の分権と自治の鍵

これまで我々は，自治と分権を通じて学校を末端の行政機関ではなく共同体にしようと努力してきた。しかし，学校という制度的な壁を越え，生徒の生活が繰り広げられるより広い空間へ，共同体を拡大しなければならない課題が，我々に課せられている。地域を，さらに社会全体を教育共同体とし，共同体が児童青少年を手厚く保護し，共同体の中で質の高い学びを追求できるよう配慮しなければならない。

より広い地域社会は民主主義に関する考え方の転換を求めている。長い間官僚組織に近かった学校を共同体にするため，学校内での民主主義を拡大することに力を注いできた。しかし，生徒と保護者が学校の運営過程にもっと深く参加できるようにし，学校と地域の連携を拡大することで，住民の学校参加も保障される必要がある。これにより，民主主義の水準を一層深める必要がある。

より広い共同体でより深い民主主義を実現すること，より深い民主主義を通じてより広い共同体を作ること，これがコロナ禍を経る間に私たちが確認した教育行政の課題である。

教育部（2020）「ポストコロナ教育大転換第1回対話」報道資料（2020.06.17.）。
教育政策デザイン研究所（2018）『学校自治』ソウル：テクビル教育。

■国際シンポジウム■
《報告4》

COVID-19パンデミックは
何を可視化し，何をもたらしたか

渡辺　惠子（国立教育政策研究所）

1．各国の違いと共通点

　本国際シンポジウムの議論が深まるような視点を提供するため，まず各国の違いと共通点を整理したい。新型コロナウイルスの流行状況やその対策については違いが見られる。2021年8月末頃までの感染者数，死亡者数を比較したところ，ニュージーランドが最も感染の拡大を防いでおり，次いで韓国が比較的防いでいる一方，イギリスは日本よりも厳しい感染状況であった。また，オックスフォード大学の研究グループが各国の社会経済活動の制限の厳しさ度合を「政府対応厳格度指数（Government Response Stringency Index）」という形でまとめて公表しているウェブサイトから，ニュージーランド，イギリス，韓国，日本を取り出して比較すると，特徴的なのはニュージーランドで，当初最も厳しい制限を行って感染を封じ込め，その後は比較的ゆるい制限の状況が続き，時おり厳しい制限を短期的に行っている様子が見て取れた。

　このように，各国の感染状況やその対策はそれぞれ異なるが，パンデミックへの教育行政の対応やパンデミックにより可視化されたことなどは共通する点も少なくないと思われるため，主に日本の状況に着目しながら，共通すると思われる点を挙げたい。

　どの国でも，教育行政の対応として最初に行われたのは，全国的な学校閉鎖で，2020年の春から初夏にかけて行われた。学校閉鎖とあわせてオンライ

ン教育が実施された。2020年の秋以降は，感染拡大局面でも学校閉鎖をなるべく避け，学びを止めない努力が行われた。例えば，学校における感染予防のためのガイドラインを国が作成し，ロックダウンや緊急事態宣言の発出時も学校が一斉に閉鎖されることは少なくなった。また，入学試験を控える学年や各学校種の最終学年への配慮も各国で見られ，入学試験や修了試験のような進路選択における重要な試験も，感染対策をしたうえで実施されている。

　学校閉鎖を行わざるを得なかったことにより，改めて，学校が持つ教育以外の機能が可視化されたことも各国共通のように思われる。特に福祉的機能については，子どもに一定時間居場所を提供し，ケアする場所であることも学校の重要な役割であることが改めて認識された。例えば，経済的に苦しい家庭の子供にとっての学校給食の重要性，DVや児童虐待の被害を受けている子供だけでなく，家族との関係がうまくいかずに家庭に居場所のない子供たちにとっての，居場所としての学校，という側面である。

　学校閉鎖やオンライン教育により，学校が通常の機能を果たせないことが様々な不安をもたらしたことも，各国に共通している。

　日本では，学びが遅れることへの不安を感じた高校生が声を上げたことをきっかけに，入学時期の9月への変更が政策課題として浮上した。結果としてその案は採用されなかったが，夏休みを短縮して授業に充てるといった対策につながった。また，全国一斉の学校閉鎖の後，地域の感染状況を見ながら地域ごとに学校が再開されたことで，特に受験を控えた学年では，地域の違いで受験に不利が生じるのでは，という不安が生じ，対策が講じられた。

　このような不安に加え，感染への不安や，友だちと話す時間が減ったり，先生や大人への話しかけやすさ・相談しやすさが減ったりしたことで，中高生の精神的健康が低くなっているという調査結果も出ている（国立成育医療研究センター「第5回コロナ×こどもアンケート」）。

2．日本の対応の課題と前向きな変化

　次に，日本を素材に，パンデミックへの対応の課題と，逆にパンデミック

が起こったために前進したことを整理したい。

　課題は，端的に言えば，備えの不足と現場への依存，と言える。日本の新型コロナウイルス対策を公衆衛生の立場からリードする専門家である尾身茂氏も，いわゆる第一波の後のインタビューで，「日本は準備が十分でなかった。与えられた厳しい条件の中で，現場ががんばったというのが今回の本質」と述べる（一般財団法人アジア・パシフィック・イニシアティブ 2020）。

　備えの不足の例として，学校閉鎖の基準のあいまいさと，学校閉鎖時の対応計画のなさ，の2点が挙げられるのではないか。「新型インフルエンザ等対策政府行動計画」には，国が「学校保健安全法に基づく臨時休業（学級閉鎖・学年閉鎖・休校）を適切に行うよう学校の設置者に要請する」と書かれているが，具体的にどのような場合に要請するのかについての記述は見当たらなかった。また，2009年の新型インフルエンザ流行への対策を検証した「新型インフルエンザ（A/H1N1）対策総括会議 報告書（2010年6月）」では，学校等の休業要請について国が一定の目安（方針，基準）を示すことや，学校の休業には社会的・経済的影響が伴うため，国はそれらを勘案し，対策の是非やBCP（事業継続計画）の策定を含めた運用方法を検討すべき，とも提案されているが，見過ごされていたように思われる。

　現場が頑張った，という意味では，医療の現場だけでなく，学校も同様で，感染対策，カリキュラムの変更，オンライン教育の取組だけでなく，当初，教室の消毒なども教師の仕事にならざるを得なかった。教師の長い労働時間をどうしたら短くできるかが教育政策の最優先課題の一つであるにもかかわらず，学校，教師の負担増は避けられなかった。この点は，文部科学省が教員の業務をサポートする支援員派遣のための予算を確保したり，各自治体がボランティアを確保したりするなど解消に努めたが，先を見通すことが難しく，何度も行事日程の変更等を余儀なくされる中で，常に緊張を強いられる教師のメンタルヘルスへの配慮が，より一層必要である。

　パンデミックの中で生まれている前向きな変化の一つは，GIGAスクール構想に代表される，オンライン教育のための環境整備の大幅な進展である。

　二つ目は，学校からの長年の要望だった少人数学級の実現で，これは，感

染予防やオンライン教育の進展という新たに生まれた要素によって勢いを得たからこそ，実現できたと言えよう。

　三つ目は，教育の地域差，階層差，子どもの貧困，教育格差，ジェンダー不平等などの可視化である。今後，可視化されたこれらの差を縮められるかどうかが重要となろう。

3．何を備えておけばよいのか

　最後に，シンポジウムのサブタイトルである「我々は何を学び得るか」という視点から，本稿における検討及び報告1から3の内容を踏まえ，次に来るかもしれないパンデミックに向けて備えておきたいこととして，以下の4点を挙げておきたい。

⑴　学校閉鎖（休校）の基準とその際の対応計画を明確に示しておくこと。

⑵　学校という組織の冗長性の確保（伊藤2011）。ひらたく言えば，学校において余裕のある組織編制を可能にすること。

⑶　国と地方それぞれのレベルにおける，また，国と地方を通じた多機関連携が，うまく図れるようにしておくこと。

⑷　学校閉鎖やオンライン教育では，地域や家庭環境の差が子供の学びの差に直接結びつきやすいことが明らかにされてきているので，平時からその差を縮める施策に力を入れておくこと。

〈引用文献〉
一般財団法人アジア・パシフィック・イニシアティブ（2020）『新型コロナ対応・民間臨時調査会調査・検証報告書』ディスカバー・トゥエンティワン
伊藤正次（2011）「行政における『冗長性』・再考」『季刊行政管理研究』No.135,3-13
国立成育医療研究センター「第5回コロナ×こどもアンケート」
　https://www.ncchd.go.jp/center/activity/covid19_kodomo/（最終アクセス日：2022.9.8）

■国際シンポジウム■
《総括》

教育行政のリーダーシップを問う

仲田　康一 （法政大学）

１．各報告の概要

　各報告のまとめを行うにあたって，一つ述べておきたいことがある。それは，今回のシンポジウムで示された各国の対応は，その時点で完結したものというよりは，現在進行形のものであったということである。2020年のスタート時点において既に，各国の制度・文化・経済・地理的状況等によって政策対応には違いがあったわけだが，その後の対応の積み重ねが，次の対応の初期条件となるという逐次的対応が，パンデミックの長期化によって累積していった。この状況はシンポジウムの時点でも，さらには本稿執筆時も継続しており，その意味で，示された事項は「古い」情報に見えるかもしれない。しかし，ある時点での状況を比較することで抽出できる論点は，一定の普遍性を持つと考えられるし，一つの記録としての価値も持つものであるとも考えられる。この前提を踏まえて以下を記したい。

　ニュージーランドのホルステッド氏は，教育省事務次官としての立場から，同国でのコロナ対応の要点を報告した。教育の継続のため，遠隔教育を活用するべく，インターネット接続の保証や，配布用教材の提供，テレビコンテンツの拡充等をしていることが示された。何より，それを可能にする「コラボレーション」，すなわち中央政府レベルにおける各政府機関間の連携と，中央地方をまたいだ教育関連機関間の連携の重要性が語られた。明確な方針設定と，コミュニケーションを通じて，「組織内や政府間のヒエラルキーや

"サイロ"」を縦横にまたいだ対応が可能になったと語られた。

　英国（イングランド）のボールドウィン氏は，ビデオ発表において，スクールリーダーの立場から状況を報告した。英国の場合，感染状況の厳しさの中で長期の休校を余儀なくされた。同氏は，校長として着任して最初の仕事は学校を閉じることだった，と，その皮肉な状況を回顧している。その後の学校再開や，試験など，学校運営の基本事項について，政府方針に一貫性があるとは言い難いことを指摘した。オンライン対応や，バブル（特定の集団の安全圏）の維持などで教師は柔軟に対応した一方，社会的背景の厳しい地域であることもあり，不利な状況にある子どもたちの教育継続とケアが大きな課題であったこと──そしてその２つは支援が必要な子どもにとってだけでなく学校の社会的な役割であることが示された。

　韓国の金氏は，この間，分権，連携協力，自治を強める改革が進んでいた韓国であったが，パンデミックにおいては中央の疾病管理本部と教育部が協力してリーダーシップを発揮し，「一糸乱れぬ」対応がなされたことを報告し，対応すべき問題に即した「適度集権」の知恵が求められると提案した。他方，遠隔授業の形態の画一化や，学校自治の「凍結」など，課題も見えるとし，「より広い共同体でより深い民主主義を実現すること」「より深い民主主義を通じてより広い共同体を作ること」という今後の課題を示した。

　日本からの登壇者である渡辺氏は，日本での課題を，「備えの不足と現場への依存」と端的にまとめる。統一的な対応方針が準備されていなかったことや，学校閉鎖基準の曖昧さを次への備えにするとともに，コロナ禍が可視化した社会的格差や，多機関連携の課題，現場である学校組織の「余裕」すなわち「冗長性」の確保といった事柄について，平時からの施策が求められるとまとめた。

２．総合討論より

　パネリストの発表の後，質疑応答が行われた。第一に，司会より，ビデオ発表だったボールドウィン氏を除く各登壇者に対して質問を投げかけた。

まずホルステッド氏には，中央教育行政担当者に求められるものは何か，自らの経験を省察しつつコメントをするよう依頼した。これに対しては，第1に，関係する人々の立場——子ども，教師，保護者——を理解すること，第2に公衆衛生部門に代表される諸分野の連携によって事柄を進行すること，第3に，クリアで，一貫し，責任あるメッセージを示すこと，という3点に渡る回答があった。第2点について，既に様々な場面と学校教育サイドと公衆衛生サイドに対する連携がなされていたため，信頼関係が築かれていたことも触れられた。

　金氏には，「適度集権」の内実に詳細な説明をいただいた。地方分権が進められる過程で，教育部を廃止するべきだという主張もあったが，それが実現していたら，パンデミックには対応できなかっただろうと述べた。今後の改革課題としては，教育部の役割を認め，中央と地方の権限関係を調整する方向が示されるとともに，教育分権に関する独立法を定めようとする議論も紹介された。一方，2022年以降に発足する国家教育委員会の役割がどうあるべきかの調整に関係してくるため，議論の整理が必要であるとされた。

　渡辺氏には，日本の教育行政の対応にどのような特徴を見いだせるか，今後どのような発展を望むべきか，コメントを求めた。中央・地方・学校の関係の中で，教育委員会に多くの権限があるということが再認識された一方，その対応に地域差が見られることも明らかになった。地域差を埋めるために国は何ができるのかという視点が今後重要になると述べた。もう一つは，国であれ地方であれ，保健当局との連携が求められたわけだが，ニュージーランドと同様，教育行政のリーダーシップを考えるときには，他の部門との協働が要素として意識される必要があるとコメントがなされた。

　第二に，新型コロナウイルス感染症に対する教育対応における教師の関与はいかなるものだったかという会員からの質問が投げかけられた。

　まず，ニュージーランドにおいては，教員代表・学校代表は積極的に政策に関与したこと，国レベル，地方レベルでの協議が定期的に持たれており，そこには教員組合からの参加もあったと報告された。さらに，政策過程への教員代表からの参加があることで，決定内容に対する信頼が高まるため，教

員組合からの参加が決定的に重要であったとされた。

　韓国においては，教育部は教職員組合も含めた協議会を構成し，毎日のように対面・オンライン協議を行ったことが有益であったと認識されていることが報告された。また，「一万コミュニティ」，すなわち，各校１人で，全国約１万校からの教師のオンライングループを形成し，教育部，市道教育庁をつなぎながら，オンライン授業のコンテンツを共同開発したが，このコミュニティが政策についての意見を共有する場にもなったとされ，さらに学校レベルでは，遠隔授業等をめぐる議論が生起し，専門家としての学習共同体の要素を呈したことも伝えられた。

　第三に，子どもたちのWell-beingの問題にも話が及んだ。ニュージーランドでは，子どもたちの精神的な失調の課題が語られ，カウンセリングやレクリエーションなどの対応が必要になるとされた。韓国からは，コロナ後の教育を考える際に，コロナ以前から存在していた問題，例えば，高学力に対する関心の低さなどに目を向ける必要があるとされた。日本においては，学校が通常の活動を行えることが重要で，学校を止めないための行政の役割が問われるとされた。

　以上，多岐にわたる論点が示されたわけだが，総合的には教育行政のリーダーシップの在り方が議論の焦点であったと考えられる。ホルステッド氏は，最後のコメントの中で，リーダーシップとは，関係する人々や機関が，お互いを必要とし，相互から学び合うことで，変化を及ぼすものだと述べたことは象徴的であった。総じて強調されたのは，様々な行政領域や，中央・地方をまたいだコミュニケーションを背景に，クリアで一貫した政策的メッセージを発することの重要性であろう。また，そのリーダーシップのもとで日々の対応を行う現場に「冗長性」を保障することもまた，平時の備えになりうる。こうした諸点は，日本におけるパンデミックへの教育対応を総括し，今後の展望を描く際にも有益な視点になるだろう。

緊急事態に直面する教育行政・教育行政学の課題（2）
―新型コロナ禍に見る教育統治・領域間行政―

篠原　岳司（北海道大学）

【趣旨】

　今期の研究推進委員会では，新型コロナ対応より明るみになる教育行政の現代的，現実的課題を課題研究Ⅰとして追究している。3年間を通じて，新型コロナウイルス感染症に対応する教育行政の方向性と教育行政学の理論的課題の解明を目指すと共に，教育行政がいかなる問題に直面したかの検討を通して，教育行政学が引き取るべき問題を考究したいと考えている。昨年度はテーマを「『全国一斉休校』から見えたこと」とし，首相の一斉休校要請に対する地方自治の法的位置づけとその実態，教育方法学から見る「学びの保障」の課題性，そして子ども・若者・家族が抱えた課題とその支援の実態について問題性を検討してきた。

　今年度は，この昨年の検討を踏まえ，よりローカルな行政局面に焦点を当てる。全国一斉休校以後の地方教育行政は，度重なる新型コロナウイルスの感染拡大を受けながらも，感染予防対策の徹底によって学校教育の「日常」の回復と維持を徹底する志向を有してきたが，一方で「令和の日本型学校」答申や「GIGAスクール」政策等を受けた政府の「改革」志向との狭間にも位置付いてきたと言える。その中で，「全国一斉休校」がもたらした子ども・若者・家族への様々な困難に対しても，その支援が多様に検討され実行に移されてきたことが明らかとなってきた。

　2年目にあたる今年度は，これらの地方教育行政の経験を，教育をめぐる地方の教育統治および領域間行政の問題として検討を試みてみたい。ここで

いう教育統治と領域間行政の問題とは，次の3つの関心からなる問題である。

　第一に，地方行政における一般行政と教育行政関係の構造変容に関わる問題であり，具体的には教育行政と保健・福祉他行政部局との連携の実態に関するものである。例えば一部の自治体で見られた子ども行政の総合化との異同も含め，コロナ禍に見る行政作用の特殊性やその構造変化のあり様に関心を寄せてみたい。

　第二に，地方教育行政における官民の連携とその境界の曖昧化に関わる問題である。コロナ禍で深刻化している子ども・若者・家族の生活と子どもの学びを支える担い手の多様化，例えば領域行政間の隙間でこぼれ落ちる子ども・若者の支援を実質的に担う非営利活動法人のような主体の位置づけは，この2年間でどうであったか。特にその公共性確保の有り様も含め問題を考究してみたい。

　第三に，緊急事態に直面する地方自治体においてコロナ対策の主導的立場にいる首長と教育行政との関係性に関わる問題である。2015年4月発足の新教育委員会制度は，行政委員会，合議制執行機関としての位置づけは維持されたものの，地方自治体首長が教育行政にこれまでになく関与を可能とするその構造改編に対し，教育行政の独立性原理から強い懸念が示されていたことは言うまでもない。危機に乗じて教育への「不当な支配」などあってはならないが，それを規制しうる首長と教育行政の関係のあり方も含め，コロナ禍における地方自治体の具体例，また実際に生じた矛盾から検討を試みたいところである。

　以上の課題意識の下で，今年度は村上祐介会員，武井哲郎会員，辻野けんま会員に報告をいただき，フロアとの質疑や議論を通じて，教育行政と教育行政学の課題の深化をはかっていく。報告と質疑，議論を受けた総括は，高野和子会員が担当する。

■課題研究Ⅰ■
《報告1》

コロナ禍からみえる
地方教育行政制度の課題

村上　祐介（東京大学）

　コロナ禍においては，平時は外から見えにくい首長，教育長，教育委員の影響力構造や協力・緊張関係が可視化された部分がある。それは学校の一斉休校や学校再開，オンライン授業の実施など，住民とりわけ学齢期の子どもやその保護者にとって影響の大きな政策決定が相次いで行われたためである。本稿ではコロナ禍において起こった事例やこれまでの研究を参考にしながら，今後の地方教育行政の統治や機構をめぐる研究課題を提起する。端的には，首長，教育長，教育委員の法制度的な権限と実態が乖離していること，一方で教育委員の影響力は限定的としているが全く無力とまで言えるかは検証が必要であり，合議体の教育委員会が存在することによる政策帰結の違いは何かを明らかにすることが重要ではないか，ということを述べる。

1．コロナ禍における教育政策過程をどう理解するか

　日本のコロナ禍初期において，2020年2月に突然行われた安倍首相（当時）による全国一斉休校の要請は，教育政策のみならず社会全体にとって大きな出来事であった。その評価は賛否両論がありうるが，教育行政学者の立場からは，法的権限を有しない内閣総理大臣が，わずか1営業日（木曜夜に要請，翌週月曜から休校）の準備期間で一斉休校を「要請」したことに対する批判的な見解が示されている（末冨編著, 2022）。また，一斉休校とその後の学校再開に関わる文科省通知，すなわち中央への「従属」と，合議体教育委員会制度の「形骸化」が見られたとの指摘（高橋, 2021）もある。

　法制度的には，感染症予防のための学校の臨時休業は学校の設置者が決定するが，大多数の自治体は国の要請に従った。また，各自治体が休校の決定を行う際に教育委員会会議が招集されることは少なく，教育長の専決などによって意思決定がなされることが多かった。その際には8割以上の自治体が首長との協議を行っている（末冨編著，2022）。教育委員会会議での協議ではなく，多くは首長－教育長のラインで休校の判断がなされた。

　この理由として，時間的な制約が厳しかったこと，危機管理や感染症対策行政における首長の権限が強く教育行政の自律性は低くならざるを得なかったことが指摘されている（末冨編著，2022）。それらの主張はいずれも首肯できるが，他方でこの時点では感染の状況など不確実性が非常に高かったため，自治体が国の要請と異なる対応を採ることが難しかった点は否めない。

　一斉休校以降には，コロナ感染防止への対応をめぐって教育長・事務局が合議制の教育委員会の意向に沿わない例も見られた。2021年8月，東京都教育委員会は小・中学生のパラリンピック観戦を実施する方針を打ち出したが，当時の感染状況を考慮して教育委員5名のうち4名が観戦実施に反対した。しかし，教育長は教育委員会会議の審議事項ではなく決定済みの報告事項であるとして，教育委員多数の反対があったにもかかわらず観戦を実施した。これは教育長・事務局によって合議体の教育委員会の意向が明確に無視された事例であると言える。首長－教育長ラインの影響力の強大化と，教育委員会の教育長に対する指揮監督権の喪失が招いた弊害であることが指摘できる。

2．コロナ禍からみえる地方教育行政制度の論点と研究課題

　以上に述べたように，コロナ禍での教育行政における意思決定に関しては，(1)中央への「従属」や「上意下達の指導行政」（金井，2021）が見られ，特に全国一斉休校はさまざまな弊害を招いた，(2)多くの場合，首長と教育長との協議による意思決定が行われ，合議体の教育委員会は形骸化していた，との理解が多いように思われる。加えて，髙橋（2021）が述べるように，(3)学校当事者，特に教職員の意向が顧みられなかった点も挙げられる。

　(1)については，全国一斉休校のみならず，学校再開についても文科省の通

知や都道府県の影響力が大きかったことが指摘されている（末冨編著, 2022; 髙橋, 2021）。一方で，教育長への聞き取り調査や質問紙調査を通じて，休校時には教育長・教育委員会としての意思決定が行われたことも観察されている（末冨編著, 2022）。同時に，政策実施の困難さを全く考慮することなく安易にほぼ即時の全国一斉休校を要請した国の政策決定の妥当性は検証されるべきである。ここでは，コロナ禍における政府間関係や国の政策決定の実態をどのように理解するかが重要な研究課題であることを指摘しておく。

　次に(3)について述べると，学校運営協議会制度などでも指摘されるように，日本の教育行政では当事者とりわけ教職員・生徒の意思決定への参画が軽視されてきた。今回のコロナ禍においてもそうした特徴が引き続き現れたといえよう。当事者の意思決定への参画の是非や在り方についてはこれまでも研究が蓄積されているが，日本の民主主義社会の根本的な問題とも関連する現象であるようにも思われる。これまでも批判されてきた当事者の参画不在という問題の背景と帰結を探ることが求められるだろう。

　教育行政学が最も重要な役割を果たしうる（他の学問分野では分析が難しい）問題は，(2)の首長・教育長・教育委員会の権限関係や影響力構造であるように思われる。ここでは2点，重要と思われる研究課題を挙げておきたい。

　一つは，首長，教育長，教育委員の法的権限と実態との間に乖離があることなど，法制度的な観点からの問題の指摘や論点の提示を行う必要があるのではないかということである。例えば，感染症による臨時休業は学校保健安全法で学校の設置者が行うと定められており，地教行法21条の規定と合わせて考えると，首長ではなく教育委員会が臨時休業を判断すると考えるのが適切と思われるが，実際には首長の判断が大きい。また，地教行法25条では「教育に関する事務の管理及び執行の基本的方針に関すること」は教育長に委任できないとあるが，一斉休校の有無や休校・再開の基準がこれに該当するかは不明確であるなど，首長，教育長，教育委員の法的権限には曖昧な点が残っている。また，教育委員会の教育長に対する指揮監督権や任免権など，権限関係は明確であってもその是非が問われる点もある。こうした法制度的な諸課題を学術的な観点で整理・考察することが望まれる。

　もう一つは，通説的とまで言えるかはわからないが，合議体の教育委員会の形骸化，すなわち「教育委員無力論」とも言える理解が妥当であるかを実証的に検証することである。教育委員の実態に関する実証的研究は1980〜90年代に行われ，民衆統制機能の形骸化が指摘された（堀・加治佐，1985）。しかし2000年代以降は首長主導の教育改革が注目されるようになったため，実証研究の対象は首長，教育長に移り，教育委員に関する理解や認識はアップデートされていない。確かに，コロナ禍において教育委員の存在感や影響力は大きいとまでは言えないかもしれないが，先行研究等の結果を見ると全く形骸化しており影響力がなかった，というわけでもなさそうである。急を要した一斉休校の際でも半数以上の自治体は教育委員との協議を行っており（末冨編著，2022），教育委員は一定の影響力を有しているとも考えられる。

　教育委員の役割や影響力に関しては，それを記述的に明らかにするだけでなく，その役割や意識・行動の差異，影響力の大小が政策帰結にいかなる違いをもたらしているのか，という因果的な問いも明らかにすることが必要である。また，教育委員の政策選好は首長や地方議員などの職業政治家や，教育長・教育委員会事務局職員などの（教育）行政職員，また学校教職員とどう異なるのか，という点も重要であるが明らかではない。一言でいえば，首長部局直轄ではなく教育委員会制度が存在していたことで，コロナ禍において教育政策，および学校現場や児童生徒及びその家庭にどのような影響が生じたのかを実証的に検討することが重要であると考えられる。

〈註〉
金井利之（2021）『コロナ対策禍の国と自治体：災害行政の迷走と閉塞』筑摩書房
末冨芳（編著）（2022）『一斉休校：そのとき教育委員会・学校はどう動いたか？』明石書店
髙橋哲（2021）「教育政策決定におけるセクター／アクター間連携に関する日米比較：コロナ禍において教育行政は誰と協業したのか」『教育制度学研究』28, 38-54
堀和郎・加治佐哲也（1985）「市町村教育委員会に関する調査研究：『教育行政の住民統制』の理念と現実」『日本教育行政学会年報』11, 209-229

コロナ禍における不登校とフリースクール
―官／民および教育／福祉の境界がゆらぐなかで―

武井　哲郎（立命館大学）

1. 問題の所在

　年に30日以上学校を休む，いわゆる長期欠席の子どもの数が増え続けている。COVID-19による一斉休校に前後して一部の自治体でオンライン授業が取り組まれた時には，学校から足の遠のいていた子でも非対面であれば参加する様子が見られたとして，それが再登校に向けた一つのステップとなることに期待する声も聞かれた。しかし，長期欠席のうち，病気や経済的理由，新型コロナウイルスの感染回避によるケースを除いた「不登校」の子に限っても，2020年度には小・中学校あわせて20万に迫るまでの数となっている。2015年度に12万人強だったことを考えるとその数はわずか5年でおよそ1.5倍に上り，中学校では在籍する生徒のうち4％以上が「不登校」の状態にある。

　学校に行きづらさを抱える子が安心して過ごせる場が限られるなか，都市部を中心にこれまで存在感を発揮してきたのがフリースクールやフリースペースと呼ばれる民間の団体（※フリースクールと総称する）である。コロナ禍において登校の自明性がこれまで以上に揺らぎ「不登校」の増加に歯止めがかからないのだとすれば，フリースクールの果たしうる役割とその課題について精査することが必要であろう。そこで本稿においては，民間のフリースクールがコロナ禍においてどのような状況に置かれているかを確認するとともに，学校に行きづらさを抱える子の権利を保障するために必要な領

域間行政（とりわけ官民連携）の在り方について検討を加えたい。

2．コロナ禍におけるフリースクールの状況

　民間のフリースクールは，利用者から納められる会費を主たる財源としながら小規模で運営されるため，財務状況が総じて厳しい。長期欠席の子の数が増え続ける中でフリースクールの運営はかえって安定するように思えるかもしれないが，そう単純な話ではない。なぜならば，子ども本人が来たいと思った時に来られる場であることを重視するフリースクールの中には，利用回数・時間に応じて会費を決める「従量制」の料金体系を採用する団体が少なからず存在するからだ。一条校が一斉休校となれば，仮にフリースクールを開所したとしても，子どもたちの多くは（周りの目が気になることもあって）利用しづらくなる。また，公共交通機関で通う子の中には，コロナ禍以降，感染に対する不安から利用日数をこれまでより減らすケースも見られるという[1]。子どもの自己決定権を尊重しようとすれば，それと引き換えに収益変動のリスクを負うというジレンマを抱えながら，フリースクールは運営されている。

　他方で，「不登校」の背後に貧困や障害の影響が見え隠れするケースへの対応が，多くのフリースクールにとって無視できない課題となっている。これはコロナ禍の前から指摘されていたことで，オルタナティブな学びの場を対象に質問紙調査を行った藤根・橋本（2016）によれば，生活保護を受給する家庭の子が在籍する団体は約4割，発達障害や学習障害があるとみなされがちな子の在籍する団体は約8割に上る。生活困窮世帯の子にも門戸を開いてきたフリースクールの中には，学校のみならず家庭にも居場所を見出せずにいる子の「逃げ場」を確保するべく，2020年の全国一斉休校期間中も感染拡大防止策をとりながらあえて開所を続けた団体もある[2]。同時期に開所を続けた保育所や学童保育，放課後等デイサービスがそうであるように，一部のフリースクールはもはや「教育」というより「福祉」の機能を担っていると考えねばならず，コロナ禍が改めてその事実を詳らかにしたと言えるだろう。

3．フリースクールの「質」

　民間のフリースクールが教育的支援のみならず福祉的支援まで提供しているのだとすれば，後藤（2019）が指摘するように，学習権の保障と生活・生存権の保障という双方の文脈において，脆弱な財政基盤に対する公費の助成が正当化されうる。そして現実に，「義務教育の段階における普通教育に相当する教育の機会の確保等に関する法律」（以下，教育機会確保法）の成立以後，民間のフリースクールやその利用者に対する助成制度を設ける自治体が増えつつある。ただ，公費の助成を進めるにあたっては，かねてより指摘されてきた憲法89条に係る問題はもちろんのこと，それ以外にも次のような論点について検討を加える必要がある。

　一つは，フリースクールの「質」をどのように評価すべきかという問題である。フリースクールというのは，それを名乗るための基準が存在するわけではなく，団体ごとに運営の方針やその母体は異なる。そのため，会費収入を伸ばすことに力を入れるあまり，子ども・若者を不必要に長く囲い込むようなところが出てきたとしても不思議ではない。また，将来的に社会で評価される能力が伸ばせるという謳い文句のもと，学習指導要領に準拠しない独自カリキュラムを設定することにより，保護者に「選ばれる」ことだけを目指すような団体が登場する可能性もある。フリースクール等での学習活動に対する経済的支援の在り方について検討することが教育機会確保法の付帯決議で求められているのは確かだが，営利を主たる目的とする団体や能力・階層による学習機会の分断を助長する団体に公費を投入することが適切なのか，慎重に判断しなければならない。

4．公費助成の方法

　もう一つ検討すべき論点となるのが，公費の助成をどのような方法で行うのが適切なのかという問題である。民間のフリースクールに対して公費を投入する方法は，①施設運営委託型と②事業費補助型の二つに分かれる。前者は，不登校の子どもの居場所づくり（教育支援センターを含む）を民間の団

体に委託し，その運営に係る費用を行政が負担するもので，尼崎市や世田谷区などで行われている。後者は，フリースクールの運営に係る経費の一部を行政が補助する，あるいはフリースクールが手がける事業の一部を行政の委託により実施するもので，鳥取県や札幌市などで行われている。①は，受託した団体が安定した運営を実現できるというメリットはあるものの，それ以外の団体には何の恩恵もない。運営の継続が困難となる団体が出てくれば，フリースクールの多様性が縮減することにも繋がりかねない。その点で②は，子どもたちの抱えるニーズにあったさまざまなタイプの居場所を地域の中に増やしていくのに有効だと考えられるが，各団体に配分される金額はどうしても限られてしまい，しかも団体数が増えれば増えるほどその額は減っていく可能性が高い。

　また，公費で充足すべき「ニーズ」とは何なのかという問題も，助成の方法を考えるうえで避けて通れない論点になる。この間フリースクールの利用料を個人に対して助成する自治体が増えつつあるが，そのなかには対象を生活困窮世帯の子に限定するケースも見られる。これは，家庭の経済状況にかかわらず不登校の子が居場所を持てるようにするうえで有効な方策ではあるのだが，公費によって充足されるべき「ニーズ」は貧困によるものだけなのかという疑問を惹起させる。たとえば障害が理由となって一条校に通うことが困難となった子や，外国につながりのある子で自身のルーツに根ざした教育を受けたいと考えた子に対しては，何の助成をしなくてもよいのか。いわゆるギフテッドであるがゆえ一条校に馴染めないという子についてはどうすればよいのか。所得制限等を設けることなく利用料助成を行う自治体もあらわれるなか（滋賀県草津市，所得による傾斜はあり），「ニーズ」の種別や程度に応じた優先的な資源配分を行うべきかどうかが今後問われることになるだろう。

〈註〉
⑴　関西圏で10年以上に渡ってフリースクールを運営するNPO法人理事長の研究会（2020年11月24日実施）での発言より。

(2)　この団体に関する詳細は，武井（2021）を参照されたい。

〈文献〉

後藤武俊（2019）「学校外教育の公共性に関する考察—困難を抱える子ども・若者
　への包括的支援の観点から」『日本教育行政学会年報』No.45，41-57頁

武井哲郎（2021）「新しい日常における学習機会の多様化とその影響」『教育学研
　究』第88巻第4号，545-557頁

藤根雅之・橋本あかね（2016）『全国のオルタナティブスクールに関する調査報告
　書』（発行・監修：全国オルタナティブ学校実態調査プロジェクト代表者　吉田
　敦彦）

【付記】本稿には，JSPS科研費18K13074，22K02244および2020年度日本生
　命財団児童・少年の健全育成実践的研究（1年助成）の成果を含む。

■課題研究Ⅰ■
《報告3》

小学校長の「提言書」問題によって 照射された大阪市教育行政の課題

辻野けんま （大阪公立大学）

1．はじめに

　コロナ禍の第3回緊急事態宣言（2021年4月23日発出）下，大阪市立木川南小学校の久保敬校長（当時）[1]が，大阪市長と市教育長に対して，「大阪市教育行政への提言『豊かな学びの文化を取り戻し，学び合う学校にするために』」と題する手紙（以下，「提言書」）を実名入りで送付し，その後，大阪市教育委員会（以下，「市教委」）により訓告を受けることとなった。「提言書」は，地方自治体の首長，教育委員会，国の文部科学省と波紋を広げ，市民からも多くの要望書や意見書が寄せられるなど，問題が拡大した（以下，「提言書」問題）。久保氏の「提言書」は，インターネットの自動翻訳機能等を通じて海外でも読まれることとなった。筆者は，久保氏と海外の教育学者らとの対話の機会としてジョイントセミナーを企画してきた立場から，「提言書」問題によって照射された教育行政の課題を検討したい。

2．「提言書」のインパクト

　「提言書」は，2021年春の第3回緊急事態宣言に伴う対応について，大阪市長が全面オンライン授業を行うと報道発表したことが発端となり出されたものである。「学校は，グローバル経済を支える人材という『商品』を作り出す工場と化している」という冒頭での問題提起にはじまる「提言書」は，市の教育政策の問題を指摘するものだった。久保氏自身は「提言書」を市長

と教育長の両方に宛てて郵送したのみだったが，許諾を得た知人を介して
SNS上で拡がり衆目を集め，メディアでも報じられるところとなった。

　「提言書」は大阪市の松井一郎市長の目にも留まるところとなり，2021年
5月20日の囲み会見で記者からの質問に応える形で最初の見解が示された。
ここで松井氏は，「大きな振興計画の形に従えないというなら，これは組織
を出るべきやと思います」と述べ物議を醸した[2]。大阪市会でも早速，校長
の行為を問題視する声が上がる。一方，教職員や市民からは校長を処分しな
いよう求める要望等が市教委に数多く寄せられる展開となった。

　「提言書」問題は，市長会見の翌5月21日には文部科学大臣会見[3]の場で
も取り上げられることとなった。萩生田光一文相（当時）は，国の立場とし
て慎重に言葉を選びつつも，校長が首長に意見を出すことは悪いことではな
いとし，教育政策はそうした声にも耳を傾けながら行われるべきと述べた。
なお，同じく「提言書」を受けた市教育長はこの段階で意見表明していない。

3．市教委および市民の反応

　その後，校長への訓告が決定されたのは，2021年7月27日の大阪市第12回
教育委員会会議においてである。ここでの報告内容の主要部分が訓告文書本
文に反映されている。久保氏が「提言書」に先立つ2021年4月20日，21日，
5月15日の3度にわたり「市民の声」に意見投稿し，実際の学校運営は市の
方針に則って行われていることが委員会の場で確認されている[4]。

　「提言書」以後，さまざまな市民団体が次々に市教委へ要望等を提出する
展開に発展した[5]。また，大阪市立中学校長の名田正廣氏が，2021年7月7
日に「大阪市教育への提言」と題する文書を，255人の意見書とともに提出
している。大阪市会でも，「8月20日付けの大阪市立木川南小学校の校長の
訓告処分を撤回し，大阪市教育委員会と大阪市長が校長に対して謝罪するこ
とを求める陳情書」が提出されている。

4．海外とのジョイントセミナーからの示唆

　「提言書」はインターネット自動翻訳を通じて海外でも読まれるところと

なり，筆者のもとへも反応が寄せられた。最初に反応したのは，C. キゾック氏（Craig Kissock：米・ミネソタ大学名誉教授）であり，「提言書」が批判する教育政策は米国社会が正に経験してきたものと通底するとして，校長の行為は勇気あるものと賛辞を送った。ここから，久保氏とキゾック氏とのオンライン対談のジョイントセミナーが2021年8月3日に開催されるところとなった。

奇しくも，オンラインのこの対談は，日本の学校教員や研究者，学生，市民等の参加者と海外の教育学者らとの対話の機会ともなった。その海外参加者らからの提案を受ける形で，続編ジョイントセミナーが第2回（2021年9月19日），第3回（2021年11月6日），第4回（2022年3月27日）と重ねられ，米国，インドネシア，キプロス，キューバ，台湾，ドイツ，ブラジル，ブルガリア，マレーシア，南アフリカ等の教育学者らが参加した[6]。

久保校長の「提言書」が国ごとの多様な文脈を超え世界に波及したのは，競争主義や成果主義に立つ政治が席巻する世界において，「何のため／誰のための教育か？」という根源的な教育の問いを惹起したからこそと言える。

久保氏は，一連のジョイントセミナーにおける海外との対話を振り返って「経済が学校教育の主な関心事，目的になっており，学校が子どもの豊かな成長のための場所ではなく，生産力を高めるための人材育成の場となりつつあることがわかりました。そして，そのような教育の流れに危機感を持っている教育者の方々がたくさんおられることを実感しました」と述べている[7]。

5.「提言書」が照射した教育行政の課題

かつて大阪市教育委員長を務めた矢野（2013）が警鐘を鳴らした首長との連携と協働の課題は，地教行法改正後により深刻化してきた現実が指摘される。首長や地方議会，学校現場の教職員，市民などの間で教育をめぐる対立が顕在化した場合こそ，民衆統制と専門的リーダーシップの調和に拠って立つ教育委員会がプレゼンスを発揮しなければならないが，行政委員会としての自律性は鳴りを静めている。

久保校長の「提言書」が指摘した大阪市教育行政への問いかけは，ローカ

ルな問題にとどまらず，新自由主義やポピュリズムが浸透してきた現代社会の課題をグローバルな規模でも白日の下に晒すこととなった。「何のため／誰のための教育か？」という根源的な問いの喪失は深刻である。「教育」行政と呼ぶに値する実体の（再）構築が強く求められている。

※本研究は，日本学術振興会・科学研究費助成事業の国際共同研究加速基金（国際共同研究強化（B））「Teacher Education for Global Welfare in Post Nation State Era」（研究代表者：辻野けんま／課題番号20KK0048）の研究成果の一部である。

〈引用・参考文献一覧〉
□久保敬（2022）『フツーの校長，市長に直訴！―ガッツせんべいの人権教育論』解放出版社。
□久保敬（2022）「コロナ禍での『提言書』から広がった新たな出会い」園山大祐・辻野けんま編著『コロナ禍に世界の学校はどう向き合ったのか――子ども・保護者・学校・教育行政に迫る』東洋館出版社，57～64頁。
□矢野裕俊（2013）「地方教育行政における教育委員会と首長の関係」『教育学研究』第80巻，第2号，2013年6月，197～208頁。

〈注〉
(1) 本稿では，本人意向により実名表記とする。
(2) 2021年5月20日，松井一郎大阪市長囲み会見。ただし，同会見中に松井氏は，教職員の人事権が市長にはないことと，処分するつもりもないことを繰り返し明言していることには留意を要する。
(3) 文部科学省「萩生田文部科学大臣会見（令和3年5月21日）」https://www.youtube.com/watch?v=N73uW3RyTVg&t=1s［2022年7月2日最終確認］
(4) 大阪市教育委員会第12回教育委員会会議議事録参照。
(5) 要望内容と回答は以下で公開：大阪市「教育委員会　団体との協議等の実施状況」https://www.city.osaka.lg.jp/templates/dantaikyogi/51-2021.html［2022年6月25日最終確認］
(6) 海外の声は，2022年3月の久保氏退職に寄せたYouTube公開動画に垣間見ることができる。「School Education for/as Human Rights: To Conclude Kubo-

sensei's 37-years Teaching Career 久保校長ご退職に寄せて」（筆者制作）
https://www.youtube.com/watch?v=KbdefwHnzso

⑺　久保（2022），64頁。

教育行政学における基礎概念および
重要命題の継承と発展（2）
―何によって「現在」を語り，命題を再結晶化するのか？―

清田　夏代（実践女子大学）

【趣旨】

　教育行政学研究の過去・現在・未来という時間軸の枠組みで，これまでの学問上の蓄積の再評価と現代的な命題の探究を試みることを目的とする課題研究Ⅱの今年度の課題においては，教育行政学の「現在」および「現在に至るプロセスの中で，教育行政制度の前提がどのような変化に直面してきたか」を理解し，共有されるべき教育行政学の現代的な命題とは何かを議論することを目的とする。

　1992年，黒崎勲は有志との共編・共著で『教育学年報』の刊行を開始し，黒崎自身による巻頭文において，教育研究がこれまでの枠組では扱いえない数々の新しい問題に直面していること，そしてそれを統制的な教育政策の結果として理解し，議論しようとする従来の方法がすでに有効性を失っていることを指摘し，戦後教育学の推進力となってきた「教育の内側から教育を問題にできるような理論」を追求する試み自体が教育研究に自閉的な傾向をもたらすものとなっており，1980年代の初めにはすでに教育研究の枠組みは壁にぶつかっていたと主張していた（黒崎1989：i）。

　三上和夫によれば，こうした日本の教育行政の枠組みと方法に対する黒崎の批判的な視点は1980年代半ば頃にはすでに示されており，そこでは公教育に関する研究活動は日本の教育行政学の限定的な枠組みのなかに制約されるべきではなく，個別の研究対象についての研究と分析，その成果がより大きな枠組みのなかに位置づけられ，相対化される必要があることが主張され

ていた。黒崎のこうした課題意識は，アメリカで展開されていた教育制度改革の取り組み，またそれらをめぐる議論を対象とする研究によって発展の契機を得た。さらにそれらと並行して，日本の教育制度・行政に関心を向けた『現代日本の教育と能力主義』(1995)，『教育行政学』(1999) が刊行されているが，これらの著作について三上は，教育制度を観察する方法的視点を整備し，教育制度としての教育行政研究を新たな形態に結実させた成果であったと高く評価している（三上2009：261）。

　黒崎（2009）は，私たちが「（教育学としての）教育行政＝制度研究の基礎となっている戦後公教育の根幹とされてきた諸制度，諸理念」が解体されつつある状況に直面していることを指摘し，新たに生起した問題の本質を明らかにし，新たな制度と理念を探究することを研究の課題とすべきことを主張してきた。黒崎のいう「戦後公教育の根幹」として考えられるものとして，例えば福祉国家体制を前提として展開されてきた教育行政制度の正当性の理論があげられよう。わが国の公教育制度の正当性の理論の前提＝公共性の変容を迫るこうした政治状況の変化は，1980年代以降に生じたものである。こうした変化は，学校教育のガバナンス形態と手法を大きく転換させることになり，当然のことながら教育行政学に対してもその正当性に関する新たな理論を要請するものであったが，あまりにも目まぐるしい変化のゆえか，その変容の表層的な変化の形態やその背景となっている状況の記述に追われ，それらが本質的に何を示すものであったのか，またそうした新たな動向の根底にある理念の探求などについては，変化の契機から数十年経過した現在においても必ずしも積極的かつ十分に蓄積されておらず，教育行政学の現代化という課題は依然として私たちに突きつけられているように思われる。

　今年度の研究会においては，登壇者それぞれの研究関心に基づいて報告を行い，さらに指定討論者とともに議論を深めつつ，この課題に取り組みたいと考える。

〈引用文献〉

黒崎勲（2009）『教育学としての教育行政＝制度研究』同時代社。
黒崎勲（1989）「創刊にあたって」『教育学年報1 教育研究の現在』世織書房。
三上和夫（2009）「公教育費と教育行政＝制度学」『日本教育行政学会年報』No.35。

教育行政学の可能性の再考に向けて
―比較研究が投射する現代的課題―

清田　夏代（実践女子大学）

1．日本の教育行政学に対する黒崎の提言と外国研究

　1989年刊行の黒崎勲『教育と不平等』は，アメリカの教育制度論の現代的な動向を論じるものであったが，その目的は日本の教育制度，教育行財政問題の解決のための示唆を得ること，1960年代のアメリカで展開されていた教育政策及び運動を検証し，そこに見出される新たな理論的関心に基づいて教育制度論を分析することによって，日本における教育制度問題を先進資本主義社会に共通する問題として理解することを課題とするものであった（黒崎1989：ⅰ-ⅲ）。そして，そうした研究活動の究極の目的を，「真に平等化の実現のためにはたしうる教育制度独自の課題，役割を解明する」こととしていたが，これこそが黒崎の研究命題であったといえるだろう（黒崎1989：18）。

　黒崎の一連のアメリカ研究は，教育政策の成立過程において複合的な理念が交錯していること，決定の解釈の多様性によって政策の方向性が左右されていることを検証するような研究方法の有効性を示した（黒崎：2004：7-8）。これらは他国における研究方法から自国の研究方法の限界を乗り越える方法の示唆を得る好例であるといえる。黒崎は，例えばマイケル・アップルの批判理論を通して，「教育改革の動向を観察し，評価することに留まらず，これに関わるさまざまな関係者のそれぞれの目的意識的な実践の可能性を拡大するために，主体的，能動的にこれに関与することが批判的教育理論

の課題」であること，また，「教育を単に現象として対象化するのではなく目的意識的な営みとして教育に接近するところに教育学理論の本来の特性がある」ことを示唆していた（黒崎2008：390）。

　黒崎は，「教育を対象とする社会・人文科学の研究の一般的展開の中で，必要ならば教育の固有性を否定する分析とも拮抗して，教育の制度と実践の意味内容を確定していく理論活動」こそが教育理論に問われているものである（黒崎2006：9）と述べ，1960年代以降所与のものとなってきた理論的前提—教育は経済に従属するものであるという—が現在，著しい変容にさらされていること，そのような時代における教育理論の役割とは，教育改革にかかわるさまざまな関係者のそれぞれの目的意識的な実践の可能性を拡大するために，主体的，能動的にこれに関与するところにあると主張する。教育を単に現象として対象化するのではなく，目的意識的な営みとしての教育問題に接近するところに教育学理論本来の特性があるというこの主張（黒崎2006：10）こそ，黒崎の研究を通底する方法的態度であったということができよう。

2．教育行政学の現代的命題の探究に向けて

　グローバル化とそれと並行して台頭してきた新自由主義的公共ガバナンス改革のなかで国境を越える教育問題が顕在化し，これらは翻って国内の公教育政策に重要な影響をもたらしつつある。そのような状況において，外国の教育政策や国際的な動向へと視野を広げることの重要性はますます高まっており，国際的な動きの全体のなかで自国がどのような状況におかれているか，その両方を見据えるような研究枠組み，方法が希求される。英国の研究者ヘレン・ガンターの研究はそのようなものの重要な例であり，また黒崎が投げかけた問題意識を共有しうるものであると評価される。ガンターは教育リーダーシップ，マネジメント及びアドミニストレーション（ELMA）の変容に関する研究に取り組んできた。氏の研究の特徴は対象を通して公教育に生じている現象と意味を洞察し，それをより大きな社会理論との関係で論じ，

それによってわれわれが国境を越えて共通に直面している公教育領域の危機的状況を浮き彫りにすることである。ガンターが示してきたのは，国や社会によって多様であったはずのELMAのパラダイムが単一のパラダイムへと収束してきた過程と，そのことが教育内容や教師を含む教育活動の諸要素に対して意味するものを明らかにするという研究上の課題である。ガンターは，教育に関する日常的なガバナンスとして行われていることの本質を見極めることの重要性を訴える。標準化された学校運営モデルが国際的に普及しつつあること，そのことが今，教師らの専門性を掘り崩していることをガンターは明らかにし，警鐘を鳴らしているのである。

黒崎はアップルの批判理論について，それが「目的意識的な営みとして教育に接する本来の特性」を有するものと評価していたが，構造的な変容を遂げつつある時代の教育改革の動向を観察し，評価することにとまらず，これにかかわる様々な関係者それぞれの目的意識的な実践の可能性を拡大するために，主体的，能動的にこれに関与しようとすることが教育理論の役割であるとする黒崎の主張（黒崎2006：10）は，研究者にとっての対象が示す含意とは何か，研究がどのように読まれ使用されるかということについての含意とは何かという二つの重要な問いによって「政治的思考と政治的活動を活性化」（Gunter 2014=2020: 267）させようとするガンターのそれと重なるところの多いもののように思われる。

さらにガンターは自らの研究対象を問いただし，代替となる観念を提示するため，社会学，人類学，哲学，政治学，カルチュラル・スタディーズなど，多様な学問領域の研究者らとの対話の必要性を説き，アップルもまた，経済的，政治的，文化的権力との関係について批判的に考える必要があることを主張している。同様に黒崎も，戦後教育学の枠組みを自覚的に問い直す必要性とそのための新しい研究者世代の形成のため，さまざまな批評や批判の中に身をおく，より積極的な活動が必要であると述べてきた。個々の研究活動やその総体としての学問領域が常に有意味であるためには，自己自身をも批判的検討の対象にする挑戦的な態度が求められる。私たちもまた，こうした学問的態度の重要性を再認識し，他の学問領域に学び，時に対抗しながら現

代社会の教育に生じている新たな難問に挑戦するなかで，学問としての教育行政学を鍛え上げて行くことができればと思う。

　最後に，上記してきたような問題意識を背景に，今回の課題に対する自らの英国教育制度研究から目下の研究命題の特定を試みたい。

　新自由主義の教育改革は個々の学校による自律的な学校運営をもたらし，同時に「企業のように学校を運営する手腕」を学校リーダーシップに求めるようになった。しかし，こうした本質的な変容をもたらしたのは必ずしも新自由主義の改革だけではなく，教育水準の改善と社会的な格差問題への取り組みを目標に掲げ，児童福祉の拡大と社会的包摂を実現しようとするニューレイバーの野心的な教育改革も関係している。アラン・スミサーズは，ニューレイバーの「包摂的で公平な社会を実現するための教育」という概念によってもたらされたものは学校教育の本質の変容そのものであると指摘し，こうした展開によって，「教育について十分に知らない，教育の優先順序が必ずしも高くない人々の手に，学習や教授が置かれるかもしれない」と懸念していたが，この懸念は今現実のものとなっている。

　「教育ガバナンス」を総合的に明らかにする研究過程においては，黒崎が示してきたように，そのプロセスにおいて複合的な理念が交錯していることを念頭におきつつ変化の本質と要因を明らかにし，例えば教師の専門性というような基本命題を日本の内外の研究者と共有しながら「目的意識的」に接近していきたいと考える。

〈引用文献〉

黒崎勲（1989）『教育と不平等』新曜社。

黒崎勲（2004）『新しいタイプの公立学校―コミュニティ・スクール立案過程と選択による学校改革―』同時代社。

黒崎勲（2006）『（増補版）教育の政治経済学』同時代社。

黒崎勲（2008）「［解題］マイケル・アップルの教育批判と批判教育学」，M・アップル（2008）『右派の／正しい教育―市場，水準，神，そして不平等』世織書房。

H・ガンター（2020）『教育のリーダーシップとハンナ・アーレント』春風社。

A・スミサーズ（2012）「第10章　教育」『ブレアのイギリス―1997～2007』関西大学出版部。

福祉国家型教育財政制度構想と教育行政学研究の課題

―新自由主義教育改革からの反転の芽をいかにしてつむぐか―

石井　拓児（名古屋大学）

1．福祉国家論をめぐる教育行政学研究の課題

　緊縮財政政策（fiscal austerity policy）の一環としての新自由主義改革は，公財政支出をできるだけ抑制しようとして，福祉国家的な社会保障制度をアタックの対象とする。大学予算・教育予算を競争的に配分し，そのことを通じてできる限りこれを縮減することを迫る一連の教育政策を「新自由主義教育改革」と呼ぶ。日本では1970年代から80年代にかけての時期に登場し，今日までじつに半世紀もの時間が経過している。

　新自由主義教育改革がもたらしたものは，何であったか。競争的な教育環境・研究環境が大学や学校の現場で働く人々の極度の多忙化を招き，財政不足・財政難のゆえに競争的予算の確保に汲々とし，いつの間にか財政的コントロールに研究も教育も水路づけられる。それは，教育と研究の無残な形骸化・空洞化ではなかったか。

　新自由主義教育改革がもたらした負の側面が明確である以上，私たちはこれとは異なる選択肢（alternative）を手に入れる必要がある。教育的価値にもとづく新自由主義教育改革の徹底批判はそのための前提的作業となるが，そうした前提的作業の上に，新自由主義教育改革からの「反転」の像をどのように描くのかを本格的に追究すべき段階に入っている。本報告は，このことを通じて課題研究の「教育行政学の再構築」というテーマに貢献したい。

　しかしながら，新自由主義からの反転の像としての「福祉国家」をめぐっ

ては，日本においてはきわめて特殊なイデオロギー的色彩を有していること
を自覚しないわけにはいかない。三つの研究課題を指摘したい。第一は，
「戦争国家」と「福祉国家（社会国家）」の区別という課題がある。第二に，
第一の課題と連動するが，戦後日本における福祉国家論の登場が，戦前内務
官僚の復活とほぼ同時代的現象であったこと，ここに福祉国家論をめぐる理
論的背景とその担い手をめぐる複雑性や日本的な特殊性をどうとらえるべき
かという課題である。中央・地方の教育行政においてこれらの事態がどのよ
うに進行したのかを明らかにすることは，教育行政学が独自に解明すべき研
究課題でもある。加えて，第三に，福祉国家を資本主義の「延命装置（階級
妥協的性格）」とみる福祉国家論批判にどう応答するかという課題が重なっ
てくる。

２．現代日本の教育システムの歴史的規定性とその構造

　中央政府・地方政府において内務官僚の復活が徐々に顕在化してきた1950
年代には，特殊な教育財政システムが形成されるようになる。これを世取山
洋介は「教育条件整備基準立法なき三層型財政移転制度」（世取山2012：47-
51）として規定しているが，この時期より「振興法」が次々と整備され，要
は，中央政府から地方政府への財政移転の仕組みが普遍主義的なものから選
別主義的なものへと転換していくことになる。

　ここで，文部省内における福祉国家論とはどのようなものであったかを確
かめておくことが肝要であろう。文部官僚による福祉国家論は，天城勲「教
育行政の課題―教育行政把握の試図―」（1953）や「福祉国家における教育」
（1960）にみられるが，より本格的な著作物としては今村武俊（1964）『教育
行政の基礎知識と法律問題』がある。今村は，「つまり，わたくしは，地方
公共団体の長が学校建築の請負契約をすることも，教育委員会が教職員を任
命，配置することも，校長が所属職員を監督することも，教職員が教材研究
を熱心にやることも，文部大臣が教育課程の基準を示すことも，要は福祉国
家が住民に教育サービスを提供するための手段，条件」（同80-81）だと述べ
ているが，これらの法的根拠として戦前の公法理論「特別権力関係論」を明

確に位置づけている（同14）。ここに，戦後日本の教育財政システムが，「福祉国家」としての積極的な財政措置を口実としながら，強い国家統制あるいは不当な支配の形態をともなうものであったことを見ておく必要がある。

1960年代から1970年代にかけて高度経済成長を遂げるなか，経済成長が生活の安定につながるという社会的幻想が定着するようになると，次第に政府は福祉国家論を採用しなくなる。70年代半ばになると，「福祉国家論」は「福祉社会論」へと華麗に転身する。福祉社会論のもとでは，「国家の責任」は解除され，財政支出は抑制されるようになるが，教育への国家介入は全く別の方法によって進んだ。すなわち，日本型雇用（中規模以上の会社，公務員）への参入が安定的な生活を手に入れる条件であることの「社会的合意」が成立するようになると，受験競争は激化するようになる。このことによって，教育内容の国家基準（＝入試出題基準）への自発的同意が調達されるようになったとみられるのである。

ただし，国家財政の縮小が，国家統制・国家介入を弱めるのではなかった。新自由主義教育改革において教育政策形成過程そのものが構造的に変容し，財政部局による教育政策に対する関与が高まり，文部行政・教育行政部局の独立性や財政的自律性がテイクオーヴァーされてきたからである。新自由主義改革下の「学校ガバナンス改革・大学ガバナンス改革」は，職員会議規程や教授会規程を変質させ，トップリーダーの権限強化とともに包括的支配権を導こうとする。それはあたかも特別権力関係論の「残滓」でもあり，まるで「亡霊」が復活したかのようでもある（石井2021：234-236）。

３．福祉国家研究の新しい展開とオルタナティブ教育行政学の構想

以上，戦後日本の教育行政システムを眺めれば，これが福祉国家論をめぐる特殊性を浮かび上がらせることになる。これにどう応答するかをめぐって教育行政学研究も難しい理論的対応を余儀なくされたものと言うべきであろう。本学会年報創刊号において持田栄一（1975）は，「国家は『指揮命令』的強制とともに『ヘゲモニー』機能として作用し，国民福祉をたかめるという形で支配を貫徹する」とし，「福祉国家教育論」を「全般的危機の時代」

における「国家独占資本主義体制とそこに基礎をおいた福祉国家理念とのかかわりにおいて提起されている近代公教育の拡充再編構想」だとしている（64-65）。

　持田の言うような「全般的危機」は今日まで訪れてはおらず，また持田のいう「福祉国家」が，日本に特殊な「福祉国家」であることを見ずにはおられないが，そのことはひとまず措くとして，教育行政学研究における国家の役割と地方自治をめぐる理論的対応について，三つの選択肢がありうるということを確認したい。第一に，国家の教育内容に対する不当な支配を否定して，教育の自由と自主性あるいは教育の地域性に依拠した教育の地方自治論である（古典的地方自治論）。第二に，国家の教育内容支配を否定しつつ，国家の財政責任をも「支配の貫徹」ととらえ，これを拒否する地方自治論である。「福祉国家論批判としての地方自治論」であると同時に，「新自由主義的地方自治論」としても接続している点に特徴がある。

　これらに対し，国家・地方自治体の国民の学習権を保障する義務と責任をふまえ，国家のあらゆる教育分野への財政措置責任を追及するとともに，教育の自由と自主性を確保あるいは教育の地域性をふまえた教育の地方自治論を想定することができる。これを「新福祉国家型教育行財政制度構想＝オルタナティブ教育行政学研究」と言いうるが，そのための基本原理と諸要素を確かめていくことが教育行政学研究の新たな課題となっている。

〈引用文献〉
石井拓児（2021）『学校づくりの概念・思想・戦略—教育における直接責任性原理の探究—』春風社。
今村武俊（1964）『教育行政の基礎知識と法律問題』第一法規。
持田栄一（1975）「教育行政理論における『公教育』分析の視角」日本教育行政学会年報１。
世取山洋介（2012）「教育条件整備基準立法なき教育財政移転法制」世取山ほか編『公教育の無償性を実現する—教育財政法の再構築—』大月書店。

教育行政学を命題志向へ転換させるには
―乗るべき巨人の肩探しへの道程―

青木　栄一（東北大学）

1．問題設定

　本稿は教育行政学の問いの立て方の「癖」を矯正し命題志向に転換する方策を提案する。問題意識の背景には筆者の滞米経験がある。限られた語学力しかなく，受入教授はもとより初対面の教育経済学の博士課程院生とどうやって対話したらよいか悩んだ。その過程でビッグクエスチョンに自らの研究を位置づけることの重要性を知った。滞米中の研究テーマは地方政府の教育ガバナンスであった。このテーマは伝統的に日本の教育行政学の中心的テーマの一つでもある。実際，2010年（36号）から2021年（47号）までの研究報告（査読論文）全43本のうち，日本の地方教育行政をテーマとするものは15本（35％），また，比較が10本（23％），歴史が11本（26％）であった。本稿もこの地方政府の教育ガバナンスに焦点をあてることとする。

2．議論の視角

　本稿が用いる道具は，命題，基礎概念，論点である。第1に，命題は真偽を客観的に判断できる文（章）である。論理学の命題の例は「人間は動物である」（真），「卵生であれば爬虫類である」（偽：鳥類も卵生）である。これに対して「トイプードルはかわいい」は主観的判断であり，命題ではない。

命題を組み合わせて行うのが「推論」であり，論理学の「推論」とは「ある有限個の命題から，1個の命題を導き出す」という演繹的推論である（戸次2012：12）。他方，社会科学についてはやや厳密さを緩和し「広義の推論」となる。「ある有限個の言明が真であることを根拠として，他の言明が真であると結論づけること」がその意味することである。つまり，社会科学では演繹的推論に加えて統計的・確率的推論も許容される（久保2017）。第2に，基礎概念は論点や命題を構築するための必要物である。先の例でみると「鳥類」「卵生」といった概念は適切な手続きを経て定義づけられたものである。本稿にかかわる基礎概念としては「集権」「分権」「民主性」「専門性」「政府間関係」「自治」などがある。第3に，論点は命題とは異なりオープンクエスチョンである。たとえば，「地方分権（政府間関係の変動）は教育行政の民主性を強めるのか」という論点はそれ自体なんらかの言明や命題ではない。これに対して「地方分権化すると教育行政への首長の関与が強まる」というのは言明もしくは命題であり，さらにいえば観察可能性がある。

　以上をふまえて教育行政学の命題の例を検討する。「戦後日本の教育行政の政府間関係は集権的である」という命題の根拠としてあげられるものに「地方政府の教育予算の8割が中央政府からの財政移転である」（伊ヶ崎・三輪1980）がある。さらに「教育長団体を通じて事実上の企画化をもたらす」（荻原1996）がある。筆者の研究（青木2004）を本稿の文脈に位置づけると，従来の命題の根拠に対して「反例」を提示したことになる。すなわち，「地方政府は移転財源を自律的に使用することができるし，実際にそう運用している」「任意団体は構成する地方政府の要望を中央政府に伝える機能を果たしている」といったことを発見した。このように，本稿は教育行政学に命題が存在しなかったことを指摘したいわけではなく，既存研究を命題として適切に位置づけることの重要性を強調する。

3．命題志向へ

　教育行政学の先行研究を検討してみると，命題（に近い言明）にならない

のはもちろんのこと，論点にすらならない例が散見される。たとえば「地方分権改革は好ましい」「中央政府から地方政府への財源移譲を断行すべきである」「首長は教育行政に対して抑制的であるべきだ」というものである。これらの域までいくと先にあげた主観的判断と何ら違いがない。

　以下，命題志向への基本的道筋を示す。まず，論点が命題の前提となることを強調したい。論点はいわば問題意識を示すものであり，それは５Ｗ１Ｈの形態をとる。たとえば「地方分権によって地方教育行政の自由度がどうなるか（高まるかもしれないし低くなるかもしれない）」「なぜ地方分権後に首長が教育分野への関与を強めたか（○という理由かもしれないし，△という理由かもしれない）」といった論点を研究の出発点にできる。次に，そうした論点に沿って検証が行われることで追試可能な知見が得られる。筆者の研究を例にとれば（青木 2013），「地方分権改革で地方政府の自律性が増した結果，首長が教育行政に関与する余地が拡大した」という知見が得られた[1]。

　その次に行うべきは命題化と命題の検証である。命題化の例をあげると「地方分権改革は地方の自律性を増す」「地方の自律性が増大すると，首長が教育行政に関与する程度が高まる」である。命題化は普遍的真理ではなくあくまで事後検証に開かれた暫定的なものである。命題化の後に「地方分権改革は地方の自律性を必ず増すのか」「地方の自律性が増大しても，全ての首長が教育行政に関与する程度が高まるとは限らないのではないか」といったより詳細な論点が導かれる。ある命題が真となる条件を厳密に探索する永続的な営為に資するかどうかが重要となる。

４．命題化と命題の検証

　それでは教育行政学はゼロから命題をつくりあげなければならないのだろうか。実はその必要はなく，既存の研究が示した「知見」を「ケース」として扱えばよい。複数のケースがあれば比較研究が可能となる。その際に必要なのが命題や論点であり，それらを構築する基盤となるのはレビューである。このレビューに必要なのは他分野や他のディシプリンと共有可能なメタレベ

ルの視点であり，言い換えればビッグクエスチョンである。ビッグクエスチョンの下で，教育というサブ領域に根ざした「領域情報」に精通する教育行政研究者なりのレビューを行うことが肝要である。そこで改めて重要なのは比較＝地域研究や歴史研究である。これらはいわば見過ごされている「都市鉱山」のようなもので，現代日本の地方教育行政研究と必ずしも問題関心（論点や命題）を共有し切れていない。これが教育行政学の改善すべき課題であるとともに，改善の出発点である。

　なんといっても重要なのは論点と命題の往還である。大阪維新の会の教育改革への反応を例にとれば，「教育基本条例は憂慮すべき」というのは「トイプードルはかわいい」とさほど変わらない非学術的言明である。論点としてあるべきは「市長統制が可能となる条件は何か」であり，実際に得られた知見は「市長与党の議席率が条例の成立を左右する」というものであった（北村 2014）。本来なら，これをうけて「市長統制を可能とする議会以外の条件は何か」を提示し，たとえば「現市長の任命する教育委員が過半数を超えると市長統制が実現する」という知見を得るのが望ましい。

〈註〉
⑴　青木（2013）では仮説検証スタイルを強調しすぎた（水本 2014）。

〈引用文献〉
青木栄一（2004）『教育行政の政府間関係』多賀出版
青木栄一（2013）『地方分権と教育行政―少人数学級の政策過程』勁草書房
伊ケ崎暁生・三輪定宣（1980）『教育費と教育財政』総合労働研究所
荻原克男（1996）『戦後日本の教育行政』勁草書房
北村亘（2014）「大阪府市における教育行政基本条例の成立過程―二元的代表制の下での『府市合わせの条例』の追求」日本教育行政学会研究推進委員会編『首長主導改革と教育委員会制度―現代日本における教育と政治』福村出版
久保恵一（2017）「比較政治学における因果推論」『早稲田政治経済学雑誌』392，11-17
戸次大介（2012）『数理論理学』東京大学出版会（久保（2017）より重引）
水本徳明（2014）「書評 青木栄一著『地方分権と教育行政―少人数学級編制の政策過程』」『日本教育経営学会紀要』56，203-205

教育行政学の理論的課題と展望
―グランドセオリーの必要性を問う―

佐藤　修司（秋田大学）

1．基礎概念と命題と論点と言明

　本課題研究Ⅱは「教育行政学における基礎概念および重要命題の継承と発展」を基本テーマとしている。青木が整理したように，基本概念としては，集権や分権，民主性・民主主義，専門（職）性などがあり，他にも，公共性，協働性，私事性，人権・権利・主権，自由・自由主義，市場原理，福祉国家，学校選択・参加，さらには新自由主義，（新）国家主義・保守主義，ガバナンス，リーダーシップ，マネジメントなどが挙げられるだろう。概念が客観的，限定的に定義づけられなければ，後の議論が成り立たない。それ故，学会が主体となった学術用語集が必要になるわけだが，自然科学と違い，社会科学では多義的，主観的になりがちで，研究者によって，立場によって捉え方が違う場合がしばしば起こる。

　命題は，青木が例えで挙げた，「地方分権により教育行政への首長の関与が強まる」のように，客観的に真偽が判断できること，観察・検証が可能であることが条件となる。「論点」，問いがあって，仮説を立て，事実に即して研究し，その仮説が立証されるなり，修正されるなりして，命題が，基礎概念を使用して組み立てられ，完成するイメージである。さらにこの命題が複数組み合わされ，体系的に構築された理論体系が，〇〇理論，〇〇論，〇〇学派と呼べる，「グランドセオリー」となる。国民の教育権論もその一つに数えられるだろう。

　青木が論点でも命題でもないとして挙げるものは，感覚・感情や思想・信条，立場など，主観に左右され，客観的に確定できない「言明」である。教育行政学には，「○○は○○である」という事実命題だけではなく，「○○は○○すべきである」「○○でなければならない」「○○が望ましい」「○○は正しい・不当である」といった当為命題（青木の定義からすれば命題とは言えない）が多く存在する。

　ただ，教育学である以上，教育を良くしたい，教育行政学であれば教育行政をよくしたいという主観的な思いは欠かせない。純粋に解明することが楽しいということはあるだろうが，研究のための研究であってはならず，研究が手段であるとすれば，何のために研究するのか，研究成果がどのような影響を及ぼすのかは，研究倫理としても問われる。政策，制度，実態を客観的に明らかにする場合，最終的にそれが学習権保障に沿うものになっているかを問うことは避けにくい。人によって，望ましい教育の姿は大きく異なり，そこに主観が入り込む余地が大きい。ただ，命題が主観によって曇らされないように不断に研究のあり方を見つめ続けることが求められるだろう。

　内外事項区分論を，内的事項への不当な支配，政治的，権力的な統制を禁じる（望ましくない）ものととらえれば，当為命題であろう。ただ，区分論を含めた国民の教育権論が，当為命題でできた理論体系であると即断するのは早い。国民の教育権論は，宗像誠也が提起し，堀尾輝久が教育学として体系化し，それを兼子仁が法解釈学として精緻化した，と単純に跡づけたとして，堀尾は，種々の命題を当為命題としてではなく，近現代に及ぶ教育思想史(啓蒙思想や社会主義思想)，教育制度史（イギリスやフランス，ドイツ，日本等)，憲法・法律学，社会分析（市民社会，福祉国家，大衆国家，独占－帝国主義）から，戦後教育改革に結実した理念を整理・分析し，そこから憲法26条や旧教基法10条の法解釈を，事実命題として明らかにしたのであった。そして，教育諸学を統合した「戦後教育学」が築かれ，戦後教育改革の理想から遠ざかる国家，行政，学校に対する裁判闘争，民間教育（研究）運動，市民・住民運動を通じて理論が現実に影響し，現実によって精緻化されていった。理論と現実・実践・運動の往還，相互作用である。

しかし，同じ条文でも多様な法解釈があり，「正しさ」を競う中で，そして，現実と条文との乖離を問う中で，「当為命題」化していく傾向も出てくる。また，確立されたグランドセオリーが，その後の研究を誤った方向に枠づけることもありえる。それ故，持田栄一や黒崎勲が従来から指摘してきたように，グランドセオリーとしての正当性，現実状況に即した有効性を問うことや，広瀬（2021）が提起するように別の（持田の）グランドセオリーの可能性を探り続けること，ないし，国民の教育権論の改良・発展に取り組み続けることが求められる。

堀尾の『現代教育の思想と構造』の出版（1971年）から50年が経過した。新自由主義の現在の状況に対応できる，新たな理論体系，新たな『思想と構造』や『教育法』，『教育行政学序説』（本説），が生まれるべきなのか，また，生まれることが可能なのか（戦後のあの時代，あの状況でしかありえなかったのか），また，今の時代にグランドセオリーが必要なのかも問われるところである。

２．新自由主義時代の教育行政学

清田報告，石井報告は，新自由主義の現状に対応した新たな理論を構築しようとする問題意識が強く感じられる。その際に，欧米の新自由主義先進国での経験や，マイケル・アップル，ヘレン・ガンター，エスピン・アンデルセンらの理論枠組みを研究，参照しながら，日本における新自由主義との共通性と特異性を照らし出し，新自由主義への対抗方策を模索する作業が行われている。

黒崎は，その対抗方策を国民の教育権論における参加と民主主義，専門職の自由ではなく，一般的に新自由主義的なものとして否定的に捉えられる学校選択に求めていた。資本主義的な競争，市場原理とは別の，抑制と均衡の原理に基づく規制された市場における学校選択を，公立学校制度改革のオルタナティブとして位置づける。学校選択をめぐる藤田と黒崎との論争は有名だが，田原（2007）の指摘のように，黒崎のモチーフのユニークさは注目す

べきであり，命題，基礎概念の，不断の捉え直しの証左であろう。

　最後に，これからの教育行政学のあり方を考えるとき，日本と外国との比較研究，研究者間の国際交流と同時に「教育学としての教育行政学」と「行政学としての教育行政学」の両方を追求することが必要であるように思える。教育行政学が行政学であるためには，一般行政学や○○行政学，さらには社会科学全般との共通の基礎概念，命題を持つ必要がある。それが行政，自治体，政府，国家を変えていく力にもなるであろう。一方，教育行政学が教育学であることも忘れられてはならない。以下の石井英真（2015）の言を踏まえれば，細分化する教育○○学，○○教育学を連結・総合し，共通概念，命題を作り出すことで，教育や教育行政の現実を変える方策が見いだされるように思える。そこから「戦後教育学」に続く新たな「教育学」の理論枠組みが生まれるのかもしれない。

　　「エビデンスに基づく教育」について論じる際には，エビデンスを重視することの実践面での有効性や妥当性（教育実践・政策の改善に資するものかどうか）のみならず，それが埋め込まれている教育統治の力学（誰がどういう役割を担いながら実践・政策の決定に関与するのか）をあわせて議論する必要がある。教室レベルの教育実践の論理と教育政策レベルの教育統治の論理とを，そして教師の専門職性・自律性に関する議論と，目標と評価のシステムに関する議論とを結びつけて問うことが求められるのである。

〈引用・参考文献〉
青木栄一（2019）「教育行政学」下司他編著『教育学年報11』世織書房
石井英真（2015）「教育実践の論理から『エビデンスに基づく教育』を問い直す」『教育学研究』第82巻第2号
佐藤修司（2007）『教育基本法の理念と課題』学文社
田原宏人（2007）「教育の制度的条件としての『信頼』」田原・大田編著『教育のために』世織書房
広瀬裕子（2021）「近代公教育の統治形態を論じる論理枠の構築について」広瀬編著『カリキュラム・学校・統治の理論』世織書房

何によって「現在」を語り，命題を再結晶化するのか？

―まとめにかえて―

藤村　祐子（滋賀大学）

1．各報告の概要

　本年度の課題研究Ⅱでは，「現在」という時間軸で議論することを目的に，現在，教育行政学会で活躍される清田夏代会員，石井拓児会員，青木栄一会員の3名にご報告いただいた。

　清田会員からは，比較研究という視点から，米英における研究動向を参照した教育行政学の方法論の展開例と可能性についてご報告があった。黒崎勲（1989）『教育と不平等』を取り上げ，他国における研究方法に自国の研究方法の限界を乗り越える方法の示唆を得ることができると評している。また，ガンターは，グローバル化が進み，標準化された学校運営モデルが普及する中で，そのことが教師らの専門性を掘り崩す事態を引き起こしているとし，教育に関する日常的なガバナンスとして行われていることの本質を見極めることの重要性を訴えている。清田会員からは，これら黒崎やガンターの主張を踏まえ，個々の研究活動やその総体としての学問領域が常に有意味であるためには，自己自身をも批判的検討の対象にする挑戦的な態度が求められる，他の学問領域に学び，時に対抗しながら現代社会の教育に生じている新たな難問に挑戦するなかで，学問としての教育行政学を鍛え上げて行くことができれば，との思いが示された。

　石井会員からは，福祉国家論の刷新に伴う新たな教育行財政制度を探る教育行政学の課題について，ご報告があった。新自由主義からの新しい展開と

して，第三の地方自治論としての「福祉国家論的地方自治論」を提案し，日本の地方自治研究の限界と，福祉国家における中央集権的性格の必然性を踏まえた新しい教育財政制度構想の必要性から，アンチ教育行政学ではなく，オールタナティブな教育行政学研究が構想される。また，構想を実現するために乗り越えるべき課題として，日本の福祉国家論の特殊性の探究，財政措置による国家支配の排除の仕組みの構築，海外の制度理念研究の必要性，学校の自治自律を担保する教育行財政制度の確立の必要性の4点が提示された。

　青木会員からは，地方教育行政を焦点の一つとした教育行政学における命題と論点の循環についてご報告があった。渡米経験を通し，グローバルなディスカッションの俎上にあげるために，自身の研究をビッグクエスチョンに位置づけることの重要性を実感したことが，本発表内容を着想したことのきっかけであるとし，国際的な研究議論から見た日本の教育行政学における「命題」について，その特性が示された。研究を命題志向へ向かうための基本的道筋として，論点が命題の前提となること，論点に沿った検証により追試可能な知見が得られること，そして命題化と命題の検証を行うことが重要であるとされた。最後に，教育行政学が社会科学であるために，他分野や他のディシプリンと共有可能なビッグクエスチョンの下，教育というサブ領域に根ざした「領域情報」に詳しい教育行政研究者なりのレビューを行うことが，教育行政学研究の命題化を進める出発点であることが示された。

　指定討論者である佐藤会員からは，全体に対し，「教育行政学においてグランドセオリーは必要なのか」「国内外における比較研究・歴史研究から，どのように命題を引き出すのか」という2つの論点提示があった。また，個別への質問として，清田会員に対し，外国研究に対する黒崎の指摘の妥当性について，石井会員に対しては，日本に固有の問題状況と特別権力関係論との関係性について，新福祉国家論が内外区分論とどのような関係を持つのかの2点について，青木会員に対して，新自由主義，新保守主義などの大きな枠組みに青木会員自身の研究をどう位置づけるのか，教育行政学が教育学であるために必要なことは何か，提示された。

2．討論のまとめ

　質疑は，佐藤会員から提示された論点に回答する形で進められた。まず，「グランドセオリーは必要なのか」という点について，清田会員からは，過去から学ぶことは必要であり，基本的な教養として学ぶことは重要である，との回答があった。石井会員は，グランドセオリーを持つことによって物事に対する見え方が変わる，起きていることを再検討し，あるべきグランドセオリーを作ることは必要である，と回答された。青木会員は，グランドセオリーは必要とのスタンスに立った上で，教育学において，グランドセオリーとは教育学と社会科学全般の境界線にあたるものであり，その境界線の難しさを実感するために，グランドセオリーは必要であるとの回答が示された。

　続いて「国内外における比較研究・歴史研究から，どのように命題を引き出すのか」について，清田会員からは，歴史を学ぶ理由とは違うということを学ぶこと，一方で場を共有しないことの難しさはつきまとうとの発言があった。青木会員は，命題を導き出すというより命題は既に存在するものであり，そこに込められた命題に気づくことが重要である，外国の教育行政と接合するためにも，ややメタレベルの命題が必要になってくる，と回答された。

　次に，個別の質問に対し，3名から回答が示された。まず，清田会員は，外国研究について，外国のシステムの背景にある価値的な前提を無批判に捉えると，黒崎勲の指摘にある都合のいい部分の切り取りになる，そうならないためにも，目前の対象に対して，目的意識を持つことが重要であると回答された。続いて，石井会員は，福祉国家論と特別権力関係論との関係性は日本固有の問題であり，福祉国家論が新自由主義型に近接していくことをどう捉えるのかは，今後検討すべき課題である，との考えが示された。また，佐藤会員の示された「理論的課題」と「戦略的課題」という2つの考え方は，重要であり，この視点から子どものシビル・ミニマムを提唱した持田理論を見てみると，理論的課題として子どものシビル・ミニマムがあり，教育を市民共同の事業として捉え，共通の「ひろば」という重要な問題提起がなされ，戦略的課題として「ひろば」の実現の困難さがあった。「理論的課題」と「戦

略的課題」に整理し，持田構想がなぜ根付かなかったのかの意味解明が重要である旨の発言が示された。青木会員からは，イズム（主義）は批判のための言説になりがちであるが，分析に用いるのは重要であることが示された。

　次に論点となったのは「価値志向性」についてである。石井会員から，教育科学の本質を，人間発達を考えることと捉えると，目的意識や価値志向性を持つことが重要である，との発言があった。一方，青木会員からは，「価値志向性」で教育行政学を考えると二律背反の発想になりがちであるが，多元的な関数を想定した上で議論することは面白く，そういう意味では価値志向性はあっていいとのコメントがあった。この回答に関連して，山下晃一会員からは，教育に深くコミットしないことでシャープに分析できる側面もある，権威的や抑圧的にならないためにも，価値志向性を「共有」することより，共同関係を作ることが重要ではないか，との発言があった。

　また，小島弘道会員から，「専門性」に関する論点が提示された。これまで，教育行政学や教育経営学は，専門性を中心に学校のオートノミーの議論を展開してきたが，違った文脈での捉え直しが必要ではないか，との問題提起がなされた。これに対し，清田会員は，（学校の）オートノミーが批判にさらされているが，経験から獲得される教師の感覚は無視されるべきではない，新しいオートノミーを確立させる必要がある，と回答があった。青木会員も，教育行政に首長が介入するケースが増えている状況であるからこそ，専門性が重要となってくることが示された。

　上記以外にも，多様な議論が展開された。紙幅の関係上，全ての質疑を紹介することはできなかったが，教育行政学が教育学としての特性を持つ学問であるからこその命題の捉え方や向き合い方の難しさ，そして重要性が議論されたように思われる。山下会員からのコメントにあったように，教育行政学は，人間とは何か，社会とは何か，民主主義とは何か，根源にアプローチできる学問であり，そこに学問としての面白さが存在する。その一方で，人間の発達に関わるからこそ「価値志向性」を帯び，時に，権威性や抑圧性につながることもある。価値多元化が進む中で，教育行政学は，学問としてどう存在することができるのか，模索する必要があるのではないだろうか。

教育行政における研究者の役割
から見たキャリア形成

植田みどり（国立教育政策研究所）

1．はじめに

　第56回大会では，研究者として中央及び地方教育行政との関わりをどのように持つのかという視点からキャリア形成について考える機会として若手ネットワーク企画を開催した。

　中央教育行政の立場から，文部科学省の大根田頼尚様に，そして地方教育行政の立場から，山口県教育庁義務教育課の大田誠様，春日市役所の西祐樹様に登壇いただき，行政現場が直面している現状や課題，学術界に期待することや要望等を語っていただいた。その上で，若手研究者代表として，福島大学（現：横浜市立大学）の阿内春生会員よりコメントをいただき，参加者との意見交換を行った。各登壇者の発表の概要は次の通りである。

2．中央教育行政の立場から－教育DXの視点－

　文部科学省の大根田様から，文部科学省教育DX推進室や埼玉県教育委員会等での経験や，イギリスでの留学経験を基に，現在のEBPMやCBTなどの政策動向に資する研究やそこでの研究者の在り方について語られた。

　具体的な事例として，埼玉県教育委員会での学力・学習状況調査の取組が紹介され，パネルデータとIRT（項目反応理論）に基づく結果分析により，学力の伸び（変化）の継続把握が実現し，その結果として持続的な学力向上

政策が実現できたことが紹介された。

　併せて，文部科学省での教育DX推進体制や学びの保障オンライン学習システム（MEXCBT）の取組について紹介があり，その推進における研究者への期待や要望等が語られた。

3．地方自治体の立場から－コミュニティ・スクールや教員研修の視点－

　まず山口県教育庁義務教育課の大田様から，やまぐち型地域連携教育や教員研修等に関する取組を紹介しながら，そこでの研究者との関わりや研究成果の活用の状況，及び取り組む上での課題などについて紹介された。

　次に春日市の西様から，コミュニティ・スクールや地域学校協働活動の推進に携わった経験や，春日市での取組を事例として，学校と地域，家庭の連携の在り方や連携推進における組織作り，人材育成等について語られた。

　お二人からは，地方自治体の第一線で教育行政に携わられている立場から，研究者との接点を得ることや，研究成果を理解し，活用することの難しさが語れた。その上，今後の研究者の関わり方として，学校や教育行政現場のニーズを把握するための研究者との交流機会の重要性や，研究成果をわかりやすく伝えていくことの重要性が指摘された。

4．まとめ

　最後に，若手研究者の代表としてコメントした阿内会員から，自身の地方大学での勤務経験から，自分の専門分野と教育委員会からの幅広いニーズとの間で悩みながら活動してきたことが現在の研究活動の糧になっているということが語られた。質疑においては，若手研究者が行政現場との接点を得ることの難しさについての意見交換が行われた。

　このような議論から，教育行政の実務担当者との定期的な交流の機会を持つことへの要望が出されたことから，若手ネットワーク企画として，今後も継続的にこのような交流の機会を設定していくことを検討することとなった。

Ⅳ　書評

三浦智子〔著〕『教育経営における責任・統制構造に関する研究』
　　　　　　　　　　　　　　　　　　　　　　　　大林　正史

平田淳〔著〕『カナダの「開かれた」学校づくりと教育行政』
　　　　　　　　　　　　　　　　　　　　　　　　岡部　　敦

古田雄一〔著〕『現代アメリカ貧困地域の市民性教育改革
　　──教室・学校・地域の連関の創造』　　　　　柏木　智子

山下絢〔著〕『学校選択制の政策評価
　　──教育における選択と競争の魅惑』　　　　　露口　健司

川上泰彦〔編著〕『教員の職場適応と職能形成
　　──教員の縦断調査の分析とフィードバック』
　　　　　　　　　　　　　　　　　　　　　　　　榊原　禎宏

広瀬裕子〔編著〕『カリキュラム・学校・統治の理論
　　──ポストグローバル化時代の教育の枠組み』
　　　　　　　　　　　　　　　　　　　　　　　　松下　丈宏

八尾坂修〔編著〕『アメリカ教育長職の役割と職能開発』
　　　　　　　　　　　　　　　　　　　　　　　　本多　正人

ジェフリー・ヘニグ〔著〕／青木栄一〔監訳〕
『アメリカ教育例外主義の終焉──変貌する教育改革政治』
　　　　　　　　　　　　　　　　　　　　　　　　湯藤　定宗

ヘレン・M・ガンター〔著〕／末松裕基・生澤繁樹・橋本
憲幸〔訳〕『教育のリーダーシップとハンナ・アーレント』
　　　　　　　　　　　　　　　　　　　　　　　　仲田　康一

●書評〈1〉

三浦智子〔著〕
『教育経営における責任・統制構造に関する研究』
（風間書房，2019年，244頁）

大林　正史

　本書は，東京大学に提出された博士論文に若干の修正が加えられたものである。
　本学会年報第46号の課題研究Ⅰや特別企画の報告においては，学校教育の質の向
上に向けた保護者や教育委員会による学校への関与の在り方が議論されていた。そ
のような中，「学校における校長及び教員の行動がいかなる要因によって規定され，
いかなる結果をもたらし得るのか，学校レベルの要因のみならず，教育行政運営レ
ベルの要因についても視野に入れ，学校の成果がもたらされる過程について検証を
試みる」（2頁）本書が出版されたことは，たいへん意義深い。
　序章では，本研究の目的や背景，構成が論じられている。本研究の目的について
は，「学校教育における『専門性』と『民主性』を支える手段としての統制の在り
方について，教育委員会と学校とを包括的に捉える『教育経営組織』という概念を
用い，その内外においてなされる制度的あるいは非制度的な統制に注目し，これら
の統制の手段が相互補完的に成果を生み出す過程を明らかにすることにより，教育
経営改革の方向性，あるいはこれを支えてきた理論について課題を見出すことを本
研究のねらいとする」（2頁）と述べられている。
　第1章では，「開かれた学校」政策の変遷が概観され，「学校参加」をめぐる研究
動向とその課題が検討されている。後者については，「我が国における『学校参加』
研究においては，権利としての学校参加，あるいは制度化された学校参加によって
学校教育活動における『民主性』の向上を促進するということが，結果的に，個々
の教員による"閉じられた"『専門性』を開くことにどの程度寄与し，実質的な学
校のアカウンタビリティ保障にどの程度帰結するものであるかを問う視点が希薄で
あったように感じられる」（39頁）と指摘されている。
　第2章では，「教員に求められる責任とその職務の自律性」，「教育経営における
アカウンタビリティ論」，「教員間の協働」，「行政責任・統制の類型と教育経営への

応用」といった広範な論点について，行政学，教育行政学，教育経営学の先行研究が，広く，かつ深く検討された上で，それらの限界が論じられている。その上で，「エルモアによるアカウンタビリティ論に加えてギルバートによる行政統制（責任）の類型を参照し，学校と教育委員会を包括的に捉えた『教育経営組織』における『外在的・非制度的統制』（＝保護者等による学校参加等），『内在的・非制度的統制』（＝教員間の協働）に加え，『内在的・制度的統制』（＝教育委員会による学校に対する資源配分や指導助言等）を視野に入れ，これらの統制手段が相互補完的に機能することによって我が国の学校アカウンタビリティが保障される過程を説明し得る分析モデル」（183頁）が提示されている。

第3章では，学校評議員制度（類似制度含）の機能状況と，それを規定する要因について，小学校対象の質問紙調査，中学校対象の聞き取り調査，学校評議員の会合の傍聴から得られたデータが分析されている。結果，「保護者等の外部者による学校への関与あるいは学校による多様な教育要求への応答を促す手段としての性格を持つ学校評議員制度については，結果的には，校長の意向や制度運用の方法によってその機能が大きく左右される可能性がうかがえ，やはり，学校組織における『内在的・制度的統制』を強化する手段としての性格を併せ持つことでしか機能し得ないという面があることを否定できない」と指摘されている（97頁）。

第4章では，「保護者と学校・教員間におけるコミュニケーションやサポートの程度が，学校のアカウンタビリティ，すなわち，学校の教育活動における保護者意向の反映のみならず，子どもの学力達成の状況に対し，どのような影響をもたらし得るのか」（74頁）について，TIMSS2011の日本の児童のデータと，校長に対する質問紙調査のデータが分析されている。TIMSS2011データの分析の結果，①児童の生活態度にかかる保護者への説明がなされている学校ほど児童の学力が高い，②児童の学習にかかる説明がなされている学校ほど学力が低い，③児童の学習にかかる保護者の教育要求について教員間の議論が活発に行われている学校ほど学力が低いことなどが明らかにされている（120頁）。質問紙調査の分析の結果，「教員が児童に対する指導方法を改善する上で保護者の要望を参考にする程度については，学力達成の程度に対し影響を持たない」（122頁）ことなどが明らかにされている。これらのことから，「学校・教員が保護者から寄せられた教育要求への応答を目指すことは，学校アカウンタビリティの向上に一定程度寄与するものの，学校組織に対する『外在的・非制度的統制』が学校教育活動における教員の『専門性』の向上を促進するとは限らない」（184頁）と考察されている。

第5章では，教員間の協働的な取り組みが，教員による子ども・保護者の多様な

教育要求への応答に与える影響について，教員と保護者に対する質問紙調査のデータが分析されている。結果，「教員間の協働的な取り組みの在り方が，学校の成果に対する教員の肯定的な評価あるいは学校教育に対する保護者の満足度の向上に一定程度寄与していること」（134頁）などが解明されている。第6章では，「内在的・非制度的統制」が子どもの学力達成に与える影響について，校長に対する質問紙調査のデータが分析されている。結果，「児童の学力達成を促進し得る，指導の方法・内容にかかる教員間の相互支援は，学校の組織構成員間におけるコミュニケーションの在り方によってその有効性が左右される」（153頁）ことなどが解明されている。これらのことから，「『内在的・非制度的統制』は，これが強化されることによって，教員らの『専門性』の向上を図り，学校・教員による『民主的』な教育活動の実施を促す可能性，つまり，結果的に『外在的・非制度的統制』の機能の限界を補完し得る可能性があること」（185頁）が指摘されている。

　第7章では，学校組織を取り巻く社会的・制度的環境が，「教員間の協働」に与える影響について，校長に対する質問紙調査のデータが分析されている。その結果，「教育委員会による各学校に対する教員の人事配置や，学校経営に関する指導助言など専門的関与（「内在的・制度的統制」）の在り方が，教員間の協働を促進する可能性があること」（185頁）が指摘されている。

　終章では，本研究から得られた知見が次の3点にまとめられている。第一は，「学校単位で保護者・地域住民の要求を反映した教育経営を行うことには限界があり，また，教員の職務の特性を考えるならば，『外在的・非制度的統制』の手段としての保護者等の学校参加を有効に機能させることは，それのみでは困難という点」である。第二は，「『外在的・非制度的統制』が学校・教員に期待する，子ども・保護者等の多様な教育要求への応答は，『内在的・非制度的統制』，すなわち，学校組織内部における教員間の相互支援など，協働的な職務遂行がなされることによって実現される可能性が高いという点」である。第三は，「教員間の協働など『内在的・非制度的統制』を促進する要因として，各学校への教員配置の在り方や，教育委員会による専門的な指導助言の内容の適切性など，教育経営組織における制度的条件（「内在的・制度的統制」）がもたらす影響が大きいという点」である（186-187頁）。これらの知見から，「我が国における教育経営組織において，ギルバートによる行政統制の4類型のうち，『外在的・制度的統制』を除く3つの統制手段が相互補完的に機能することによって，学校アカウンタビリティの保障が可能となる」（188頁）との結論が述べられている。

　以上の内容から，評者が考える本書の意義として次の3点を挙げたい。

第一に，「教育経営組織」内外における制度的，非制度的統制が，相互補完的に成果を生み出す過程の解明に一定程度成功している点に意義が認められる。とくに，「学校組織内部の経営過程の在り方に加え，教員集団の規模や教員の経験に基づいた人事配置，また，教育委員会の学校に対する専門的支援といった制度的・政策的な条件の工夫・改善が，各学校における教員間の協働，すなわち『内在的・非制度的統制』を促進する」（187頁）ことの解明は学術的・実践的に示唆に富む。

第二に，TIMSS2011の質の高いデータが分析された結果，仮説に反する事象が実証された点にも，大きな学術的な意義が認められるように思われた。

第三に，広範な先行研究を深く検討した上で，教育行政学と教育経営学を横断する壮大な分析モデルを導出し，それを実証的に検証した点に学術的な意義が認められる。近年，教育行政学や教育経営学の研究対象は，狭く，深くなる傾向があるように思われる。そうした中で，こうした広く，かつ深い実証的な研究成果が発表されたことは，先行研究間の体系化を図る上で学術的に大きな意義がある。

ただし，評者が考える本書の課題として，次の3点を挙げておきたい。

第一の課題は「内在的・制度的統制」が教員間の協働に与える影響を再解釈することである。終章では得られた知見の3点目として「内在的・制度的統制」が教員間の協働に与える影響が大きい旨が指摘されている。だが，表7-4（174-175頁）から，教員間の協働に与える影響は「経営過程」よりも「制度的環境」の方が全体として大きいとは言えないように思われる。よって「『内在的・制度的統制』は，教員間の協働に影響を与えるが，その影響の大きさは，『経営過程』に比べ大きいとは言えない」との解釈の方が現実をよく説明しているのではなかろうか。

第二の課題は，表7-4の説明変数に，教員間の協働に影響を与えると考えられてきた教員の回答による「校長のリーダーシップ」尺度を投入することである。これにより，「制度的環境」の方が，「校長のリーダーシップ」よりも，教員間の協働に与える影響が大きいことが確認されれば，「内在的・制度的統制」が教員間の協働に与える影響が大きいとの著者の主張の妥当性は，より高まるであろう。

第三の課題は，教員間の協働に影響を与える教育委員会による学校運営に関する適切な指導助言の内容の解明である。その内容の決定・実施手続きの解明（189頁）だけでなく，内容そのものの解明も今後の重要な課題となるように思われた。

以上の課題は見られるものの，本書は教育経営における責任・統制構造に関する研究水準を向上させており，学校と保護者，教育委員会間の関係や，その子どもへの影響に関する今後の研究において参照されるべき研究であると言えよう。

（鳴門教育大学）

平田淳〔著〕
『カナダの「開かれた」学校づくりと教育行政』
（東信堂，2020年，329頁）

岡部　敦

1．はじめに

　本書は，連邦国家であるカナダを構成する10州および3準州のうち，10州全ての教育行政の仕組みについて，各州政府の教育関連法規を丁寧に参照し，教育行政機関の担当者，教員，生徒への聞き取りに基づいて執筆されている。カナダをフィールドとする教育学研究者は無論のこと，広く教育行政及び教育制度研究者にとっても，大きな示唆を与えるものである。

　評者は，著者と同じくカナダの教育制度を中心に調査・研究を行っているが，アルバータ州の特定都市に絞っており，10州全ての教育行政機関を訪問し，調査範囲を，州レベル，地方レベル（教育委員会）に加え，学校レベルにまで広げた研究を一人で遂行することの困難さは想像できる。著者のカナダ研究に対する強い情熱と研究の力量に圧倒される思いで本書を手に取った。

　以下，僭越ながら書評として述べていきたい。

2．本書の構成と主な内容

　本書は，「はじめに」の中で，2014年に改定された「地方教育行政の組織及び運営に関する法律（以下，地教行法）」による教育委員会改革の方向性について触れながら，カナダ10州の教育行政及び住民の直接参加の仕組みについて取り上げることの意義について述べている。次に，用語及び表記の解説が行われている。続いて，カナダ東部大西洋沿岸のニューファンドランド＆ラブラドール（NL）州，プリンスエドワード・アイランド（PEI）州，ノバスコシア（NS）州，ニュー・ブランズウィック州（NB），ケベック州，オンタリオ州から，中西部の平原州と言われるマニトバ州，サスカチュワン州，アルバータ州と続き，太平洋沿岸のブリティッ

シュ・コロンビア（BC）州までの10州について，以下の項目に沿って記述されている。

州の成り立ち

州の政治動向

はじめに

1．州レベルの教育行政制度

2．地方教育行政制度

3．学校教育制度

4．教育行政と学校運営を「開く」仕組み

5．小括

「州の成り立ち」の項目では，ヨーロッパからの入植が始まる前の先住民の生活状況について簡潔に述べられている。ついで，カナダ建国の早い段階で連邦に加わった大西洋沿岸州については，イギリス系住民及びフランス系住民の動向や隣国アメリカからの王党派の流入への対処について述べている。続く「州の政治動向」の項目では，2020年までの州政権の経緯について取り上げている。各州に共通するのは，新民主党（NDP）に代表されるリベラル系政権か，進歩保守党（PC）に代表される保守政権かのどちらかが政権に就いている点である。加えて，アルバータ州およびBC州については，社会信用党（Social Credit）の動向についても触れられている。これら各州の基本的な情報を整理した上で，「州レベルの教育行政制度」について述べている。州政府における教育担当の省庁，及び教育政策への助言を行う組織などを整理し，地方教育行政機関（教育委員会等）との関係性について述べている。次いで「地方教育行政制度」の項目では，教育委員会の構成について分析している。さらに，学校の管理運営を行う教育当局あるいは教育委員会事務局の仕組みについて取り上げている。ここでは，英語系およびフランス語系の学校を管轄する言語別の教育委員会及び宗教教育を提供しない学校を管轄する教育委員会とカトリックなどの宗教教育を提供している学校などを管轄する宗教別教育委員会などの存在について紹介している。また，教育委員の選出方法については，PEIの英語系教育委員会のみ，州の教育省の任命によるが，PEIのフランス語系教育委員会およびその他の9つの州では住民による直接選挙で教育委員を選ぶ公選制が採用されている。こうした制度により，住民による教育行政への直接参加の機会が制度として保障されていることがわかる。続く「学校教育制度」の項目では，学校協議会に焦点が当てられ，学校ごとの教育内容や教育活動の評価，教職員の人事に関する事項などにも権限を持つことが述べられている。また，構成メンバーとして，初等教

育段階に在籍している者も含めた生徒の代表者を加えている場合もあることが紹介されている。これらの記述を踏まえて，最後に州の教育行政制度において特徴的な事項を小括として簡潔にまとめている。

3. 評者による感想と論点

　本書は，各州の教育行政システムを分析しながら，教育行政の政治的中立性と政治的多様性の視点に基づき分析を行い，住民及び当事者参加の実態について検討されている。特に，ほぼ全ての州が，住民からの直接選挙によって教育委員が選出される公選制をとっている点に，住民代表性および政治的中立性の可能性を見ている。さらに，教育委員の構成については，州によっては，先住民，保護者などの参加を確実に保障する制度をとっている州もあり，マイノリティーの権利を保障する仕組みを見ることができる。こうした教育行政の仕組みを分析した上で，著者はカナダの国是である「多文化主義」の懐の深さについて言及している。評者もこの点については，一致した意見を持っている。その上で，本書を読んで気づいた点を以下の2点にまとめる。

(1) 学校協議会の役割について

　本書では，学校協議会を各州の学校レベルでの，住民，保護者，生徒などが運営に参加するための『教育行政を「開く」』仕組みとして紹介している。学校教育を受ける側である当事者や少数民族及び地域住民に学校運営に関わる機会を与える制度が整っていることは評価できる。しかし，問題はこの組織が実際にどのような役割を果たしているのかという点である。学校協議会の事務局がどこに置かれているのか，運営は誰が行っているのかなど，もう少し深く掘り下げる必要がある。たとえば，本書で比較対象として取り上げられた日本のコミュニティースクールに設置される学校運営協議会についていうと，委員は教育委員会からの任命制となっているだけでなく，事務局は学校に置かれていることが多い。また，その成果については，特色ある学校づくりの先進事例について報告されている一方で，その課題についても指摘されている（仲田，2012）。著者自身も，研究の限界としているが，カナダのすべての州に導入されているこの制度のもとで，具体的に，どのような取り組みがなされ，どんな成果を得られたのかについて知りたい。

(2) 州政府と教育委員会の関わりについて

　著者は，教育相の教育委員会に対する優位性について言及しているが，教育行政の仕組みについて，地方自治や住民参加という視点で概ね好意的に評価しているようである。しかし，教育相の権限という点だけでなく，言語や宗教によって教育委

員会が組織されている点など，選択を基盤とした新自由主義型行政システムの側面と解釈できる可能性はないであろうか。かなり古い事例ではあるが，例えば，評者の研究対象であるアルバータ州では，1930年代の社会信用党政権下で，教育の質保証を理由とし，地域住民や教育委員会の反対を押さえて，小さな学校区（District）を基礎自治体から切り離し，大きな学校区（School Division）に合併し，1940年代前半には，それまで3,750あった学校区を50にまで統合された経緯がある（Thomas, 1977:p.90, Grywalsk, 1973:p.35）。しかし，反対に，2019年に政権についた連合保守党の教育政策に基づき，ある地区の学校を閉鎖するという決定に際して，地域住民の運動によって回避したという事例もある。したがって，行政システムにおいて，中央集権的あるいは新自由主義的な体制がとられていたとしても，日本とは全く異なる地政学的特徴（カナダは，日本の面積の27倍の国土を持ち，人口は3,700万人でしかいない）を持つカナダの国民と政治や行政との距離を考えると，住民の意見が州政府に反映されやすい点もあるかもしれない。したがって，住民参加の機会は，教育行政のシステムによるのか，それとも異なる要因によるのかという点について検討する必要もあるのではないだろうか。

　しかし，これら二つの点についての検証は，評者を含めたカナダ教育研究者に与えられた課題であるともいえる。

4．まとめ

　改めて，著者の丁寧な研究姿勢と情熱に心から敬意を表したい。その上で，細かな法規や憲法などを丁寧に読み込み，教育行政の仕組みを正確に理解した上で，研究に臨むことの重要性を改めて気付かされた。最後に，本書は，カナダ教育研究に携わるものにとって，教育行政の仕組みだけではなく，各州の歴史的な経緯や現在の政治動向なども含め，カナダ研究に関する国内の文献がそれほど多くはない中で，教科書的な存在になりうると評価したい。

〈引用文献〉

Thomas, Lewis（1977），William Aberhart and Social Credit in Alberta, Toronto, ON: Copp Clark Publishing.

仲田康一（2012）「学校運営協議会の到達点と課題」『日本学習社会学会年報』第 8 号，pp.23-26

（札幌大谷大学）

古田雄一〔著〕
『現代アメリカ貧困地域の市民性教育改革
——教室・学校・地域の連関の創造』
（東信堂，2021年，298頁）

柏木　智子

1．本書の意義

　本書は，社会経済的格差の低位に置かれた子どもへの市民性教育の実践と展開を示した大変意欲的な書である。本書が挑むのは，「再生産」の問題である。学校が社会の権力・階層構造に埋め込まれ，不平等の再生産を促す組織体，あるいは装置であるとの指摘は，かねてよりグローバルになされているところである。それに対して，決定的な打開策のないまま，あるいは成功事例が「一部のすぐれた校長や教員の実践」（219頁）にとどまる形で今にいたっている。それゆえ，本書では，授業，学校全体，地域コミュニティの3つの位相の異なるアプローチから市民性教育改革に取り組む教育実践を分析する。その上で，それらを連関させることでなしうる広範で持続的な問題改善策の提案が，学校改革を射程に入れつつなされる。

　市民性教育への着目は，時宜を得たものであり，また再生産の問題を扱う際には重要な切り口と考えられる。日本では選挙権年齢の引き下げに伴い，主権者教育の実施が課題となっている。現行の学習指導要領では，小学校から高等学校にいたるまで，「公民としての資質・能力」の育成が目標とされ，高等学校では公民科の新たな必修科目として「公共」が導入された。ただし，そこでの問題は，そうした科目等で学んだ知識としての政治参加の権利の実効性にある。著者が何度も述べるように，政治・社会参加は社会階層の影響を受けやすく，下位層の人々の参加は低調になりやすい。そのため，そうした人々の政治・社会的影響力は減じられ，不平等を再生産する社会が維持される。したがって，政治・社会参加の問題を取り扱う市民性教育は，再生産の問題を改善する上で重要なファクターとなる。公正な民主主義社会を形成するためにもその内実を問い，学校内外の有用な実践を提案する本書

の意義はとても大きい。

　加えて，本書の特長は，研究手法としての徹底的な文献精査にある。分野横断的に文献を渉猟し，それぞれに緻密な分析と解釈を行い，そこにインタビューや訪問調査のデータも交えつつ，オリジナリティを加えて再度それらを体系化する手法は非常に鮮やかであり，学ぶところが多い。

２．本書の構成

　本書は，第Ⅰ部〜第Ⅳ部と序章・終章・補章から構成されている。序章では，研究の背景・目的・方法が述べられる。問題の所在は，第一に社会経済的格差の低位に置かれた子どもへの市民性教育についての知見の蓄積が不十分な点，第二に教室内外での様々な実践やそこでの子どもの広範な学習経験を対象化し，それらの関係性を分析する市民教育研究の不足にある。これらを踏まえた本研究の目的は，「現代アメリカの貧困地域で推進される市民性教育改革の構造と特質を明らかにすること」（6頁）である。

　先行研究の検討から，本目的を達成するため，以下の3つの研究課題が設定される。課題1：研究の理論的基盤として，市民性教育の範域や連関性を明らかにし，現代アメリカの市民性教育を捉える基本的枠組みを構築する（第Ⅰ部第1章）。課題2：アメリカの貧困地域の市民性教育をめぐる問題状況を，子どもの日常的経験の連関性に注目して包括的に把握し，その背景構造を明らかにする（第Ⅱ部第2〜3章）。課題3：現代アメリカの貧困地域で展開される市民性教育改革の特徴を，教室・学校・地域の連関性に注目して明らかにする（第Ⅲ部第4〜6章）。課題4：課題1〜3を踏まえ，現代アメリカの貧困地域における市民性教育の構造と特質を明らかにする（第Ⅳ部第7章）。

　第1章では，社会経済的格差の低位に置かれた子どもが，民主主義への参加から疎外される要因として，学校の隠れたカリキュラム，彼らの生まれ育つ環境とそこでの経験，その背後にある社会構造的な不平等があると指摘される。一方で，学校での公式的カリキュラムは個人の政治・社会参加を促進する効果を有する。これらを踏まえ，現代アメリカの市民性教育を捉えるために，教室での学習活動はもとより，学校全体での様々な活動や構造，学校を取り巻く地域や社会での活動や構造までをも子どもの市民性を育む範域として位置付け，それらの影響関係に注目する基本的枠組みが提示される。

　第2章・第3章では，貧困地域の子どもが諦観や無力感を学び取っていく問題が

明らかにされる。そこでは，当該地域での日常的経験が，子どもに政治や社会への不信感を植え付けやすく，その上問題解決や社会変革への道筋を見出せるような学習機会が学校でも地域でも不十分である様が指摘される。加えて，学校では，厳密な規律に基づく学校環境が強固な隠れたカリキュラムを形成していた。これに学校外での日常的経験が結びつくことで，集合的な行動や社会変革を目指す「参加する市民」や「公正志向の市民」よりも，規制秩序の維持・受容を志向する「個人として責任ある市民」としての自己認識を子どもに刷り込みやすいという連関構造も示される。「こうした連関構造をどのように再構成していくかが，貧困地域の市民性教育改革における重要課題」(92頁)であると述べられている。

第4〜6章では，上記課題に取り組むにあたり，現代アメリカの貧困地域で実践される市民性教育改革のアプローチとして，〈社会科アプローチ〉，〈学校全体アプローチ〉，〈地域コミュニティアプローチ〉の3つが見出され，それぞれの特徴が明らかにされる。第4章の〈社会科アプローチ〉では，子どもの声を実践の中心に据えることで，教室での学習と彼らの日常的経験との連関性を回復させ，これまでの日常的経験で形成された子どもの既成観念を組み替える活動が実施されている。これは，子どもたちの自信を高め，市民としてのアイデンティティ形成に有益なものとなる。その過程では，現実社会の文脈と強く結びついた学習活動が実施され，現実の政治・社会参加との連関性の構築がめざされていた。

第5章の〈学校全体アプローチ〉では，カリキュラムや学校の教育活動を統合し，学校の風土や環境との整合性を図りながら，子どもの市民性の育成がめざされる。これは，たとえば，「生徒の声を尊重し，彼らが学校運営に参加できるような環境」(141頁)や，「生徒が政治・社会参加や民主主義について『学んでいることを生活の中で実践』できる風土や環境を作る」(同上)ために，学校の教育活動全体に市民的使命を浸透させ，「カリキュラムの統合や地域連携，教員研修など，市民性育成を目指す学校の教育活動が効果を発揮するための様々な環境条件」(同上)に目を向けるものである。ここでは，「民主主義を体現し現実社会との接点をもった学校環境が，社会科の中核的実践での経験を日常化しつつ，社会科は学校全体での様々な経験を政治・社会参加の文脈で意味づける役割を担うという，相互補完的な連関性」(223頁)が見出される。

第6章の〈地域コミュニティアプローチ〉では，地域コミュニティ全体ですべての人々の声や参加，連帯を促進する機会や環境を作り出すことがめざされる。学校もそこに組み込まれ，子どもの地域での日常的経験が再構成される機会や環境を整えることが重要となる。このアプローチは，現在だけでなく，子どもの将来の経験

可能性を拡張していく意義を有する。

　第7章では，アメリカ貧困地域の市民性教育改革の構造と特質について総合的に考察する。その結果，改革の内容と方法において，主に「子どもの声」と「真正な参加の経験」の2つの原理が見出される。これらの原理のもと，子どもの「参加する市民」「公正志向の市民」としての感覚と力を育み，市民としてのエンパワメントを促す新たな環境が作り出される点が明らかにされる。

　そこでは，教室での学習を教室外の地域や社会での経験と密接に結びつけて授業の変革を図る〈社会科アプローチ〉，そうした教室と社会をつなぐ授業実践と，学校での経験とが相互補完し合うような連関性を構築する〈学校全体アプローチ〉，学校での経験が地域での経験につながるよう両者の変革に取り組み，貧困地域の子どもの中長期的な市民性形成をめざす〈地域コミュニティアプローチ〉の3つを通して，教室・学校・地域での連関構造を作り出す改革の必要性が示される。その際に，教員が貧困地域の子どもへの理解を深め，授業の変革を行うための力量形成や実践への支援，改革をどう行うのか，校長のリーダーシップをどう高めるのか，地域諸組織の関係当事者の理解や協力をどう促すのかが課題となる。

　最後に日本への示唆として，すべての子どもが声や力をもった民主主義社会の形成者となれるために，様々な子どもの日常的経験や環境条件を理解し，その再構成を図ることの重要性が述べられる。

3．今後の展開に向けて

　今後の展開に向けて求められる点を記しておきたい。1点目は，日本での実効性である。〈社会科アプローチ〉等，それぞれのアプローチは日本でも各所で何らかの形で実施されていると思われる。ただし，それらが連関性をもち，3つのアプローチが同時に遂行されるとなると，クラス・学校・地域・行政のミクロからマクロのすべてのレベルの合意と総意による実践が求められる。これがどうすれば実行可能になるのか，あるいは，どの程度の内容や方法でならばどのような効果が現れるのか，より詳細な検討とそのための実態把握が必要であるように思われる。

　2点目は，上記と重なるが，市民性教育改革が行われるために必要な教員養成カリキュラムや研修内容・方法についてである。改革のためには，子どもの人間としての育ちを社会と関連させて捉えた上で，社会構造への批判的かつ建設的視点を有する教育実践が必要となる。その力量をどこでどう養うのかが重要となる。

（立命館大学）

山下絢〔著〕

『学校選択制の政策評価
──教育における選択と競争の魅惑』

（勁草書房，2021年，188頁）

露口　健司

1. 本書の特徴と学術的価値

　本書は，2021年度日本教育行政学会・学会賞を受賞しており，教育行政学分野における学術研究図書として高く評価されている。日本における義務教育段階の学校選択制の実態と課題を実証的に明らかにすることを目的とした学術図書であり，EBPM（Evidence-Based Policy Making）に対応した政策評価の「今日の日本の教育行政研究」における到達点と言っても過言ではない。本書には多数の特徴と学術的価値があるが，評者の研究関心に照らし合わせて，以下の4点について言及させていただきたい。

　第1は，学校選択制の政策評価指標を明確化した点である。本書では，「公正性」と「効率性」を指標として設定した上で，「公正性」実現の実態と課題に議論の対象を絞り，6点の研究課題を設定している。政策評価においては，成果（アウトカム／社会的インパクト）についての指標設定が重要であるが，日本の教育政策には指標が不明瞭な政策が多い。学級規模縮小は研究蓄積もあり，認知的・非認知的能力に関する成果指標も明確化されている。しかし，コミュニティ・スクール，小中一貫教育，教員免許状更新講習，教員養成政策（教職大学院），働き方改革（外部人材配置）等の一連の政策では，指標が見えにくく，政策がどの程度の効果を有していたのか（いなかったのか）が不明なまま拡張されたり，廃止されたりしている印象が強い。「公正性」の実現の程度を，複数の興味深い研究課題の設定によって探究する本書の政策評価手法は，政策立案・実施・評価の実践と研究に関与する人々にとって，貴重な示唆を提供している。ただし，総合的に解釈すると，学校選択制は「公正性」の観点に立つ場合，課題の多い制度であるとの判断に至る。

　第2は，研究課題の魅力である。本書では学校選択制の効果検証において「公正性」の観点から研究課題を設定している。研究課題と検証結果は，以下の通りである。研究課題①：保護者の学校選択行動を，社会階層の視点から定量的に明らかにする。保護者の社会階層に起因する有利・不利の問題がまぎれこんでいないか。⇒保護者の学歴，教育アスピレーションが紛れ込んでいる。研究課題②：これまでに学校選択制度の問題点（均質化と差異化，クリーム・スキミング）が，日本の調査対象地域でも出現するかを明らかにする。階層分化現象を引き起こしていないか。⇒階層分化現象を引き起こしている可能性がある。研究課題③：学校選択制によって保護者のソーシャル・キャピタルが向上するか。⇒部分的に醸成されている。研究課題④：学校選択制によって学校改善指標としての関係的信頼（教師と教師，教師と保護者，教師と地域）が醸成されるのか，毀損されるのか。⇒どちらかと言えば毀損されている。研究課題⑤：学校選択制によって，教師の職務満足度は高まるか。⇒小学校では，学校選択における希望申請割合の低いことが教師の職務満足度にマイナスの影響を及ぼしている。中学校においては，学校選択における希望申請割合の低いことだけではなく，高いことも教師の職務満足度にマイナスの影響を及ぼしている。研究課題⑥：学校選択制によって，学力は向上するか。⇒米国データで確認したところ，学力向上への寄与という成果は確認されているが，意図せざる結果として生じる新たな格差問題が発生している。

　第3は，データセット・分析手法・分析モデルの魅力である。本書ではアンケート調査に基づく計量分析を実施することで，政策議論に資するエビデンスの蓄積に貢献している。主たるデータセットは二次データであるが，国内で学校選択制の効果を検証しようとする場合に，これを上回るデータセットは無いと言える。また，このデータセットは個人レベルと集団レベルからなる階層構造を持つため，マルチレベルモデルを使用している。「今日の日本の教育行政研究」で実際の政策評価を扱った研究図書としては，本書の分析精度を超えるものはないであろう。さらに，「公正性」の探究に対応した分析モデルが設定されている。本書では，分布の両端に焦点化した分析モデル（希望申請割合＝高／低）が各研究課題の解明に使用されているが，この分析モデルも，「公正性」の問題を抉り出すためには大変有用である。

　第4は，ソーシャル・キャピタルや関係的信頼の理論の援用である。社会的つながりの程度をアウトカムとして設定し，定量的に測定することで，教育政策の成果の幅は大いに拡充される。大変挑戦的な試みであるが，どちらかと言えば，この試みは学校選択制のダークサイドを描く結果となっている。特に，第4章では，教師

－教師の関係的信頼は，希望申請割合が高い人気校で低く，希望申請割合が低い不人気校でも低いとする実態が解明されている。前者については，人気校をさらに増強する作用は行政には働かず，平準化のための人事措置がとられている可能性がある。後者については，不人気校では，教師間のチーム効力感が低下している可能性がある。教師－保護者の関係的信頼は，保護者は地元を越えての進学となるため，行事参加は高まらない。ソーシャル・キャピタル醸成の機会に保護者が参加しないのであれば，社会的つながりの脆弱化はさらに進行する。教師－地域住民の関係的信頼は，保護者が多様な地域からやってくるため，地域ネットワークが拡散し，地元地域の萎縮化が進行している可能性がある。地域連携の原動力として機能してきた結束型ネットワークが衰退している可能性がある[1]。

保護者が子どもの学校を選択でき，学校が競争環境に置かれることで教育サービスの質の向上が期待できるならば，学校選択制には魅力がある。しかし，これまで述べてきたように，学校選択制には，複数のダークサイドが認められており，関係者は戸惑っている。学校選択制は著者が言うように，正に「魅惑」の制度なのである。

2．残された課題と今後の展望

最後に，本書の研究をさらに発展させる場合の展望について言及しておきたい。著者は，地方における学校選択制の実態と課題の解明，効率性の観点（学力達成）からの検証，マッチング理論を応用した学校選択研究の検討を，残された研究課題として提起している。以下，記述内容の大半がないものねだりではあるが，読後の感想としてまとめておきたい。

第1は，学校選択のストーリー拡張である。特に，小学校選択に至る就学前のソーシャル・キャピタルの影響，中学校から高校進学以降の社会的インパクトの検証に関心がある。前者については，子どもと保護者の二世代間にわたる閉鎖的ネットワーク（世代間閉鎖性）が，学校選択に参加しない原因として機能している可能性がある。学校選択制の効果が薄いのは，学校選択に参加していない親子のソーシャル・キャピタルの基盤効果と考えることはできないだろうか。また，後者については，データセットの問題（紐付け困難）もあるが，社会的インパクトを実証することで，国際学会誌においても評価される研究となるであろう。

第2は，因果関係の明確化である。たとえば，第2章の順序ロジット分析では，希望申請割合を説明変数，学校外教育費・家庭教育・進学期待を被説明変数として

設定している。ただし，これらは因果関係が逆に機能している可能性も否定できない。学校外教育に投資でき，家庭教育に熱心であり，進学期待を持つ保護者が，希望申請割合の高い学校に集まっているという解釈である。進学希望割合が学校レベル変数だから説明変数というデザインは理解できるが，因果関係の明確化に係る記述や分析の工夫が求められる。冒頭で，「今日の日本の教育行政研究」の到達点と評価した。これからの10年間は，パネルデータの生成・活用，因果推論，関連国際学会誌の研究を射程に入れたグローバルな先行研究レビュー等がこれまでよりも飛躍的に求められるようになるであろう。著者の率先垂範に期待したい。

　第3は，経済的アプローチの増強である。教育政策評価のインプットは予算である。投入予算に対するアウトカムと社会的インパクトを推計し，政策の妥当性を検討するという視点をもった研究にも今後期待したい。著者のように経済学的アプローチを駆使できる優秀な教育学研究者が日本には少ない。また，グローバルな人脈を有しており，先端の研究動向も理解している。著者のような計量分析に長けた人材が，教育行政学の発展のためには必要である。EBPM時代の政策評価分析を経済学的アプローチによって遂行できる教育研究者人材の育成が，今後益々重要となるであろう。

〈註〉
⑴　学校選択制のダークサイドは，第5章においても分析・記述されている。特に中学校において，学校選択制の負の効果が確認されている。中学校においては，学校選択における希望申請割合の低いことだけではなく，高いことも教師の職務満足度にマイナスの影響を及ぼしている。選ばれる学校に対しては，学校・学級規模拡大に人事的措置が追いついているか疑問である。不本意な受験指導に巻き込まれている可能性もある。人気校で職務満足が実感できないのであれば，学校の魅力に努めるインセンティブはない。魅力化に成功すると教員が苦しくなるという現象の発生は回避すべきである。

（愛媛大学）

川上泰彦〔編著〕

『教員の職場適応と職能形成
——教員の縦断調査の分析とフィードバック』

（ジアース教育新社，2021年，243頁）

榊原　禎宏

1．本書の構成

　本書は，日本的とも捉えられる教員人事制度とその運用のもと，各々の学校組織はどのような労働環境を生み出し，そこで教員がいかに適応，職能を形成しているのかを，かれらへのアンケート調査から明らかにしたものである。課題設定と研究デザインを述べる「教員の職能適応と力量形成－教員人事制度はどう影響するか」（序章），アメリカでの研究動向を手がかりにした「教員の職能成長と職場適応に関する研究の展開と課題」（第1章）の以下，次のように構成されている。

　第1部　分析編〈1〉初任期教員の適応と健康・力量形成（第3章〜6章）
　第2部　分析編〈2〉流動的な職場における適応・力量形成（第7章〜11章）
　第3部　パネルデータの収集・分析・活用（第12，13章，補論および終章）

　2つの分析編では，2つの県と2つの市，計4箇所における2012〜2018年度の教員へのアンケート調査の結果が扱われる。その特徴は，教育委員会の了解を得て，新規採用教員または教員研修に参加した教員を対象とした調査，あるいは学校単位での調査のいずれも，一度のみならず2〜4回にわたって行い，パネルデータを構築していることである。これにより，時間の経過に伴って生じる学校・教員の変化と教員の回答結果との関連を追うことができるようになっている。

　また，分析の着眼は多岐にわたり，教員の労働時間，職能成長に関わる認識，心身の健康，あるいは15年または20年教職を経験した中堅教員のリーダーシップ，研修，自己効力感などに関して，統計的手法を駆使した分析がなされている。

　さらに第3部では，調査の準備と実施，結果の分析と整理後のフィードバックに

関する実践が示される。これらは調査側の意図や経緯だけでなく，フィードバックを通じた関係者の反応を具体的な報告資料とともに述べており，そのやりとりを通じて「現場に役立つ」研究への回路を開こうとするものになっている。

2．本書の意義と課題

　本書の意義は次の点だろう。それはまず，同一対象への継続的な調査に臨んでいることである。ある時点の調査だけでは不可能な，教員が働く学校の環境の変化を視野に入れて，かれらの勤務状況や自己理解を時系列で捉えようとすることは重要であり，得られたデータは貴重である。このことは，とりわけ職業的社会化が急速になされる初任期教員の研究に関して，いっそう当てはまるだろう。

　また，調査への協力を依頼，了解を得て複数回の調査の後，教育委員会ほか関係者に分析結果を伝えて議論の材料を提供するとともに，これらを研究活動として記述していることである。ともすれば，社会調査には「フィールド荒し」とも言われる，やりっ放しが生じる。それは，調査側がデータの整理と分析さらに論文執筆に追われるうちに，フィードバックの機会を設定できなくなるためでもあるが，これでは今後の調査協力を得られず，研究にも障碍を生じさせる。

　この点で本書は，あわせて30回近くにも及ぶ関係者へのフィードバックを実施しており，その労力は相当なものと想像できる。しかも，これらを研究上の実践として，教育行政，学校管理職，中堅教員等との対話を促している点で革新的である。この姿勢は，教員研究が「もの」と対象を見るだけではなく，「ひと」との関わりだという態度表明とも捉えられる。真摯な研究姿勢を示すものだ。

　これらと同時に，次の点が課題に挙げられるだろう。第一に，複数の調査いずれについても調査票が付されていないので，調査の全体像を把握するのに，読者がパズル合わせのような作業を要することである。わずかに，第10章と補論に調査項目の一部が示されるものの，「調査票の詳細については，本書の第2章にて解説」（p.137）に該当する箇所を，評者は残念ながら見つけることができなかった。

　第二に，教員の職業的社会化と職能成長をテーマの一つとしながら，補論のバーンアウト尺度に関わる分析を除けば，かれらの自己認識がもっぱら適応，つまり「～できる」か否かで問われるに留まることである。個業的性格が強く裁量の大きな教職では，教育的価値に関する自身の葛藤と妥協，納得と諦念の経験が不可避であり，教員は教職像の変態（metamorphose）を常に余儀なくされる。そこで解明されるべき自己認識は，教員の価値観と学校の実際との「折り合い」のありようであり，そこに教員の職能成長の可能性と限界も見出せるのではないだろうか。なお，

この点に関連して惜しむらくは，個人を調査上特定できるパネルデータを持つにもかかわらず，第3章ほか同じコホートのデータを平均値で示すに留まり，その分散，つまり多様性の有無を確かめる分析を見出せないことである。教員それぞれの描く教師像が多様であり得るのならば，かれらの勤務実態やそこでの適応状況，効力感等について，類型を仮説してもよいだろう。

　以上，近年の学校環境の大きな変化にあって教員がどのように働き，また育つのかを，健康と職能成長の点からうかがおうとする意欲作である。しかしながら，以下に示すような点から，評者は困惑の色を隠せない。それは，分析および議論の大前提とされるデータの妥当性が，必ずしも認められないからである。苦労して収集したデータが正確に記録され，追試可能なものとして整理されていなければ，分析結果をすぐには首肯できないし，調査そのものへの疑念も生じかねない。実証研究でこの点が軽視されるならば，それは研究の根幹を揺るがすものだろう。この点で本書は，上述の意義とは別に，少なからず問題を抱えると評者は見る。

　たとえば，①第2章では各データの概要を示しており，B県の2013年度採用の回答者数が132名とあるが（p.61），図表2-7では118名，同2-10では115名，さらに「該当者139名」（p.87）ともある。いずれが正しいのだろうか。

　②A県C市での調査では「115名の回答を得た。」（p.65）一方，図表2-12には90名と記されている。性別の無回答を除くとあるので，25名（回答者の21％）の回答がなかったのかもしれない。けれども，学校種別内訳を示す図表2-15でも90名となっている。これら数値について説明がほしい。

　③D市での分析対象は，「小学校教員74名，中学校教員40名の計114名」（ただし，特別支援学校教員の2名は除く旨が注記にあり）（p.65）だが，図表2-13では88名，図表2-16では89名と記されている。また第8章では，「103名の15年教職経験者の中で職位・分掌有は…，125名の20年教職経験者の中で職位・分掌有は…」（p.140）ともある。このように男女別，学校種別，経験年数別に異なる教員数が多く示され，読み進めるのが難しい。

　④第9章ではA県C市の3時点分のデータを用いて，観測数が243（小学校167，中学校76）とあるが（p.150），学校種ごとに見れば，いずれについても3回分の調査の合計である3の倍数になっていないのはなぜだろうか。

　⑤C市のデータについて，第2章で「1時点目は…115名の回答」とあり，第10章にて2回分の調査を用いて観測数が224（p.166）なことから，回答者数は2回目が224の半分112名であり，3回目が上記④の通り243の3分の1，つまり81名だとすると，2回目が1回目の97.4％を追跡できたのに対して，3回目が2回目の

72.3％，１回目の70.4％と推測できる。ほぼ同じ間隔の調査にもかかわらず，なぜ大きな違いが生じたのだろうか。調査ごとの回収率，追跡できた割合の明示とともに，このデータを用いる妥当性の説明が必要ではないか。

　⑥B県で３年度間に採用された教員計425名（p.61）への４回の調査が分析の対象とされているが，年度ごとに何人を紐づけできたのかが不明である。たとえば，「１日あたり学内勤務時間の変化」（p.72）は３年度に跨がる者を一括りに扱ったのだろうか。はたして，それは適切な分析手続きと主張しうるだろうか。

　⑦第５章はA県での2012-2015年度採用の初任教員への２回の調査を対象とし，観測数は最低896，最高906（p.104），「A県およびB県の回答者数」（p.61）から回答者を合計すると計692名である。ここから，初回と２回目の調査に回答した者の延べ数が900名程度，よって紐づけできたのは450名程度で，対象者の約65％を追跡できたと推測できる。これらの調査に関わる基本データを示さずに，いたずらな推論を読者に求める記述は，学問的誠意を尽くしたと言えるだろうか。この点は，B県での４回の調査を扱った第３章についても当てはまる。観測数が902から910とあるので，調査数の合計425名を踏まえると，910÷４/425，すべての結果を紐づけできたのは，１時点目の回答者の53.5％だろうと，本書の記述によってではなく，複数箇所を重ね合わせた読者が推測できるということである。

　これら回収率と紐づけの割合がいずれも示されず，その解釈がなされず，これらがデータとしていかに妥当かの吟味を経ずに，分析結果を示してよいのだろうか。第３章に即せば，４回を追跡できたのが１時点目の半分近くなので，回答を続けた者の特徴や状況を考慮した分析が必要ではないかとの議論も可能だろう。

　換言すれば，紐づけされたデータを得ることはかくも困難である。たとえば，金子照基編著『基礎学力の形成と教科経営－事例高校にみる学校改善の成果と課題』（ぎょうせい，1992）では，公立高校普通科に在学した４年度間（４期生分）の生徒に２～４回の継続的なアンケート調査を行い，うち３期生分の計10回，各回約500名，延べおよそ5000名の生徒について，かれらの回答結果と英語と数学の学習経験および成績を紐づけ，自己認識や進路志望，教科の成績等の変容を追った。これは，高校の協力を得ていわば否応なしに回答してもらったからこその調査であり，回数を経ても回答者をほとんど減らさずにデータが得られた。

　データを得られなければ議論の俎上に載せることができない，けれども，データを得ることの難しいテーマが重要性を増しているとすれば，研究方法に関する研究（メタ研究）の必要と，学会としての議論と共有がいっそう要請されていると帰結できるだろう。

（京都教育大学）

広瀬裕子〔編著〕

『カリキュラム・学校・統治の理論
──ポストグローバル化時代の教育の枠組み』

（世織書房，2021年，244頁）

松下　丈宏

1．はじめに

　本書の企画自体は，日本教育行政学会第48回大会の国際シンポジウム「検証　教育のガバナンス改革─英米日韓4カ国の事例からトレンドを探る」（2013年10月）に端を発している。しかし，その後は教育学の広い領域で「グローバル化」を論じることをめざし，国際シンポジウムからは離れて企画進行されることになったという。とはいえ，国際シンポジウムの成果が，充実の執筆陣によって，このような形に昇華したことは学会にとっても喜ばしい。

2．本書の概要

　序章「成熟した近代社会が経験する避けられない理論的課題」（広瀬裕子）は，グローバル化と近代社会との関係を問い，グローバル化とは「近代社会が再帰的に変容増殖する段階」と把握する。この把握の下に，グローバル化が顕在化させる諸問題を論じる各章について，広瀬（編者）による簡潔な「マッピング」が行われており，読者は本書に対する一貫した見通しをえることができる。

　第1章「カリキュラムと評価の改革の世界的標準化と対抗軸の模索」（石井英真）は，グローバル化で生じた課題への対処法としてグローバルに採用されている「新自由主義」の教育改革が米国では「社会的効率主義のカリキュラム改造運動」の「現代的形態」であることをその歴史に遡って解明する。と同時に，現代ではそれがコンピテンシー・ベース，スタンダード・ベース，エビデンス・ベースの三つの改革の複合体として展開し，社会的効率主義と学習者中心主義の結合ともいえる言説状況を生み出すことで，そもそもの教育的価値といった規範的な問い自体が成立しがたくなっていること，他方で先の歴史的検討を通じて，教え学ぶ価値のある内

容を巡る議論を組織していくことの重要性を改めて浮き彫りにする。

　第2章「ガバナンス改革と教職の専門性」（大桃敏行）では，グローバル化の進展により求められるとされるOECD（国際）の「キー・コンピテンシー」と日本の「学習指導要領」（国内・中央）の「生きる力」といった新たな広い能力概念，およびNPM改革を経験した新しい公的ガバナンス論（地方）で必要とされる能力には親和性があること，そのような新たな広い能力を育成する教職の専門職性との関係についての分析が示される。さらに，そういった能力の育成には教職の高い自律性がなお一層求められるはずにも拘らず，NPMの手法が教育の「標準化・規格化」といった逆説的な事態を進めることになっていることを描き出す。

　第3章「グローバル化という幻影と追いつき型近代化の陰影—教育における〈欠如〉言説の分析」（苅谷剛彦）は，戦後日本における教育の問題構築の「習性」を解明する。それは先進国との比較で日本の「遅れ」や「欠如」を抽象的に問題とする思考様式であり，事実に照らして問題が構成されることがないという意味でイデオロギー作用を伴う。この「習性」は1970年代までの「キャッチアップ型近代」，80年代以降の「ポスト・キャッチアップ」の時代と一貫しており，またグローバル化への対応においても典型的に見られる。そこでは事実レベルでの認識の当否が問われない以上，政策課題の設定が「空回りする」のは当然とされる。

　第4章「アジアにおける『持続可能な開発のための教育（ESD)』」（北村友人）は，欧米との比較でこれまでアジアでは教師主導の生徒が受身の「詰込み型の教授・学習様式」が一般的であったが，「新しい学力」（ジェネリック・スキルやキー・コンピテンシー）の育成が欠かせないという意識が高まってきており，それを受けて「協同学習」の取組といった教育実践の革新も生じていること，さらにESDの進展具合に応じて，アジア諸国を三つにグループ分けし，政策・カリキュラム・実践という三領域をレビューすることで各々の現状と課題も明らかにする。

　第5章「可能世界としての学校」（小玉重夫）は，教育基本法第14条の政治教育の奨励（第1項）と党派教育の禁止（第2項）の関係では，戦後，第2項の肥大化により政治教育自体が学校ではタブー視されてきたが，2015年の公職選挙法改正による選挙権年齢18歳以上への引き下げはそうした状況を転換する契機になりうるとの見通しを示す。そうした見通しは学校で政治を扱うこと自体を萎縮させ，政治を「干物」のように扱い「ナマ」の現実を教えることを重視しない「虚構としての学校」から，複数の現実可能性を含む「ナマ」の政治を扱う「可能世界としての学校」への学校観の転換が要請されていることを明らかにする。

　第6章「グローバル化と英国の公教育政策—1980年代教育改革の含意」（清田夏

代）では，英国のような先進諸国はグローバル化の「影響の受け手」として分析されることが少なかったという問題意識の下に，19世紀以降の英国の教育政策の展開が再検討される。そして英国は産業発展のための手段として学校教育を整備することに消極的であった歴史を持つことを明らかにしたうえで，この英国の学校教育の伝統の転換を促したものこそグローバル化であり，それへの対応がサッチャー政権による「新自由主義」の教育改革であったことを明らかにする。

第7章「アメリカにおける新自由主義とガバナンスの関係」（長嶺宏作）は，グローバルに展開される新自由主義の教育政策が「地方自治」,「自由市場」,「個人主義」を伝統とする米国において，どのように「ローカライズ」されるかを学校選択とNPMの手法（オバマ政権教育長官ダンカン）を事例に分析する。そして「地方自治」の伝統の重視が左右の立場を超えて，「連邦政府」の新自由主義の教育政策への懐疑を引き起こす点を明らかにする。特殊な伝統を持つ米国に焦点化することで，かえって新自由主義の無原則で多様な一面が浮き彫りにされる。

第8章「グローバル化が照射した国内の困窮問題—自律しない主体の自律性修復に関する理論問題」（広瀬裕子）は，グローバル化が近代的個人の「自律性の機能不全問題」を顕在化させることを国内の困窮，性教育の義務化，地方政府の自治能力の破綻の問題を事例に検討し，「公私二元論」を軸とする「近代公教育」原則と矛盾する，国家が私的領域を「メンテナンス」するという政策が有効性を発揮する事態が生じていることを明らかにする。こうした矛盾する事態の包括的かつ整合的な解釈が持田栄一の近代公教育理解を足掛かりに，憲法学者の中山道子のジョン・ロック解釈，政治学者の滝村隆一の国家論の検討を通じて提示される。

第9章「近代公教育の統治形態を論じるための論理枠の構築について—宗像誠也を持田栄一で展開する黒崎勲の設計図」（広瀬裕子）は，第8章で示された「近代公教育」原則と矛盾する今日的事態を理論的に把握するためのグランド・セオリーの再構築をめざして，黒崎の戦後教育行政学理論についての学説史研究が検討される。黒崎による初期の宗像の「教育行政の社会学」の「継承」と持田の教育の「技術過程」と「組織過程」の二重性把握の重視を高く評価する一方で，持田理論の第2期と第3期の周知の「断絶」についての再解釈が不十分であると指摘される。そして持田理論は近代公教育を「パラドキシカルなもの」として把握するものであり，断絶よりもむしろ一貫したものであったとの再解釈が提示される。

3．若干の疑問点

「国民の教育権」論に代わる「グランド・セオリーの再構築」をもくろむ本書の

意欲的な編集方針を受けて，二点疑問を提起したい。

　第一は「近代公教育」原則の理解に関してである。「国民の教育権」論に対して，樋口陽一は「『自由』が人権＝人一般の権利として語られるためには，集権的「国家」＝主権の創出のなかから諸個人がつかみ出されてくることが必要だった」（『近代国民国家の憲法構造』東京大学出版会，1994年）との「近代」理解を示し，その個人を「自律的個人」としてつかみ出すものこそ「近代公教育」に他ならなかったはずだと常々問題提起している。つまり自律的個人の創出は近代国家の前提条件であって，公教育の存在理由の一つはまさにその点にあるということだ。だとすれば，例えば「国民の教育権」論を支える堀尾輝久の「近代公教育」原則の理解は「近代公教育批判」（持田栄一）の方向ではなく，「近代公教育」原則の理解の当否そのものを巡って再検討されるべきではないか。例えば，かのフランスでイスラム教徒の公立学校への「ヴェール」の持込が論争化する理由は，「公立」学校こそが「自律的」個人の創出の場だと長らく理解されてきたからである。

　第二は「国民の教育権」論は「戦後」教育学一般として把握されるのでなく，例えば「冷戦期」教育学などと時期を限定して対象化することが方法論的には必要ではないか。本書がいうように「ポストモダン」によって「大きな物語」＝グランド・セオリーが失効したが，その「ポストモダン」が批判のやり玉に挙げたものこそ「戦後教育学＝国民の教育権」論だったからである（下司晶『教育思想のポストモダン―戦後教育学を超えて』世織書房，2019年）。しかし本書でも再検討されている黒崎勲はそうした「戦後教育学批判」の浅薄さを再批判しており（『教育学としての教育行政＝制度研究』同時代社，2009年），上述の疑問点も踏まえた場合，「戦後」教育学の時期区分を強く意識することは「グランド・セオリーの再構築」のための学説史的候補を探り出すためにも必要ではないだろうか。

　最後に，本書の執筆者の大分が1990年代を境に日本の公教育を取り巻く状況に大きな変化があったという認識を共有しているように思われるが，確かにそれは「ポストモダン」の流行による「大きな物語」の無効化の時期でもあった。それから四半世紀以上が経過した現在「そろそろ戦後の教育と教育学の全体を包括的にマッピングするための手法を考えるべき時期なのではないか」という本書の認識には首肯するところ大であり，本書がそのための「グランド・セオリーの再構築」に向けた確実な一歩であることは間違いない。

（東京都立大学）

●書評〈7〉

八尾坂修〔編著〕
『アメリカ教育長職の役割と職能開発』
（風間書房，2021年，233頁）

本多　正人

1．はじめに（概要と構成）

　本書には，日米両国の教育長職に関して共通した論点を持ったテーマ設定の各章が配置されている。具体的には，米国の教育長の役割期待（第1章），教育長職と教育委員との関係（第2章），教育長のリーダーシップ類型（第3章），質保証の仕組み（第4章），専門職としての教育長人事・評価システムやその属性（第6，第7，第9章），さらには専門職基準のあり方（第10章）が取り上げられており，現代米国の教育長が置かれている状況を多面的に描きだしている。さらに終章には，日本における教育長職の役割と力量形成のあり方についての提言が示されており，実学志向の研究書として評価できるかもしれない。

　本書は，一部にメールインタビューを用いているが，基本的には文献調査に基づく研究成果となっており，研究資料として使われている文献は，米国教育長に関する内外の学術図書・論文の他，アメリカ学校行政職協会（American Association of School Administrators: AASA）の継続的な調査報告書など，スタンダードなものがほぼ網羅されているといってよい。

　ところで，教育行政研究において他国との比較研究を行おうとすれば，共通の分析枠組みを設定し得たとしても，分析対象を取り巻く制度構造の違いをどのように処理するかという課題に直面するであろう。例えば，本書の第5章が取り上げる教育長の離職の構造とそのネガティブな影響という論点や，第8章のマイノリティ教育長が置かれた現状といったテーマは，米国教育長職の研究である以上は無視しえない課題であるとはいえ，あくまで米国固有の社会的制度を反映した現象のはずである。

　いずれの場合も，米国教育長職のオープンな労働市場を前提とした職能開発のし

くみや，マイノリティ教育長の資質能力といった視点を設定していることで，単なる米国の現状報告ではなく，本書全体の一貫した主張の中にうまく位置付いているように見えた。とはいえ，日米両国の制度構造に規定される側面の影響は小さくない。その点，終章での率直な記述として，「わが国において教育長職とは，一般行政の地方公務員上位ポスト，または退職校長のセカンドキャリアポストとしての色合いが濃い。概して地元の名士（男性，大学卒，異動・処遇配慮なし）として位置づく」（本書，218頁）と認めているところである。

以下では，本書の意義と課題について言及してみたい。

2．本書の意義と課題

本書の意義としてまず指摘できるのは，前述のように具体的な政策提言を導き出している点にある。終章（「アメリカ教育長職の総括—日本への示唆—」）の中で示されている提言の中には，本書全体の流れからみて日本でも比較的取り入れやすい論点，すなわち女性教育長の登用といった点が含まれる。それに加えて，国家的にオーソライズされた教育長研修制度の導入が「教育長履修資格制度」として提言されている点も注目されよう。たとえば，「すべての新任教育長に対してはインダクション（導入研修）として原則就任1年以内に『教育政策の理論と実践に関わる科目』，『学校教育の今日的課題に関わる科目』について，選択的に一定単位（30時間程度）取得させることを制度化すること」，等々の具体的な事項が7点にわたって紹介されている（本書，224頁）。

文部科学省「令和3年度教育行政調査（令和3年5月1日現在）中間報告」[i]によれば，市町村教育長のおよそ6割は4年以上在職しているものの，都道府県教育長の在職期間は2年未満が6割を占めており，過去の調査結果にさかのぼってみても平均在職期間はせいぜい2年程度であるから，上記の研修の成果が出始める頃にはさらに上位ポストの副知事に就任しているというケースも出てくるのではなかろうか。もっともこの点は，新教育委員会制度への移行が地方自治体の人事慣行に及ぼしている影響をもう少し見極めてから評価する必要があるだろうから，本書の今後の課題としておくのがふさわしいであろう。

次に，文献資料の選択と分析手法の妥当性を挙げることができよう。これも前述したとおり，本書が用いている資料は米国教育長を研究・調査の対象としたスタンダードなものである。中にはAASAの資料のように，いわば政策共同体内で生成されるデータもあるが，日本の文部科学省による「教育行政調査」に相当するような内容を含んだ米国の政府統計はおそらくなかったはずであるから，その点でも妥当

とする評価は変わらない。

しかし，評者などのように教育長の「政治的リーダーシップ」に主たる関心がある読者からすれば，これに関する言及が本書の第1章～第3章の中での簡単な記述にとどまっている点や，全般的にAASA等の調査や各種論稿に依拠しつつ米国教育長達の属性やその処遇に関する現状を丹念に紹介していく記述スタイルになっている点には，やや物足りなさを感じる場面があるかもしれない。

たとえば，本書の主たる考察対象として設定されているのは，米国教育長の大多数を占める典型的な教育長の姿であって，教育と政治のダイナミズムの中で近年注目されてきたいわゆる非伝統的な教育長（nontraditional superintendents）[ii]ではない。第5章が取り上げる教育長の離職（turnover）問題に関しても，それが米国の教育長達を取り巻く複雑な制度構造的要因によるものであることを的確に指摘した節の後に続いているのは，教育長達に職能成長の機会を保障した各種プログラムの事例を紹介する節であった。このように，本書を通して機能主義的な思考様式が採られているように思われる。

ところで，多様性のある米国の地方教育行政体制の中で日本の教育委員会制度により近い形態は，首長支配（mayoral takeover／control）学区の方であろう。こうしたマクロな構造的変動が伝統的な教育長職の思考・行動様式をどのように変えるか，といった視点は総じて本書の対象外とされているようである。

確かに地方教育行政主体の執行管理責任者として教育長という職が日米に共通して存在しているのであるから，ここに期待される役割を，本書第3章にみるようなリーダーシップスタイルに即して機能的に捉えながら論じることには何ら問題があるわけではなく，むしろオーソドックスなアプローチといえるであろう。

3．おわりに（本書からの示唆）

最後に，個人的な見解ながら，本書から得られる示唆を指摘しておきたい。

まず，本書は日本の教育長の存在意義を再考する契機となりうるものであろう。米国の事例分析から日本への示唆を得るという本書の課題設定にも関わらず，評者にはやはり日米の制度構造の違いを痛感せざるを得なかった。

地方分権改革の流れの中で新教育委員会制度への転換が行われたものの，地方自治体の中に執行機関として置かれる行政委員会であるという構造そのものは変わっていない。ただし，自治体の長が実質的にも形式的にも教育長の任命権者となったことで，ますます首長支配による米国学区の姿に近似することにはなった。本書のような，米国の普遍的な教育行政組織機構を対象とした比較研究が今後も変わらず

重要であることはいうまでもないが，きわめて例外的な教育ガバナンス・スタイルを持つ事例の考察もまた有用であるに違いない。

第2に，教育委員会事務局組織機構そのものが焦点となっていく可能性をうかがわせる。本書のように教育的リーダーとしての教育長の役割を重視する結果，その資質能力の向上を期する研修プログラムには「教育」を冠した講座が多く用意されることになる（本書，221〜222頁の表参照）。例えば学区の財務運営のように，実際には，いわゆる教育的リーダーとしてのスキルやノウハウだけでは処理しえない課題は多い[iii]。教育長に次ぐナンバー2的なポストが重要になってくるだろう。

日本では，例えば予算執行権限をはじめとして自治体の長の権限に属する事務であっても，それが教育に関わるものであれば教育委員会又は教育長への委任や補助執行などの内部権限委譲により行わせてきた。周知のように，新教育委員会制度における教育長は執行機関たる教育委員会の補助機関ではない。地方自治法が定める執行機関相互の関係においてはこれまで同様，首長の権限に属する事務の一部を教育長に対して委任することはできるが，補助執行させることはできなくなった[iv]。自治体によっては副教育長や教育次長といったポストを新設して従来の教育長に替わる補助執行職員としたり，教育委員会事務局職員の上位職を補助執行職員とするような規程改正等で対応したりしている。

教育行政の執行管理責任者たる教育長をサポートする事務処理体制の充実が，日米ともに共通する課題となってきているように思われる。　　　　　（愛知教育大学）

〈註〉

i 文部科学省のウェブサイト，「地方教育費調査−結果の概要（教育行政調査）」のページ（https://www.mext.go.jp/b_menu/toukei/001/005/1270341.htm）。

ii Henig, J. R., & Rich, W. C.（2004）. *Mayors in the middle: Politics, race, and mayoral control of urban schools.* Princeton University Press., Henig, J. R.（2013）. *The end of exceptionalism in American education: The changing politics of school reform.* Harvard Education Press（青木栄一監訳『アメリカ教育例外主義の終焉─変貌する教育改革政治─』東信堂，2021年）.

iii Benzel, B. L., & Hoover, K. E.（2021）. *The superintendent and the CFO: building an effective team*（2nd ed）. Rowman & Littlefield.

iv 自治体の長が補助執行させることができるのは，「執行機関の事務を補助する職員若しくはこれらの執行機関の管理に属する機関の職員」に対してのみである（地方自治法第180条の2）。

● 書評〈8〉

ジェフリー・ヘニグ〔著〕／青木栄一〔監訳〕，本多正人・大畠菜穂子・
髙橋哲・神林寿幸・廣谷貴明・伊藤愛莉・遊佐賢〔訳〕
『アメリカ教育例外主義の終焉
——変貌する教育改革政治』
（東信堂，2021年，271頁）

湯藤　定宗

1．はじめに

　本書は，Jeffrey R. HenigによるThe End of Exceptionalism in American Education-
The Changing Politics of School Reform（2013）の翻訳書である。
　アメリカでは教育に関して伝統的に公選の学区教育委員会（以下学区教委）に高
い自律性が付与され，教育政策の決定についても学区教委が中心的な役割を果たし
てきた。それが「教育例外主義」であり，その終焉とは，教育政策の決定に関して，
学区教委以外の他領域のアクターが関与する状況が出現していることを意味する。
　本書の構成は以下の通りである。
　・日本語版への序文
　・多面的な教育政策を多角的に考えるために——政治学の観点から——
　第1章　教育と単一目的ガバナンス
　第2章　新しい教育首長
　第3章　議会と裁判所の役割拡大
　第4章　変容するアクター・イッシュー・アイディア
　第5章　教育例外主義の終焉——将来に向けた含意
　・原著謝辞
　・監訳者あとがき

2．各章の概要

　第1章は，「アメリカ合衆国（以下，アメリカ）の教育政策に重要な変化が起

こっている。しかし，ほとんどの説明は，変化の根底にある本質を捉えそこなっている。（3頁）」という刺激的な文章から始まっている。「我々が目撃しているのは，まさにこの特別な地位が徐々に失われつつあり，教育の意思決定が州や都市の一般目的政府と政治の中に再統合されていっている（5頁）」とも書かれている。そして，この再統合は，公立学校の市長統制において最も顕著に現れているが，それに留まらず，知事，大統領，連邦議会，州議会，市議会も同様に教育政策により積極的に関与するようになってきており，「こうした幅広い変化は，アメリカの教育例外主義の終焉をもたらす（6頁）」と著者は主張する。

連邦制度における中央集権化，民営化，そして教育の意思決定を行う単一目的政府の衰退，という3つが，アメリカ教育の制度面にみる断層の変化として挙げられており，特に単一目的政府の衰退が最も理解されていない，と著者は言う。そして，単一目的政府と一般目的政府それぞれの特徴と利点を示しつつ，一般目的政府のほうが「より協調的な取組を行うために必要となる多様な行政機関や手段を備えているからこそ，こうした二者択一の定式化（either-or formulation）から脱却するよりよい見通しをもたらすかもしれない。（中略）多様な行政機関間の調整を促すことこそ，アメリカの教育例外主義の終焉がもたらす，教育問題の解決のための最も重要な契機となるかもしれない。（23頁）」と説明する。

そして本章の最後において，各章の概要が書かれているが，第5章の見通しとして「たしかにいくつかのリスクはあり，それ自体が解決策をもたらすものでないが，教育例外主義の終焉は，重要な機会を提示するものであり，それらの希望的観測を示して結論としたい。（40頁）」と言及している。

第2章では，新たな教育首長（教育知事，教育大統領，市長統制）の登場を3つの目的をもって概観している。第1に現実的にどういったことが起こっているのかの確認，第2に起こっている出来事の根底にあるメカニズムと要因の手がかりとなる時機と場のパターンの特定，第3に公選首長への権限移行の促進要因と阻害要因の解明である。

教育首長の役割拡大に加え，グローバル化や投資をめぐる競争などは公立学校教育の重要性に関する市民と教育首長双方の認識を変化させた。単一目的政府としての学区・州教委よりも市や州全体の財政の健全性に責任を負っている教育首長のほうがより順応的だろう，と著者は論じる。なぜならば，学区・州教委と比較して教育首長の方が幅広い問題群を抱えているがゆえに，教育についての異なった考え方や権限行使の方法に多く触れることができるから，と説明する。

第3章では，まず，一般目的の統治機構である裁判所の事例（連邦最高裁ブラウ

ン判決，ロビンソン訴訟等）を通して教育例外主義の終焉を指摘している。「司法介入は，人種や財政平等などの困難な問題を『解決した』とまでは言い難いが，しかしながら，そのような問題を表に出すことによって，また，地方教育委員会の権限へ介入したことに伴う反発をいくぶん受け入れることによって，彼らは行政府の公選職と議員たちが学校改革の渦中に身を投じやすくしたのは間違いない。（120頁)」と結論付けている。

次に，教育に熱心な連邦議会（1965年の初等中等教育法，2001年の「落ちこぼれ防止教育法」），州議会（カリキュラムと指導法，アカウンタビリティとスタンダード，選択等），市議会（コロンビア特別区，ニューヨーク市）の事例分析を通して，裁判所と同様に各議会も，教育例外主義の終焉に関わっていることを指摘している。

第4章では，教育例外主義の終焉によって最終的にはどのような教育政策のアジェンダ設定になるのかについて検討されている。「政策起業家が，限られた特権的なグループと立法と行政面での支援者が制度上のアジェンダを幅広く支配している安定的なシステムから，より多様な政策エリートと公衆が幅広く（政策論的に）参加する『マクロなアリーナ』へと政策過程を移行させること（165-166頁)」ができれば，公共政策のアジェンダ設定は起こりやすいと説明されているが，その実例として，ミネソタ州のチャータースクールの誕生過程等が検討されている。そこでは，「より広範で一般目的のアリーナにおいて政策論議が活性化したことで，政策過程のなかに教育政策の姿を劇的に変えた新しい政策アイディアが普及し，新しい利益集団が参入していった過程（166頁)」について詳細に言及されている。マクロなアリーナが形成されるとどうなるのか。「従来教育分野は，他の政策領域から隔絶されていた領域であり，その結果，教育専門家を増長させ，教師と保護者に有利なアクセスを提供してきた『制度』であった。しかし，教育の一般目的政治への再吸収は，教育を多元的な政治闘争，陳情先の選択競争，制度間の競合にさらすことにもなる。（181頁)」。

第5章では，教育例外主義の終焉の情勢と，その管理可能性に関するいくつかの一般的な観察内容について言及されている。興味深い指摘の1つとして，教育例外主義終焉によるリスクについての指摘がある（214-218頁）。第1に教育指導における中核的な領域の専門性低下，第2に一般目的の政治という広範な領域における公教育への投資の不成功，第3に官僚制の代表的・民主的機能の弱体化，第4に政治的な影響による不平等の増加，第5に効果的な政策実現の無保障である。一方で明るい展望についても言及されている。より豊かでより柔軟なアイディア，客観的証拠，政策の選択肢の組み合わせが実現する可能性と，教育が意味するものについ

てのより広い概念化と，学校以外の要因が果たす役割に十分な注意を払う多様なセクターによるアプローチを生み出す可能性，についてである。

そして最後に以下の通り，締めくくっている。「歴史的に教育の擁護者にメリットをもたらしてきた学校固有機構が徐々に影響力と政治的影響力を相対的に失うにつれて，彼らが，学校への予算投入を必ずしも最優先事項としない連携相手を惹き付け，その関係を継続するためには，自身の主張と政治戦術を見直さざるをえなくなるだろう。彼らがそうしてくれることで，私たちの社会はこれまでよりもメリットを享受できるだろう。私の希望は彼らがそうすることである。(224−225頁)」。

3．評者としての私見−日本において本書が翻訳される意義

最後に，日本における本書の意義について私見を述べる。本書は，タイトルにある通り，アメリカ教育例外主義の終焉についての考察が豊富な事例とデータ分析を通してなされている。しかし，上記の内容はアメリカのみに当てはまることではない。「日本語版への序文」にアメリカ教育例外主義の日本への伝播は，「第二次世界大戦後，GHQ，そして実際にはアメリカ軍占領統治下でアメリカの統治体制の重要要素を取り入れた日本においておおむね当てはまることである。(中略) ガバナンス制度だけではなく，1990年代以降のアメリカにおける市長統制に向かう運動に表出したようなアクター間の政治的緊張関係もまた日本に埋め込まれていたのである。(ⅳ)」とある通り，戦後日本の教育委員会制度の成立過程から，対岸の出来事では決してない。事実，本書で登場した「市長統制」や「民営化（チャータースクール）」などは，アメリカほどには普及していないにしても萌芽的動きはいくつかの地域で見て取れる（例えば，水都国際中学校・高等学校など）。

また，監訳者が原著の翻訳作業を通して感じたと言及している，一般目的政府において教育を横断的に運用できる可能性と制限についても，日本社会が本書から学ぶべきことは多いと考える。なぜなら，単一目的政府における教育例外主義は，アメリカはもちろん，類似の教育委員会制度を持つ日本においても終焉を迎える可能性が高いからである。

「一文の解釈に数日頭を悩ますこともあった。(271頁)」と吐露されているように，非常に多くの時間と労力をかけて本書の翻訳を完成されたことが想像される。本書翻訳に関わられたすべての方々の労苦に敬意を表すると同時に，本学会内外の多くの方々が本書を読まれ，アメリカや日本の教育例外主義の終焉とその後に関して，議論や研究が展開することを強く期待する。

（玉川大学）

●書評〈9〉

ヘレン・M・ガンター〔著〕／末松裕基・生澤繁樹・橋本憲幸〔訳〕
『教育のリーダーシップとハンナ・アーレント』
（春風社，2020年，368頁）

仲田　康一

1．はじめに

　本書の著者であるヘレン・M・ガンターは，マンチェスター大学の名誉教授であり，教育リーダーシップを軸に，教育政策，教育経営の各領域にまたがる幅広い研究で世界的に知られている。彼女は，同大教育研究所の批判的教育政策研究グループ（Critical Education Policy, Manchester Institute of Education）を率いながら，研究者育成にも尽力してきた。そこに集う多くの同僚と同じく，ガンター自身も教員経験を有しており，現場のリアルに切り結ぶ研究を進めている。

　だが，彼女の強みは，実践的・実証的研究にだけあるのではない。その研究の特長は，高度に理論的な独自の説明を志向することに見いだすことができる。ガンターは，気鋭の研究者らによる研究をまとめた編著の中で，教育政策や教育経営の研究における「理論」の重要性を指摘している。それによれば，理論が重要なのは，理論を用いることで，「そうでなければ不可能だったような記述，理解，説明が可能になる」（Gunter, 2014:163）からである。研究において理論が必要であること（needing theory）は，ビッグネームの理論をただ当てはめて，決定論のように論じることを求めるものではない。むしろ，理論をくぐらせて現実をよりよく理解するとともに，さらなる理論化の源泉として理論を用いる──すなわち，理論を練り上げる（kneading theory）ことにおいて意義があるのだと述べるのである（同上）。

　本書において，著者は，ハンナ・アーレントを理論的・哲学的対話の相手方として選び，アーレントの理論を通して教育経営──ガンターの用語によればELMA：教育リーダーシップ・マネジメント・アドミニストレーション──の分析を行う。アーレントを用いるからこそ可能になった理解はいかなるものか。時にアーレント

に「抗して」論じることで，いかなる地平が切り開かれるのか。そのような挑戦的な課題に取り組むのが本書である。

２．本書の主張

　それにしても，教育経営を，アーレントと結びつけて論じることは，一見すると荒唐無稽に思われるかもしれない。実際，アーレントの研究は，彼女の前半生に大きな影響を与えたナチズムと深い関係を有し，その主張の背後には，全体主義の勃興とその克服という課題が横たわっている。よりによってそれが教育経営にどう関連するのか。

　この問いへの答えを知るには，全体主義は過去の出来事とされたとしても，それが生じた状況は現在も残されたままであるという，アーレントの認識が参考になる（第１章）。アーレントによれば，全体主義は，それ自体として稀有な出来事ではあるが，それ単独で生起したというよりは，以前から社会に広がっていた諸要素が，第一次大戦後に「結晶化」していったと捉えられる。その諸要素とは「イデオロギー，全面的な恐怖（テロル），人間的紐帯の破壊，官僚制」（p.122）であり，ガンターは，アーレントのこの枠組を援用しながら，これら諸要素が教育経営においても見られることを論証する。すなわち，学校を効率的で効果的なビジネスとしてみなすイデオロギー，業績主義や経営管理主義による恐怖，どこかで決定された戦略の実施に縮減された人間的紐帯，政府によってなされる特定の学校像に基づいた地位・資源・正統性の配分がそれを意味する（第３章）。こうした中，教育が，複数性ある人々が差異を開示しあう公共的で政治的な性格を失うとともに，教育実践や教育経営が，アーレントのいう〈活動〉ではなく〈仕事〉や〈労働〉に切り詰められている姿がエピソードとともに示される（第４章）。

　人々の複数性を前提とすれば，教育という営みや，それをオーガナイズする教育経営は，自由で多様な思考に特徴づけられるはずである。にもかかわらず，新自由主義的で新保守主義的な世界観は，他に選択肢はないとばかりに自明の位置を占め，特定の教育経営像を前景化させている。

　ガンターによれば，それは，教育の専門家，研究者，ポリシーメイカーを含めた知識産出に携わる人々が，新自由主義的プロジェクトに適合的な諸知識の消費者・生産者として，構造に深く埋め込まれているからである。本書では，「政府が教育における知的コミュニティを利用し，つくり出している」（p.201）と表現されており，サッチャー以降の教育改革を背景に，新たな改革の中に自らの新しい仕事を専

門家が見出そうとしてきた結果，改革に適合的な特定の論・論者・論拠・処方箋のみが特恵的に扱われる状況が生み出されるに至ったことが示されている。組織の効率性や効果性が支配的言説となり，それを確実に配送（デリバー）するための知識（例えば，学校効果研究，変革的・分散型リーダーシップ）のみが重視される。教育専門家たちは批判もするが，せいぜい微温的なそれに留まり，「見せかけの政治的中立性」（p.76）によって結果的に体制を支えてしまっている。悪の凡庸性は，教育専門家の中にも見られる。これがガンターの主張である（第5章）。

　だが，こう述べた上でなお，筆者は楽観的でもある。この状況が思考によってもたらされたものだからこそ，逆に教育専門家が異なる形で思考すること，話すこと，物語を行うこと——すなわち〈活動〉を行うことによって，「全体主義の結晶化の過程は不可避ではない」（p.261）からである。この確信を象徴するように，コーダ部は「思考せよ，語れ，決断せよ」という印象的な言葉によって締めくくられている（第6章）。私たちが思考する限り，いつでもオルタナティブは存在する——これが本書のメッセージだと受け止めた。

3. 議論

　訳者も指摘する通り，本書の背景には，新自由主義・新保守主義的な教育改革を約40年間続けてきた英国（イングランド）の文脈がある。例えば，学校選択制の実施や，それと連動した予算配分，民間団体への学校運営の開放など，日本と比べてもラディカルな改革が進められている。

　このような違いがありながらも，本書の内容は日本の読者にもレリバントなものとなっている。このことに関連して，末松は，学校の自主性・自律性が叫ばれる一方，実質的には新自由主義に基づく「統制的な統治」と「閉塞的な状況」が生まれていること，このような統治の仕組みの中で「教育や学校を導く（リーディング）ことと経営する（マネジング）ことについての技能・方法」が位置づけられているという日本の状況を指摘する（p.328）。評者なりにパラフレーズすれば，ここに示されているのは，閉塞状況の根本原因を問い直したり，目的論に遡った教育論議を深めるのではなく，リーダーシップに過剰な期待を寄せ，その「技能・方法」への要請が亢進している状況であろう。英国のそれとメカニズムを異にする面はあるにせよ，問い直しの契機を失ったまま体制が自己運動を続けているという意味での全体主義状況は日本でも看取されるのではないか。

　ガンターは，レジームを内破する〈活動〉の必要を説く。そのとき，理論や歴史

にこだわる本書の強みが明らかになる。一例だが，仮に「教師の自律性を上げれば学力も上がる」ことが立証されたところで，罠の外に出ることはできない。本書は，アーレントの力を借りながら，教育経営が置かれている状況を思想的に把握し，問題や概念といったものの系譜を明らかにする。そうすることで，普遍を僭称する特定の知の限界が確認され，不定の地平が浮き彫りになる。以て自らを社会的拘束から解き放つ政治的活動（ポリティカル・アクション）の可能性を示すのである。

ガンターは，大人の責任について興味深い議論を行っている。アーレントは，教育と政治を切り分けるべきと主張した。これについてガンターは，政治的に解決されるべき構造的不正義の問題をただ子どもに委ねることを戒めたものであることに注意を向けながら，構造的不正義を正し，子どもや世界を守る大人の責任を見出している。他方で，ガンターは，教える（ティーチング）ことの位相における大人の責任についても語っている。それは，主体としての子どもが大人とともに世界に住まうことを可能にするような教育の責任である。いくら社会正義に向けたものであったとしても，例えば，解放教育や批判的リテラシー教育を配送（デリバー）し，その客体として子どもを位置づけることは，ガンターの求めるものとは真逆であろう。「世界についての多様な理解を様々に提示すること」（p.116）や，異なる仕方で思考する子どもの能力を思い切って信じることを通して，〈出生〉によってもたらされる複数性ある世界を実現するとともに，主体である子どもたちが「世界を更新する」（p.117）プロセスとしての教育を作りあげなければならない。このような教える（ティーチング）ことのイメージは，予測不能な仕方で子どもの主体が現れる未来に信頼を送るというビースタの論とも接続しよう（Biesta, 2019）。こうした教育像に立ったとき，どのような教育経営像が具現化されうるのかは本書において必ずしも明らかではないが，オルタナティブに向けた議論の中で一つの準拠点になるかもしれない。

最後になるが，難解な原著と格闘し，私たちを言葉と国境を超えた対話に参加させてくれた訳者たちに敬意を評する。今日の閉塞的な時代状況だからこそ，本書が多くの人の手に取られ，豊かな議論が広がることを強く願うものである。

Biesta, G. (2019) *Obstinate Education*, Brill/Sense.［上野正道監訳，『教育にこだわるということ』東京大学出版会，2022］
Gunter, H. M.（eds.）(2014) *Education Policy Research*, Bloomsbury Academic.

（法政大学）

日本教育行政学会会則

施行　　　1965（昭和40）年 8 月23日

最終改正　2019（令和元）年10月19日

第 1 章　総　　則

第 1 条（名称）

　　本会は日本教育行政学会（The Japan Educational Administration Society）という。

第 2 条（目的）

　　本会は教育行政学の研究に強い関心を有する者をもって組織し，学問の自由と研究体制の民主化を尊重し，国内的，国際的な連絡と協力をはかり，教育行政学の発達と普及に寄与することを目的とする。

第 3 条（事業）

　　本会は前条の目的を達成するために次の事業を行う。

　　1．研究発表会の開催

　　2．研究年報・会報等の発行

　　3．会員の研究・共同研究および研究体制上の連絡促進

　　4．内外研究団体との連絡

　　5．その他の本会の目的達成に必要な事項

第 2 章　会　　員

第 4 条（会員の要件・種類と入退会）

　　①　本会の目的に賛同し，教育行政学の研究に強い関心を有する者をもって会員とする。本会の会員は個人会員と機関会員の 2 種とする。

　　②　本会に入会するには会員 2 名以上の推薦による。入会金は1,000円とする。

　　③　本会を退会する者は，毎年 3 月31日までに文書により申し出るものとする。

第 5 条（会費の納入）

　　①　会員は会費を負担するものとし，会費は年額8,000円とする。ただし，

学生の会員（有職のまま大学に在学する者は含まない）は年額6,000円とする。

② 会員のうち2カ年度会費納入を怠った者は，本会から除籍される。

③ 当該年度の会費未納者にたいしては，研究年報が送付されない。

第6条（名誉会員等）

① 理事会は，満70歳以上の会員で，本会理事（事務局長を含む）を3期以上歴任した者を名誉会員として推薦し，総会の承認を得るものとする。

② 名誉会員は会費を負担しない。

③ 名誉会員および機関会員は役員の選挙権と被選挙権および総会における議決権をもたない。

第7条（会員の異議申立て権等）

① 会員は理事会および諸会議を傍聴し，発言を求めることができる。

② 会員は，本会の運営について，役員に説明を求めることができる。

③ 会員は，本会の運営について，常任理事会に異議を申し立てることができる。

第3章　役　　員

第8条（役員の種類）

本会の事業を運用するために次の役員をおく。

会長　1名，理事　若干名，常任理事　若干名，事務局長　1名，幹事若干名，監査　2名

第9条（理事・理事会・事務局長・幹事・監査）

① 理事は会員のうちから選出する。理事は理事会を構成し，本会の重要な事項を審議する。

② 事務局長および幹事は会長が委嘱し，会務を処理する。

③ 監査は理事会が総会の承認を得て委嘱し，本会の会計を監査する。

第10条（会長・会長代行）

① 会長は全理事の投票により理事のうちから選出し，総会の承認を得るものとする。会長は学会を代表し，会務を統括する。会長は事務局を定め，理事会その他の諸会議を招集する。

② 会長はあらかじめ常任理事のなかから会長代行を指名する。会長に事故あるときは，会長代行がこれに代わる。

第11条（常任理事）

　　常任理事は，会長が理事のうちから指名し，理事会の承認をうける。

第12条（役員の任期）

　　役員の任期は3年とする。ただし再任を妨げない。

第4章　総　　会

第13条（総会）

　　総会は本会最高の議決機関であって年1回これを開き，本会の重要事項を審議決定する。

第5章　委員会

第14条（委員会の種類・委員長と委員の選任等）

　①　本会に年報編集委員会，研究推進委員会および国際交流委員会を置く。

　②　委員長は，会長が理事のうちから指名し，理事会の承認をうける。委員は理事が推薦し，被推薦者のうちから，会長と委員長が協議し委嘱する。とくに必要な場合は，被推薦者以外の会員に委員を委嘱することができる。

　③　委員会の組織，委員の選任その他委員会に関する事項は，理事会が定める委員会規程による。

　④　本会には臨時に特別委員会を設けることができる。特別委員会は研究課題について調査研究し，総会に報告する。

第6章　学会褒賞

第15条（学会褒賞）

　①　本会に学会褒賞を設ける。

　②　褒賞の種類，選考手続その他学会褒賞に関する事項は，理事会が定める規程による。

第7章　会　　計

第16条（経費）

　　本会の経費は会員の会費その他の収入をもってあてる。

第17条（予算）

　　理事会は予算案をつくり，総会の議に附するものとする。

第18条（会計年度）

　本会の会計年度は毎年4月1日に始まり，翌年の3月31日に終る。

第8章　雑　　則

第19条（会則の変更）

　本会則の変更は総会の決議による。

第20条（細則・規程）

　本会を運営するに必要な細則および規程は理事会が定め，総会に報告する。

日本教育行政学会年報編集委員会規程

施行　　　2007（平成19）年 8 月10日

第 1 章　総　　則

第 1 条　日本教育行政学会年報は日本教育行政学会の機関誌で，会則第 3 条により，原則として 1 年に 1 回発行する。

第 2 条　日本教育行政学会年報の編集のために，会則第14条 1 項により，年報編集委員会を設ける。

第 2 章　編集委員の選出および編集委員会の組織と運営

第 3 条　①編集委員は，理事による被推薦者のなかから，編集委員長と会長が協議のうえ，会長が委嘱する。

②理事による編集委員の推薦に当たっては，会員の所属ブロックや被推薦者数を制限しないものの，その選出に当たっては，理事選出の各ブロックから少なくとも 1 名を選出するものとする。

③前項による編集委員の選出に当たり，理事による被推薦者のいないブロックが存する場合は，編集委員長と会長が協議のうえ，当該ブロック所属会員のなかから会長が委嘱する。

④編集委員の定員は14名を上限とする。

⑤編集委員の任期は 3 年とし，連続 2 期を超えてこれを務めることはできない。

⑥編集委員長の再任は認められない。

第 4 条　①年報編集委員会は，編集委員長が主宰する。

②年報編集委員会に，編集副委員長および常任編集委員を置く。

③編集副委員長は，編集委員のなかから，編集委員長と会長が協議のうえ，会長が委嘱する。編集副委員長は，編集委員長を補佐し，編集委員長に事故あるときはその職務を代行する。

④常任編集委員には，編集副委員長のほか，編集委員の互選による編集委員若干名を当て，会長がこれを委嘱する。常任編集委員会は，編集委員長が主宰し，編集委員長の示した議案を審議する。

⑤委員会の事務を担当するために，編集幹事を置く。編集幹事は，編集委
員長が会員のなかから委嘱する。

第3章　年報の編集

第5条　本年報には教育行政学に関係ある未公刊の論文，資料，書評などのほか，
　　　　学会報告その他会員の研究に関する活動についての記事を編集掲載する。
第6条　①本年報に論文の掲載を希望する会員は，各年度の編集方針と論文執筆要
　　　　綱にしたがい，原稿を編集委員会事務局に送付するものとする。
　　　　②編集委員は「研究報告」に投稿することができない。本学会に入会後い
　　　　まだ研究大会を経ていない会員も同様とする。
第7条　①年報編集委員会は論文執筆要綱を定めるものとする。
　　　　②本年報の各年度の編集方針は，編集委員会が合議によりこれを決定する。
第8条　投稿された論文の採否は，編集委員会が合議によりこれを決定する。
第9条　①採用された論文について，編集委員会は形式的ないし技術的な変更をく
　　　　わえることができる。ただしその内容に関して重要な変更をくわえる場
　　　　合には，執筆者と協議しなくてはならない。
　　　　②校正は原則として執筆者が行う。
　　　　③論文の印刷に関して，図版等でとくに費用を要する場合は執筆者の負担
　　　　とすることがある。
第10条　本規程の改正は，理事会の議決による。

日本教育行政学会著作権規程

施行　　　2012（平成24）年7月1日

最終改正　2019（令和元）年10月19日

1．この規程は，独立行政法人科学技術振興機構（JST）が運営する科学技術情報発信・流通総合システム（J-STAGE）事業への参加にあたって，著作権の帰属と著作物の利用基準を定め，日本教育行政学会年報（以下，年報とよぶ）の電子化（インターネット上での公開）事業とその運用を適正に行うことを目的とする。

2．年報の電子化の対象は，原則として，年報フォーラム，研究論文，シンポジウム，課題研究報告，書評など，学会年報に掲載されたすべての著作物とする。

3．著作権（著作権法第21条から第28条に規定されているすべての権利を含む。）は学会に帰属するものとする。

4．学会は，著作者自身による学術目的等での利用（著作者自身による編集著作物への転載，掲載，WWWによる公衆送信等を含む。）を許諾する。著作者は，学会に許諾申請する必要がない。ただし，刊行後1年間は，編集著作物への転載，掲載については学会事務局の許諾を必要とし，WWWによる公衆送信については，原則として許諾しない。また，学術目的等での利用に際しては，出典（論文・学会誌名，号・頁数，出版年）を記載するものとする。

5．著作者が所属する機関の機関リポジトリでの公開については，刊行1年後に限って無条件で許諾する。著作者自身および著作者が所属する機関による許諾申請をする必要がない。ただし，出典は記載するものとする。

6．第三者から論文等の複製，翻訳，公衆送信等の許諾申請があった場合には，著作者の意向を尊重しつつ，常任理事会において許諾の決定を行うものとする。

附記　本規程は，2019年10月19日より施行する。

日本教育行政学会年報論文執筆要綱

（1984年２月22日編集委員会決定・1985年９月１日改正・1986年４月１日改正・1988年10月14日改正・1990年10月６日改正・1991年９月１日改正・1993年９月１日改正・1996年９月27日改正・2002年８月18日改正・2004年１月30日改正・2006年２月11日改正・2012年７月１日改正・2014年８月２日改正・2020年10月９日改正）

1．論文原稿は日本語，未発表のものに限る。ただし，口頭発表及びその配布資料はこの限りでない。

2．原稿はワープロ等による横書きとし，A4判，天地余白各65mm，左右余白各50mm（10〜10.5ポイントフォント使用），34字×29行×17枚以内とする。ただし論文タイトル及び日本語キーワード（５語以内）に９行とり，本文は10行目から始め，小見出しには３行とる。注・引用文献については１枚あたり36字×33行の書式とする。図表は本文に組み込むことを原則とする。図表を別紙とする場合，本文にそれを組み込む位置を指示し，それに必要な空欄を設ける。なお，注・引用文献については，規定の文字数と行数で記述できるよう左右余白を調整することができる。

3．原稿には氏名，所属等を記入しない。また，論文中（注釈を含む）に投稿者名が判明するような記述を行わない。

4．論文は，電子メールと郵送（１部）により送付するものとする。電子メールでは，執筆者名がプロパティ等に記載されないように注意してPDFファイルの形式で保存した論文を送信する。

5．別紙１枚に，論文タイトル，氏名，所属，職名等，連絡先，投稿時に他の紀要等に投稿している論文のタイトル（投稿先の学会名や紀要名は記さない。他に投稿している論文のない場合は，その旨を記す。）を記入し，論文本体には綴じないで，論文（１部）と共に郵送する。

6．英語のキーワード（５語以内）を含め，論文本文と同様の書式で２枚以内の英文アブストラクト及びその日本語訳を，その電子データとともに提出する。英文アブストラクト及びその日本語訳には，氏名，所属等を記載しない。その提出期限は，編集委員長が，第一次査読結果に基づいて提出が必要と判定された投稿者個々に通知する。

7．論文等の投稿については，毎年，１月末日までに，年報編集委員会指定の様式の投稿申込書を，電子メールもしくは郵送にて送付し，投稿の意思表示をする。

　３月末日までに電子メールと郵送によって論文を提出する（いずれも郵送の場合は消印有効）。

8．校正は原則として１回とする。執筆者は校正時に加筆・修正をしないことを原則とする。

9．抜刷を希望する執筆者は，原稿送付のときに申出ることができる。抜刷の印刷費は執筆者の負担とする。

10．本誌に掲載された論文等の著作権については，本学会に帰属する。また，著作者自身が，自己の著作物を利用する場合には，本学会の許諾を必要としない。掲載された論文等は国立情報学研究所電子図書館（NII-ELS）に公開される。

＜注および引用文献の表記法について＞

次のいずれかの方法で表記すること。

【表記法１】

①論文の場合，著者，論文名，雑誌名，巻，号，発行年，頁の順で書く。

　例

　　１）持田栄一「教育行政理論における『公教育』分析の視角」『日本教育行政学会年報』第１号，昭和50年，68頁。

　　２）Briges, Edwin M., and Maureen Hallian, Elected versus Appointed Boards : Arguments and Evidence, *Educational Administration Quarterly*, VIII, 3, Autumn 1972, pp. 5-17.

②単行本の場合，著者，書名，発行所，出版年，頁の順で書く。

　例

　　１）皇至道『シュタイン』牧書店，昭和32年，142-143頁。

　　２）Morphet, Edger L., et al., *Educational Organization and Administration: Concepts, Practices, and Issues*（4th ed.), Englewood Cliffs, N. J. : Prentice-Hall Inc., 1982, p.160.

【表記法２】

①引用文献と注を区別する。注は文中の該当箇所に（１），（２）……と表記し，論文原稿末尾にまとめて記載する。

②引用文献は本文中では，著者名（出版年），あるいは（著者名出版年：頁）として表示する。同一の著者の同一年の文献については，a, b, c……を付ける。

例

　しかし，市川（1990）も強調しているように……，……という調査結果もある（桑原1990a, 1990b）。

　OECDの調査によれば，「……である」（OECD1981 : pp. 45-46）。

③引用文献は，邦文，欧文を含め，注のあとにまとめてアルファベット順に記載する。著者，（出版年），論文名，雑誌名，巻，号，頁の順に書く。

例

　Holmberg, B.（1989）*Theory and Practice of Distance Education*, Routledge, pp. 182-189.

　木田宏（1989）『生涯学習時代と日本の教育』第一法規。

　Muranane, R. J. and Cohn, D.K.（1986）Merit pay and the evaluation problem : why most merit pay plans fail a few survive. *Harvard Educational Review*, vol. 56（1）, pp. 1-7

Bulletin of JEAS

CONTENTS

No.48 October 2022

The Japan Educational Administration Society

編集後記

　年報第48号を上梓いたします。昨年に引き続き，新型コロナウイルス感染症の影響で，学会活動が著しく制約されている中で，例年通りに刊行することができました。ご協力いただきました会員の皆様に，心より御礼申し上げます。

　さて，年報フォーラムでは，新型コロナウイルス感染症のまん延をはじめ，多くの予期せぬ出来事が生じています。第47号に引き続き，そのような状況に向き合い，「子どもの安全・いのち・健康」に焦点を当てながら，教育行政学の課題について考えることといたしました。各執筆者には，常任編集委員会での検討を踏まえて，その要望，意見に対応して論文を完成していただきました。

　研究報告は，投稿申し込みが20件あり，実際に投稿されたのは8件でした。この8件について，編集委員会で厳正な審査を行った結果，2件が掲載可となりました。掲載に至らなかった論文の中にも，テーマの興味深さ，着眼点の研究上の意義が認められるものは少なくなかったですので，次号以降での投稿を期待したいと思います。今回は，3年間の中で投稿申込数，投稿数ともに，最も少なくなってしまいました。今期の編集委員会では，丁寧な査読に努めてきたつもりでありますが，編集委員会のあり方，査読のあり方に見直すべき点もあるのかもしれません。3年間の取り組みを振り返り，次期の編集委員会に引き継ぎたいと思います。

　大会報告につきましては，例年通り，公開シンポジウム，課題研究Ⅰ・Ⅱ，若手ネットワーク企画の各報告を掲載しております。取りまとめていただきました会員の皆様，ご執筆いただきました皆様に御礼申し上げます。なお課題研究Ⅰにつきましては，実際に開催されたのは編集委員会事務局への原稿提出後でしたので，掲載されていますのは，発表原稿をまとめたものとなっております。

　書評は，共著，翻訳のものも含めて9冊を取り上げています。書評をご執筆いただきました会員の皆様に御礼申し上げます。

　英文校閲は，引き続き千葉大学のBeverley Horne先生にお願いいたしました。丁寧な校閲をしていただきました。たいへんお世話になりました。どうもありがとうございました。

　最後になりましたが，教育開発研究所の福山社長，編集部の尾方様には，3年間，新型コロナウイルス感染症が蔓延している中で，例年通りの編集作業をしていただき，多大なご支援，ご協力を賜りました。心より感謝申し上げます。

　第19期の年報編集委員会の務めを終えることになります。コロナ禍のため，対面での会議は，初年度の第1回常任編集委員会のみでした。丁寧な運営に努めたつもりですが，従来のようにできなかった点もあるかもしれません。また3年目に，研究論文の投稿数が激減するという事態にも直面いたしました。3年間の取り組みを総括し，改善課題等を整理して，次期の編集委員会に引き継ぎいたします。会員の皆様には，引き続きのご支援，ご協力をお願い申し上げます。お世話になりました。ありがとうございました。

（2022年8月24日　第19期年報編集委員長　竺沙 知章）

日本教育行政学会年報48
構造的危機の時代と教育行政学研究

2022（令和4）年10月15日　発行

編　　集
発　行　人　　日本教育行政学会

発　売　元　　㈱教育開発研究所

〒113-0033　東京都文京区本郷2-15-13

電　　話　　03-3815-7041㈹

振　　替　　00180-3-101434

ISBN978-4-86560-563-1 C3037